本书为教育部规划基金课题"跨文化视阈下的赛珍
（13YJA740084）"的后续研究成果

U0507404

筚路蓝缕　以启山林

跨文化视阈中的赛珍珠英译《水浒传》研究

钟再强　高文宇　宋　静　著

吉林大学出版社

·长春·

图书在版编目（CIP）数据

筚路蓝缕 以启山林:跨文化视阈中的赛珍珠英译
《水浒传》研究 / 钟再强, 高文宁, 宋静著 . -- 长春:
吉林大学出版社, 2023.3
ISBN 978-7-5768-1649-5

Ⅰ.①筚… Ⅱ.①钟… ②高… ③宋… Ⅲ.①《水浒
传》－英语－文学翻译－研究 Ⅳ.① H315.9 ② I207.412

中国版本图书馆 CIP 数据核字 (2023) 第 088273 号

书　　名	筚路蓝缕 以启山林——跨文化视阈中的赛珍珠英译《水浒传》研究
	BILU-LANLÜ YI QI SHANLIN——KUAWENHUA SHIYU ZHONG DE SAIZHENZHU YINGYI 《SHUIHU ZHUAN》YANJIU

作　　者	钟再强　高文宁　宋　静
策划编辑	李承章
责任编辑	杨　平
责任校对	陶　冉
装帧设计	云思博雅
出版发行	吉林大学出版社
社　　址	长春市人民大街 4059 号
邮政编码	130021
发行电话	0431-89580028/29/21
网　　址	http://www.jlup.com.cn
电子邮箱	jdcbs@jlu.edu.cn
印　　刷	湖南省众鑫印务有限公司
开　　本	787 mm×1 092 mm　　1/16
印　　张	16.875
字　　数	300 千字
版　　次	2023 年 3 月　第 1 版
印　　次	2024 年 3 月　第 1 次
书　　号	ISBN 978-7-5768-1649-5
定　　价	88.00 元

序　言

由钟再强教授、高文宇副教授和宋静副教授所著《筚路蓝缕 以启山林——跨文化视阈中的赛珍珠英译〈水浒传〉研究》（以下简称《赛译〈水浒传〉研究》）一书即将于本月由吉林大学出版社出版，在此表示祝贺！对赛译研究而言，又多了一项重要阐释解读，甚感欣慰！再强教授委托我写序言，我欣然应允。

我于2016年5月在江苏镇江举办的"赛珍珠创作探究研讨会"上与再强教授结识，此后与其产生了良好互动。虽然平常见面不多，但我经常能看到他撰写的关于赛珍珠创作研究的文章发表，很是为他感到高兴。

《赛译〈水浒传〉研究》一书最初源于再强教授读博时的博士论文，此后经过他与课题组以此为基础所申报的教育部课题打磨，以及结题后的不断探索完善，最终在一定程度上形成比较完备的赛译《水浒传》研究体系。《赛译〈水浒传〉研究》一书共分六章，条理清晰，论证合理。主要阐述了赛译《水浒传》研究的意义、赛译《水浒传》研究的主体选择、赛译《水浒传》翻译策略的启示、赛译《水浒传》的合作翻译实质及其海外影响等内容。对于现今的典籍翻译和中国文化走出去战略的实施而言，无疑具有借鉴价值。

毋庸讳言，《赛译〈水浒传〉研究》一书结尾附录的文献标注，非常有特色。书中将2003年已降、10年以前赛译研究每阶段的文献进行了仔细甄别和归类，方便相关研究者查阅参考。除此之外，作者对赛译再版次数等的考证给我留下了深刻印象。作者考证之严谨、投入精力之多,令人动容。

此研究还可进一步完善丰富。虽然作者从文化翻译入手,不在寻求一以贯之用一个理论解决问题,但若能在张立文先生提出的文化和合主义理论基础上,总结概括出文化和合主义翻译观,并将其用于阐释赛译《水浒传》的相关表征,无疑将使本书的论证更加严谨,结构更加合理。

无论如何,《赛译〈水浒传〉研究》一书不失为一本值得一读,可供借鉴的好书。

郭英剑

2023 年 12 月 8 日于中国人民大学

前　言

现今可谓是一个全球化大潮波涛涌动的时代。在这一时代，各民族间的文化接触、文化交流乃至文化碰撞日趋频繁，文化冲突正在演变成阻碍民族间和睦共处及友好交往的绊脚石。究其实质，文化冲突的根源固然在于冲突双方彼此缺乏对他者文化的了解和体认，但更在于冲突双方没有思考在新的时代如何与异文化的人们和睦相处。正是在这样的背景下，赛珍珠所倡导的以包容和理解为核心、以求同存异为理念、以天下大同为宗旨的文化和合主义观更显弥足珍贵。

事实上，为实现其文化和合主义的理想诉求，成年后，赛珍珠致力于向西方世界推介和传播中国文化，中国古典文学名著《水浒传》的翻译（以下简称赛译）正是其中一个重要组成部分。赛译的《水浒传》（*All Men Are Brothers*）于1933年一出版，立刻受到西方读者的欢迎，迄今为止已分别在美国、英国、加拿大等地再版10余次，其中仅在21世纪就再版3次之多，其畅销程度可见一斑。

然而，这样一部在国外长期走红的译作，在国内却长期饱受诟病，甚至一度沦为"误译""歪译""死译""胡译""亏损""偏离""失真""文化陷阱""超额翻译"和"语用失误"等的代名词。2003年以降，虽有评论者不断为其正名，研究视阈已触及历史学、形象学、接受美学、文学叙事学、文化阐释学、意识形态、诗学美学、女性主义、后殖民主义等不同领域，但评论界对其褒贬不

一、誉毁难断的局面并没有被彻底打破。究其根源，固然有种种令人遗憾的缘由，但赛译的庐山真面目一直没有得以全面展示则无疑是其中的一个重要原因。

鉴此，拙著不再寻求以某种特定理论为取向对赛译进行探究，而代之以跨文化视阈为切入点，挖掘赛珍珠为实现其文化和合主义理想诉求而翻译《水浒传》这一真正用心，以及这一理念对翻译文本、翻译策略及译作书名等主体选择产生的巨大影响；与此同时，对赛译的翻译策略、合作翻译实质、海外影响力及读者真实反馈等展开全面探究，顺着赛译为实现赛珍珠文化和合主义理想诉求的主线，结合译者主体性理论、翻译目的论、翻译杂合理论、接受美学等领域的研究成果及相关史实，对赛译进行批评性概括和历史定位。

目 录

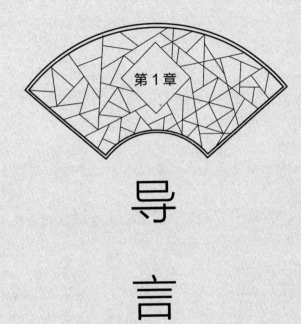

第 1 章

导

言

1.1 赛译研究的意义

被誉为"沟通东西方文明的人桥"的美国作家赛珍珠（Pearl S. Buck, 1892—1973），其创作生涯一直行走在东西方文化之间，其创作的大量中国题材小说、译作及演讲等履行着一位文化传播者的使命，大力向西方世界阐释和推介中国文化，为改变中国人及其文化在当时西方人心目中那种"扭曲"的印象做出了伟大的贡献。她"对中国农民生活真实而取材丰富的、史诗般的描述"使西方世界终于有机会了解到苦难中的中国人民到底在怎样生活；她翻译的《水浒传》使"西方文学家第一次接触到了中国的古典小说，人们对中国文化的印象也因此而改变，西方文学大师们第一次发现，灾难深重的中国竟然有着如此博大悠远的文化"①。

作为一位具有双重文化背景的"文化边缘人"，赛珍珠经历了中西文化之冲突、理解及共融过程，而她最终形成的文化和合主义理念及为此而进行的社会实践，对于异质文化冲突愈演愈烈的今天，不啻一个很好的答案。作为试图沟通中西文化的一次重要努力，《水浒传》的英译突出地体现了赛珍珠的文化和合主义的理想诉求。她从 1928 年开始翻译《水浒传》，历时近 5 载，于 1932 年完成。从开始翻译的时间看，《水浒传》的翻译仅在小说《东风·西风》的创作之后，足见赛珍珠对翻译《水浒传》之重视。

事实上，作为我国经典文学外译史上的一部重要译作，赛珍珠英译《水浒传》（以下简称赛译）自诞生之日起便在中西文化交往中发挥着积极的作用，并且这种作用在 21 世纪的今天仍在延续。到目前为止，赛译仅在 21 世纪就再版三次；作为美国高校"中国文学课程介绍《水浒传》时的指定读本"②，美国各大书店和图书馆均可见到赛译的存在。除此之外，赛译一直在一些知名网站如亚马逊上售卖，保持着旺盛的生命力。而多年来国内译界之所以对赛译存在莫衷一是、褒贬皆有的看法，主要原因恐怕在于很难运用某种既定翻译理论对赛译做出"符合情理"的解释。从以上的角度来说，赛译可谓中国经典文学外译史

---

① 王楠楠. 诺贝尔奖的故事 [M]. 哈尔滨：哈尔滨出版社，2007.
② 唐艳芳. 赛珍珠《水浒传》翻译研究：后殖民理论的视角 [D]. 上海：华东师范大学，2009.

上的一部具有划时代意义的前瞻性译作，"从理论到实践都具有某些新意"①，对此进行系统的探究不但具有学术价值，而且极具现实意义。囿于篇幅，本研究只对2010年以前出现的赛译评价进行探究。

对赛译这样一部在国外一问世即成为畅销书并得到"权威专家赞誉"的译作，在国内却曾被不少学者认为是"对中国语言的歪曲，对中国文化的丑化，对中国文学遗产的不尊重"②，等等。因此，在很长一段历史时期内，赛译在国内遭遇的批评声不绝于耳。从赛译诞生之日起至今，对其持否定评价的学者先后有胡适、鲁迅、张培基、钱歌川、崔永禄等。与此同时，国内评论界也不乏肯定的声音，一些学者如林语堂、王逢振、张子清、韩士奇、姚君伟、马红军等也曾先后对其给予高度评价。对于这种"毁誉难断"的局面，中国翻译界应对赛珍珠及其中国情结做出更全面、更公允的评价，但至今未见定论。

1.1.1　赛译研究的学术意义

顾钧这样评价赛珍珠的中国小说创作："对中国人来说，读她的英文原作，感觉就像看一个中国人用英文描写的中国故事，而读她的中文译本，则完全觉得作者是个中国人。"③国内知名评论家赵家璧也曾这样评价她的作品："除了叙写的工具以外，全书满罩着浓厚的中国风，这不但是从故事的内容和人物的描写上可以看出，文学的格调，也有这一种特色。尤其是《大地》，大体上讲，简直不像出自西洋人的手笔。"④以上对赛珍珠中国题材小说创作的评价也完全适用于她的翻译。在赛译中，为了更好地向西方世界传播中国文化，"为了再现汉语思维方式和语言特色，赛珍珠常常舍弃现存地道、简洁的英语不用，而按照原文结构进行翻译，使译文明显带有汉语特征"⑤，充满浓厚的中国风。但是，由于赛译的翻译策略打破了惯常的期待，与国内长期以规约性为主的翻译理念格格不入，因此造成了对其褒贬兼有的局面。

长期以来，一些研究者要么局限于传统的"对等"理念来探究赛译，要么完全迷信以往权威的"金口玉言"，要么滥用某些新的翻译理论不分青红皂白

---

① 陈敬.赛珍珠与中国：中西文化冲突与共融[M].天津：南开大学出版社，2006：100.

② 朱文武，娄凌云.语用等效与文化信息传递的矛盾：对赛珍珠《水浒传》英译本评价的思考[J].金华职业技术学院学报，2007，7（1）：33-36.

③ 顾钧.论赛珍珠建构中国形象的写作策略[J].江苏大学学报：社会科学版，2002，4（2）：41-45.

④ 赵家璧.勃克夫人与黄龙[J].现代，1933，3（5）：640.

⑤ 樊爱萍.彷徨于中西文化之间：赛珍珠在中国的接受问题研究[D].重庆：重庆师范大学，2007：17.

地对赛译进行"生搬硬套"或"武断痛批"。因此使得目前对赛译研究的现状与赛译所应有的地位和评价尚存在着相当的距离。事实上，就赛译而言，"虽然其中也不乏错译、漏译、删节，甚至发挥取便之处，但最能体现赛译本质特征的不是这些，而是氤氲于整个译文中的浓浓的中国文化气息。如果说'误译'道出了赛译中的某些个别现象，倒不如说弥漫于译文中的'中国式英语'更能展示赛译的本质特征。这些所谓'误译'现象所体现的绝不是赛珍珠在翻译方面的失误和无知，她之所以采用这种'死译'甚至'硬译'的翻译方法，而且在经过第二次修订后，仍然执意保留这些'中国式英语'的风格与特征，其背后所体现的更深层次的原因就是向西方阐释、推介和传播中国文化"①。因此可以说，赛珍珠翻译《水浒传》也是她向西方阐释并介绍中国文化的另一种努力与表现。赛译所体现的以文化传播为宗旨的翻译思想具有明显的独创性及前瞻性，其所追求的促进东西方间平等与交流的目标是赛珍珠文化阐释理念不可或缺的组成部分，其实也正是其文化和合主义思想的集中体现。因而对赛译进行全面而客观的研究必将有益于推动国内的赛珍珠研究向前发展。鉴于此，本书立足于从跨文化传播视阈来探究和剖析赛译，可谓一种跨学科的研究，有别于传统的译本评析研究。

到目前为止，"《水浒传》的英译已成为中国古典文学名著外译规模最大的翻译活动，其中的一些翻译现象对中西文化交流有着重要的影响作用"②，对翻译研究，尤其是经典文献外译研究而言，具有特殊的理论价值与意义。赛译是《水浒传》系列英译的第一个全译本，又有着巨大的影响力，因此，从翻译目的到翻译策略的选择、从与龙墨芗先生合作翻译的实情到海外读者的真实反馈等都值得译界进行深入的探究。此外，赛译对翻译实践的指导意义及对翻译理论的构建可能提供的借鉴和参照，也值得译界进行发掘和归纳。对于现阶段的研究而言，笔者认为，赛译在翻译研究领域的学术价值主要体现在以下几个方面。第一，通过探究赛译的翻译目的，体察翻译目的对译者主体选择产生的影响。第二，通过探究赛译的翻译过程，体察赛译合作翻译模式对翻译结果产生的影响，引发对合作翻译模式的进一步探究，推进相关领域的研究向前发展。第三，探讨赛译翻译策略的核心价值。在西方"大肆殖民"和推行"文化霸权"的时代背景下，赛珍珠敢于"推出一部语言风格和文化面貌对西方读者来说如此陌

① 张齐颜. 赛译《水浒传》中中国英语及其文化用意[D]. 深圳：深圳大学，2004：2.
② 孙建成，温秀颖，王俊义. 从《水浒传》英译活动看中西文化交流[J]. 外语与外语教学，2009（5）：52.

生的译作，足见其作为译者的强烈的责任感、非凡的胆识和超前于时代的文化与翻译观。……她的这种翻译策略，对于汉外翻译及汉语和中国文学走向世界也具有重要的方法论意义"①。第四，对赛译在海外的传播与接受状况进行探究和分析，厘清赛译在国内"口碑不佳"与国外的"热销"形成巨大反差的根源，为汉外翻译寻找借鉴和参照。第五，探究赛译与其他《水浒传》英译本所形成的互文关系，丰富多译本互补理论研究。第六，探究赛译与赛珍珠其他中国题材小说创作所形成的互文关系，进一步挖掘文化和合主义价值观对其翻译及中国题材小说创作产生的重大影响，切实推动赛珍珠研究向前发展。总之，作为《水浒传》系列英译的第一个全译本和影响最大的译本，赛译在相关研究领域的学术价值不言而喻。

1.1.2　赛译研究的现实意义

作为沟通中西文化的使者，赛珍珠的一个重要贡献便是向西方世界大力阐释并推介中国文化。当代学者张子清曾这样评价："在西方大力传播中国文化而发生了深远影响的西方大作家，迄今为止，莫过于美国的庞德和赛珍珠。……赛珍珠比庞德更熟悉中国文化，更精通汉语，为中国人民做了不少友好的事情。她另辟蹊径，通过翻译《水浒传》和创作大量中国题材小说，同样卓越地传播了中国文化和文学（特别是古典小说），但她在这方面的建树比庞德更大，是西方唯一具有鲜明气派和深厚的中国感情的、举世公认的大作家。"②赛珍珠不遗余力地以各种创作形式将中国传统文化阐释给西方读者，中国古典文学名著《水浒传》的翻译便是其中代表之一。赛译的目标"在相当的程度上与赛珍珠在小说创作所传达出的精神相仿，均在于追求平等、正义和交流，这是赛珍珠思想的内核部分。只要看看她的标题——《四海之内皆兄弟》及在译序中的交代，就明白了赛珍珠所追寻的理想，而这一理想中又可以见出中国文化（尤其是儒家思想）对赛珍珠的深刻影响"③。同时，也正是《水浒传》的翻译，引起了国内研究者的颇多争议，但这些争议大多局限于规约性翻译研究层面上的讨论，而没有上升到描述性翻译研究及跨文化阐释的高度。事实上，赛译"也同样全面地凸现出中西文化间的巨大差异，它所涉及的问题甚至更为深层，不仅仅是文化

---

① 唐艳芳.赛珍珠《水浒传》翻译研究：后殖民理论的视角 [D].上海：华东师范大学，2009.
② 张子清.赛珍珠与中国：纪念赛珍珠诞辰一百周年 [J].外国文学研究，1992（1）：71.
③ 姚君伟.我们今天研究赛珍珠什么？[J].江苏大学学报（社会科学版），2003，5（4）：62-66.

观念上的间隙，而且还涉及中西方人士在深层次的语言符号转换，与之相关联的中西方人士在思维方式、思想情感和行为方式上如何相互理解沟通、相互融合的难题"①。可见，赛译是赛珍珠研究的重要组成部分，对赛珍珠进行全面而客观的研究，绝不能忽视对其译作的探析。也正是在这个意义上，把握中西文化交流的主旋律，从跨文化视阈来探究赛译在当下具有极其重要的现实意义。

赛珍珠开始文学创作和译介的时代，正值"西盛东衰""西学东渐"的大背景，受制于极不平等的文化势力和话语权等因素的操控，东西方之间平等的文化交流几乎不可能。因此造成了东西方文化间事实上的"二元对立"。当时的西方学者在谈及东方文化时，往往突出"他者"，把东方文化完全视为西方文化的反面，为了强调他们所谓的"异国情调"，甚至带着一种十足的偏见来肆意丑化中国人及其文化。而同一时期的许多中国学者，虽然也曾就中西文化之异同、优劣及利弊等问题展开过热议，但"争论各方尽管意见不同，在把中西方文化对立起来这一点上，却有着相当一致的看法"②。有别于当时中国主流文化阶层在西方强势文化霸权面前的消极与自卑，赛珍珠却对中国传统文化充满了肯定，对中国古典文学的内在价值及其译介前景充满了乐观。在谈到《水浒传》的翻译时，她曾这样表示："英国人所译的《三国演义》，是不完整的本子，《红楼梦》的英译本去理想过远，恐怕多数的外国读者是很不容易明了的，至于我译的《水浒传》，这是初稿，我想错处一定也是很多，我总想将它忠实地介绍到外国去，因这书迄今尚没有人译过，而且这是一部真正伟大的著作呀！"③在那样的历史情境之下，赛珍珠之所以敢"冒天下之大不韪"，在赛译中大胆采用前瞻性的翻译策略，尝试打破西方诗学与翻译的强势话语，力图向西方读者阐释中国传统文化，展示中国文学的长处，很大程度上是源于她文化和合主义的体认及由此形成的尊重中国文学与文化的态度。如果说后来的"韦努蒂站在少数族裔的角度试图解构英语世界的强势文化是一种合情合理的选择，那么赛珍珠在20世纪早期用'他者'文学与文化形态来改变'自我'中心文化的种种规范"，实属难能可贵了④。且不说她的种种努力取得了成效，为中国文学和文化走向世界舞台做出了巨大贡献，仅其所做的努力本身就令人钦羡，具有重要的历史意义。

① 樊爱萍. 彷徨于中西文化之间：赛珍珠在中国的接受问题研究 [D]. 重庆：重庆师范大学，2007：17.
② 唐艳芳. 时代背景与译者主体的互动：论赛珍珠《水浒传》英译选材的主体性 [J]. 浙江师范大学学报（社会科学版），2007，32（5）：80.
③ 郭英剑. 赛珍珠评论集 [M]. 桂林：漓江出版社，1999：64.
④ 叶旭军. 赛珍珠中西文化和合思想探究 [J]. 江苏大学学报：社会科学版，2008，10（4）：62-67.

赛珍珠生于美国，却长在中国。近40年的中国生活使其对中国文化不但谙熟而且有着深厚的情感；同时，其所受的传教士家庭教育及回美国本土接受高等教育等经历又赋予其典型的西方文化背景，这种特殊的双重文化身份使得她对于东西方两种文化都有着深刻的体认。在当时东西方极不平等的文化势力和话语权等影响下，赛珍珠这种东西融合的双重文化身份却难以找到归宿，只能一直徘徊在中西文化之间，却游离于任何一种文化体系之外。特殊的时代背景及对"文化边缘人"身份的反思与体认，使她对东西方的文化冲突有着清醒的认识，因而造就了其文化和合主义的价值观。这一具有历史前瞻性的价值观，对于当下政治、经济、文化等领域发展依然极不均衡、但全球化之势已无可阻挡的人类社会，不啻一种极具价值的借鉴资源。

在后现代理论对文化特殊性和差异的强调中，"人类"这个观念几乎被人们忘却，但面对被民族、宗教甚至文化暴力冲突所困扰的现今世界，世人需要重新思考和定位如何在承认差异、重视不同民族文化传统的同时，努力寻求人类共存的途径，追求人类共同的利益，共同走向和平而美好的未来[1]。因此，"在人类之间的冲突日益成为文化冲突的今天，对赛译进行系统而全面的深入研究不仅有现实的必要性，而且是一项十分重要的工作"[2]。这不但可以为全面而公允地评价赛译创造条件，还可以通过研究赛译，宏观、历史地考察时代背景与译者主体之间的互动，了解赛珍珠创作观与翻译观的统一，以使我们更好地了解她的创作和她的文化观，正如姚君伟所言，"除了其跨文化对话方面的意义外，研究她的译作还能帮助我们考察她的创作与译作之间的互动关系，从而更好地了解她的创作"[3]。此外，对赛译的探究也有助于我们进一步对异文化作历史的考察，培养对异文化的包容精神。总而言之，在赛译和中国题材小说的创作中，赛珍珠"所倡导的文化自主，平等、尊重、宽容的交往原则，文化的和合相生等，都是我们当今建构全球和合共生的文化体系不可或缺的要素和指向"[4]。也正是在这个意义上，"赛珍珠的思想和智慧，能够穿越历史，穿越时空，给新世纪的

---

① 唐艳芳. 时代背景与译者主体的互动：论赛珍珠《水浒传》英译选材的主体性[J]. 浙江师范大学学报（社会科学版），2007年，32（5）：29.

② 姚君伟. 我们今天研究赛珍珠什么？[J]. 江苏大学学报（社会科学版），2003，5（4）：62-66.

③ 姚君伟. 我们今天研究赛珍珠什么？[J]. 江苏大学学报（社会科学版），2003，5（4）：62-66.

④ 姚君伟. 我们今天研究赛珍珠什么？[J]. 江苏大学学报（社会科学版），2003，5（4）：62-66.

人们无限的启迪。在全球化的大背景下，研究赛珍珠显得更加迫切，她的作品和思想有着深刻的学术意义和现实意义"①。

1.2 赛译研究状况回眸

作为一部划时代的前瞻性译作，赛译所涉及的问题显然大大超越了翻译研究的规约性范畴，极为复杂。只有进一步更新观念、拓宽视阈、转换角度、挖掘和考证材料，将赛译置于更宏大的跨文化背景下予以全方位的深入探究，才能真正揭示赛译的庐山真面目，推进赛译研究不断向前发展，使之融入并成为整个赛珍珠研究不可或缺的一部分。鉴于此，对赛译进行全面探究，绝不能将赛译研究与整个赛珍珠研究割裂开来，使其游离于赛珍珠研究的体系之外，这其中的道理不言自明。赛珍珠"集创作、翻译及社会活动等领域的成就于一身，既展示了一位多元文化背景的作家所具备的巨大潜能，同时也提示我们不能孤立地看待她的《水浒传》翻译，因为作为译者的赛珍珠和作为作家、社会活动家的赛珍珠的贡献，本质上恰如一枚硬币的两面，都是我们完整认识赛珍珠所不可缺少或忽视的内容"②。本着这一精神，将赛译的研究回顾及总结纳入整个赛珍珠研究体系应该是一种合情合理的做法。笔者从2007年末起一直注意收集赛珍珠研究方面的资料，发现已有众多学者对此进行了仔细梳理，令笔者茅塞顿开，所获匪浅。很多学者高度重视对赛珍珠研究所取得的成果进行回顾和梳理，既指出存在的不足，又提出有利于改进的新举措，在不断引领赛珍珠研究向前发展的同时，也对赛译研究极具参照价值和意义。然而需要指出的是，由于新近已有20多位学者对赛珍珠研究（除赛译之外）的整体状况进行了梳理，且已经研究得相当到位，笔者在本论文中若对赛珍珠研究之状况再去评头论足一番，实乃画蛇添足，多此一举。因此，笔者将这一部分略去不谈，仅对2009年（2009年是赛译研究的转折点，这一年先后有唐艳芳和董琇二人撰写的两篇

---

① 方何荣.研究赛珍珠的现实意义[J].安徽文学，2008（5）：370.
② 唐艳芳.赛珍珠《水浒传》翻译研究：后殖民理论的视角[D].上海：华东师范大学，2009.

肯定赛译的重要博士论文问世——笔者注）及其以前出现的赛译研究进行梳理和回顾，旨在揭示其存在的疏漏与不足并提出相应的改进举措。

1.2.1　国内研究现状回顾

作为一部优秀的古典文学名著，《水浒传》在中国文学史及世界文学史上均产生了深远的影响，已被译成英、德、法、意、俄、日等十几种文字，在世界各地发行，声名远播。就英译本而言，目前共有四个全译本，分别为赛珍珠（1933）、杰克逊（1937）、沙博里（1980）和登特-杨（1994—2002）译本，其中赛译在国外影响最大。赛译于1933年在美国和英国同时出版后，立刻畅销，从1937年到2006年，先后在美国、英国、加拿大等地再版多达10次以上（本文将在第5章的5.1.1部分对赛译的再版情况做详细介绍）。

然而，对赛译这样一部在国外一问世即成为畅销书并得到广泛赞誉的译作，在国内却曾长期饱受非议，几乎成了"文化陷阱""误译""歪译""死译""胡译""超额翻译""亏损""偏离""失真""语用失误"等的代名词。虽然近几年为其"正名"或从不同角度对其进行重新评价的文章逐渐增多，但对其持否定态度的声音仍然不绝于耳，关于它的争论至今未休，对译者的评价依旧毁誉参半。

笔者从2007年底开始收集与赛译研究有关的各种资料，范围涉及学术论文、会议论文集、相关的学术专著、博硕士论文及报刊文章等。这项统计工作到现在仍然一如既往地在进行。根据笔者对赛译各种相关材料的整理、分析和归纳，国内的赛译研究具有明显的阶段性，且每一阶段都呈现出彼此不同的特点。可基本划分为四个主要阶段，其中1933—1949年新中国成立之前为第一阶段；1949年新中国成立至1979年为第二阶段；1980—2002年为第三阶段；2003年至目前为第四阶段。

1. 赛译研究的第一阶段（1933—1949年新中国成立之前）

从1933年赛译发表到1949年新中国成立之前是国内赛译研究的第一阶段。这一阶段的基本特点是"肯定多，批评少"。评价的主要方式是书评或"三言两语式"短评。

赛译于1933年出版之后，即获得了国内评论界的好评。同年出版的《中华月报》高度评价赛译："书中包含着冒险的情节，巧妙的计策，不住的斗争，佳肴美酒，危险的境地，推动着未来的轮子；以这一切事实为背景，更以最巧妙、生动的技巧构成这一本高贵的作品，人皆兄弟，像这样含有普遍趣味而有兴趣的小说，真是不易多得的杰作。……所以这样有兴趣的，合西洋人口味的，而有永远性的人皆兄弟，更引起欧美读者的欢迎。"①当时具有国际影响力的英文杂志《中国评论周报》(The China Critic)刊登了林语堂为赛译写的书评，文中肯定了赛译的翻译质量，除"提出几处翻译的商榷性看法"外，盛赞"赛珍珠将汉语名著《水浒传》译成英文是她以中国的名义贡献给世界的最优美的礼品之一"②。赛珍珠于1937年10月在赛译的再版序言中曾对那些对译本提出修改意见的人士表示感谢，并遗憾地表示："……我对我的批评者们只有一点感到耿耿于怀——即他们对拙译的批评仅仅局限于上卷。因此，令人遗憾的是，对拙译下卷的修订远远不及上卷……"③。从赛珍珠本人的话中我们可以感觉到她对自己译作的自信，同时也折射出当时评论界对赛译的认可态度。20世纪三四十年代，整个评论界对赛译评价比较高与林语堂不无关系。除了上文提及的对赛译的褒扬之外，1948年美国后珍版书俱乐部以两卷本再版赛译之际，林语堂欣然作序，介绍《水浒传》的成书过程、内容、作者及版本等相关情况④。由于林语堂的知名度及其中外双重文化背景，所以他对赛珍珠及其译作的评价在当时的国内有很大的影响。正是通过阅读林语堂在《中国评论周报》上对赛译的书评，赛珍珠本人了解并欣赏到林语堂的文采。一次聚会中得知林语堂想用英文描写中国文化、中国人的打算，赛珍珠即表示大力支持并最终促成林语堂《吾国与吾民》(My Country and My People)在美国的出版⑤。后来赛珍珠还打算与林语堂合作英译《红楼梦》，终因各种原因未能如愿而成憾事⑥。然而，提起20世纪30年代对赛译的评价，评论界往往只提及鲁迅，很少有人注意并提及林语堂。

虽然如此，当时评论界对赛译也有不同的评价。江亢虎在《一位中国学者对布克夫人小说的观察》一文中对赛珍珠及赛译进行抨击："由于她对普通中国人生活的熟悉及具有文学天才，她最好能够为中国翻译几部标准的小说。我热切地期待着她预告的工作——'侠盗'。但恐怕要失望。因为我发现她在《大地》里将《水浒传》这书名译作《水湖的强盗》(Bandits of Shuei Lake)……一个西

① 唐艳芳. 赛珍珠《水浒传》翻译研究：后殖民理论的视角[D]. 上海：华东师范大学，2009.
② LIN Y T. All Men Are Brothers[J]. The China Critic, 1934, 7 (4)：18.
③ BUCK P S. All Men Are Brothers (Shui Hu Chuan)[M]. New York：The John Day Company, 1937：V.
④ BUCK P S. All Men Are Brothers (Shui Hu Chuan)[M]. New York：The Heritage Press, 1948：xiii-xviii.
⑤ 邓丽兰. 略论《中国评论周报》(The China Critic)的文化价值取向：以胡适、赛珍珠、林语堂引发的中西文化论争为中心[J]. 福建论坛 (人文社会科学版), 2005 (1)：46.
⑥ 姚君伟, 张丹丽. 赛珍珠与中国小说之缘[J]. 世界文化, 1995 (2)：27-28.

方人，尽管他是诞生在中国或永住在中国，一天不能自己读中国人的原著，一天要依赖着中国的苦力与阿妈充任介绍的源泉，原始的翻译，那便很难望有真正的了解中国与阐明中国的一天。"①杨昌溪在《布克夫人与江亢虎论战及其对基督教之认识》一文中这样评价赛译："此书虽然描写的是十五世纪时代之盗匪生活，但素以盗匪出名之中国，将来也不免加增西洋人一番误解。若又能增进对中国之了解，那许是出人意料之外。"②胡适认为"四海之内皆兄弟"作为《水浒传》的译名"实在很差劲"，应该将书名译为"水泊强人（ *The Bandits of the Marshes* ）"③。

当然，这一时期对后来产生重大影响的还是鲁迅的评价。鲁迅对赛珍珠有过两次评价。第一次评价是与姚克1933年11月11日在《申报·自由谈》上发表的《美国人心目中的中国》一文有关。在该文中，姚克批评美国学者诺拉·沃恩（ Nora Waln ）在其自传《寄庐》中对中国那种不真实、极荒谬的描写，同时也十分反对她用"目睹者"自传。由于赛珍珠认为《寄庐》的真实性没有问题，这使得姚克大为不快。鲁迅在读过姚克的文章后，于1933年11月15日在致其回函中说："先生要作小说，我极赞成，中国的事情，总是中国人做来，才可以见真相，即如布克夫人，上海曾大欢迎，她亦自谓视中国如祖国，然而看她的作品，毕究是一位生长中国的美国女教士的立场而已，所以她之称许《寄庐》，也无足怪，因为她所觉得的，还不过一点浮面的情形。只有我们做起来，方能留下一个真相"④。鲁迅第二次对赛珍珠进行评价则是针对其《水浒传》翻译的。1934年3月24日，他在致姚克的信中说："近布克夫人译《水浒》，闻颇好，但其书名，取'皆兄弟也'之意，便不确，因为山泊中人，是并不将一切人们都作兄弟看的。"⑤从上文可以看出，鲁迅对赛珍珠的两次评价之间并没有什么直接联系，后来一些赛译的批评者们把这两次评价放到一起来否定赛译，其实有失客观。

平心而论，鲁迅对赛译的评价并没有什么不妥，只是在分析鲁迅对赛译评价的时候，应该将其分为两部分来考虑。第一部分是"近布克夫人译《水浒》，闻颇好……"这部分，这可以充分说明当时评论界对赛译的认可，也说明鲁迅还未读到原文。余下的部分才是鲁迅对赛译的微词。客观地说，"鲁迅虽然也

---

① 叶旭军.赛珍珠中西文化和合思想探究［J］.江苏大学学报：社会科学版，2008，10（4）：62-67.

② 赵家璧.勃克夫人与黄龙［J］.现代，1933，3（5）：46.

③ 徐清.试析鲁迅对赛珍珠的评价［J］.镇江师专学报（社科版），1999（1）：251.

④ 鲁迅全集：10（书信）［M］.北京：人民文学出版社，1956：179.

⑤ 鲁迅全集：10（书信）［M］.北京：人民文学出版社，1956：179.

是一位伟大的翻译家，但并不精通英文，对于《水浒传》的英译按理是没有发言权的，然而由于他在中国现代文学和翻译史上的特殊地位，其观点却在很大程度上左右了我国翻译界半个多世纪以来对赛译本的评价"。由于名人效应，长期以来，很多赛译的批评者以此为根据，"或对赛珍珠本人口诛笔伐，或对其作品不屑一顾，只作浮面的了解便妄下结论"①。其实，在生命的最后一年（1936年），鲁迅对赛珍珠的看法，似乎有所转变。他在致日本友人增田涉的信中"已考虑到对赛珍珠的评价中可能存在的不妥"②，只是那时鲁迅健康状况欠佳，已无暇再顾及这一问题，从而使后人产生"鲁迅对赛珍珠其人其文均无好感"的印象③。

在鲁迅评价赛珍珠及赛译之后的若干年里（到1949年为止），并没有学者在其文章中引用鲁迅的评价并以此为标准，至少从目前所收集的研究资料中还没有发现这一点④。然而，尽管鲁迅评价赛译之言不过是私人信件里表述的个人观点，但因其在中国学术界的特殊地位，他的评价影响深远，在以后的年月里多次被赛译的批评者们作为权威的评价所引用，且将其两次本无联系的评价放到一起来否定赛译。当初鲁迅"对赛译并无恶意的微辞，却成了后来各类文章讨伐赛译的利器"⑤。

2. 赛译研究的第二阶段（1949年新中国成立至1979年）

1949年新中国成立后，由于朝鲜战争及冷战时期产生的特殊政治气氛等因素的影响，中美两国之间的正常交流与往来长期处于停滞状态。这一历史原因造成了赛珍珠本人与中国学术界之间的相互误解，又由于中国国内当时特殊的政治氛围，使得赛译研究在中国大陆基本上无人问津。倒是同一时期的台湾学者如张振玉、戴冕伦等在赛译研究方面取得了不俗的成果。

新中国成立后，大陆学术界对赛珍珠的评价由于苏联人 N. 谢尔盖耶娃于1950年在苏联《新时代》上发表的一篇文章而发生了极"左"的变化。该文后被译成中文于同年发表在北京《文艺报》第2卷第4期上。在该文中，作者将赛珍珠痛斥为"把自己的笔出卖给帝国主义压迫者"，并认为"赛珍珠是透过侵略性的美帝国主义的眼镜来看中国的"。这篇文章彻底颠覆了中国评论界在20

---

① 鲁迅全集：第13卷[M]．北京：人民文学出版社，200：89.

② 鲁迅全集：第13卷[M]．北京：人民文学出版社，200：396.

③ 王卫林．鲁迅评议中的赛珍珠[N]．光明日报，2005-02-04.

④ 郭英剑．如何看待鲁迅先生对赛珍珠的评论？[J]．鲁迅研究月刊，1998（6）：47.

⑤ 王卫林．鲁迅评议中的赛珍珠[N]．光明日报，2005-02-04.

世纪三四十年代"曾给予赛珍珠的正确的——至少是正常的——评论"[①]，为后来国内批判赛珍珠的文章定下了调子，甚至"在1975年批判《水浒》的政治闹剧中，赛珍珠也因为翻译《水浒》用名遭鲁迅非议的过节，被当作批判《水浒》的靶子之一，接受当时特定语言的抨击谩骂"[②]。

据马祖毅的《世界翻译通史》，1949—1978年，中国大陆评论界对赛珍珠作了彻底的否定，赛珍珠在中国大陆"基本上是反面教材"[③]，对她的评论开始用"政治标准"取代"学术标准"。可以想象，在此历史背景下，即便有研究者论及赛译，也只能是把其当作批评的目标而已。

笔者在这一阶段只找到一处关于赛译的评价，也相信这是中国大陆学术界将赛译认定为误译的最初出处。1958年6月，张培基的《习语汉译英研究》一书由时代出版社出版（此书于1979年由北京的商务印书馆再版）。在该书的第21至22页，当论及习语翻译中的两种形式主义偏向时，作者认为赛珍珠"忽视了两种民族语言的差别，看不到个别因素和整体的关系，对直译做了极端的了解，好像单凭逐句的死译就可达到她在绪言中所标榜的目的。结果她的英译本整个说来不但佶屈聱牙，生硬晦涩，并且在许多地方歪曲了原著的思想感情，更谈不到保持原著的风格和特色"。作者在赛译中所"信手拈来的"习语死译例子共有8处，其中涉及"放屁"和"江湖"二词的"误译"认定。由于这个发现有别于其他学者所认定的关于赛译误译的最早认定，且"放屁"和"江湖"二词的"误译"质疑影响深远。因此，笔者特将张培基所举的4个相关例子及其分析列举如下：

例1 你在家时，谁敢来放个屁？（第24回）

When you were at home, who dared to come near and *pass his wind*?

习语"放个屁"按字面译成"pass his wind"不但使外国读者费解，并且有伤大雅。这种民族形式还是不介绍为妙，就整体来说，这个习语所用的比喻是一个可以牺牲的单独要素。杰克逊（J. H. Jackson）的英译本"Water Margin"把它意译为"When you were at home, who dared to come and insult me?"用"侮辱"来表达"放个屁"，语言的外壳虽变了，内容却被保持着，这种处理方法是比较妥当的。

① 郭英剑. 新中国赛珍珠研究50年[J]. 镇江师专学报（社科版），1999（4）: 26-27.

② 王卫林. 鲁迅评议中的赛珍珠[N]. 光明日报，2005-02-04.

③ 黄鸣奋. 英语世界中国古典文学之传播[M]. 上海：学林出版社，1997: 198.

例2　武行者心里要吃，哪里听他分说，一片声喝道："放屁！放屁！"（第 32 回）（此句应出自原著第 31 回——笔者注）

Now Wu the priest longed much in his heart to eat, and so how could he be willing to listen to this explanation? He bellowed forth, "*Pass your wind— pass your wind!*"

这里的"放屁"亦按字面死译，但在英语中读起来却像命令句一般，更是驴唇不对马嘴。

例3　如今江湖上歹人多……（第 36 回）

In these times there are men—evil men by *river and lake.*

"江湖上"作"浪迹四方的"解，按字面死译的结果却损害了原意。

例4　俺知梁山泊宋公明大名，江湖上都唤他做及时雨宋江。

I know the great name of Sung Chiang of the robbers' lair, so that *by every river and lake* he is called "The Opportune Rain."

这里"江湖上"也译为"by every river and lake"，令人不知所云。

张培基在另外几个例子里对"三回五次""搬东搬西""七八分""东逃西奔"分别被译为"three times and five times""moving things ... east and west""seven or eight parts""run east and west"也提出了质疑和批评。

在中国大陆的翻译研究处于刚要起步或刚刚起步阶段的 20 世纪 50 至 70 年代，传统的翻译标准和理念彻底"规约"了翻译评价尺度。因此张培基对赛译有以上评价实属正常。张培基在当时的"政治气氛"下，没有对赛珍珠本人进行一番"冷嘲热讽"，已颇难能可贵了。然而，在"解构主义""后殖民"等情境下，曾被张培基认为是"逐字逐句的死译"之例，却正彰显出其魅力，被认为是译者彰显源语文化特点的匠心之处。

此外，在《译学概论》一书中，张振玉引用了戴冕伦在《赛珍珠英译〈水浒传〉之研究》一文中对赛珍珠译文进行改进的几处例子。只可惜，尽管笔者经过长时间的文献收集和多方努力，但仍没有找到《赛珍珠英译〈水浒传〉之研究》一文及戴冕伦的相关资料，甚为遗憾。但可以肯定的是，戴冕伦对赛译的研究一定有独到之处，对今天的赛译研究一定颇有借鉴价值和意义。

与同一时期大陆学术界对赛译研究的冷淡相比，台湾学术界对赛译研究要重视得多。因此取得了颇有价值的研究成果。其中最有代表性的人物非张振玉莫属。

1966年3月，台北中台印刷厂出版了张振玉的专著《译学概论》（此书于1969年在台北再版，于1992年由南京译林出版社再版）。在该书中，张振玉在"文本细读"的基础上，从多层面对赛译进行了探究，颇为精辟，褒贬兼有，且对一些质疑之处提出了改译建议。虽然某些质疑值得进一步深究，从很多方面来说并不一定站得住脚，如认为应将"江湖"一词译成"underworld"等。但总体来说，《译学概论》一书在赛译研究方面所取得的成果对目前的赛译研究仍具有极其重要的参考价值。

谈及台湾学者对赛译的评价，最有影响的当属钱歌川。有学者考证，正是他在《翻译的基本知识》（长沙：湖南科学技术出版社，1981）一书中对赛译的质疑引起了大陆一些"研究者"的"盲目追随和主观臆断"，既"懒得提及赛译'误译说'的原始出处，也不屑深入研究《水浒传》的英译本"①，紧随钱歌川的结论，他们确信赛译必是误译无疑。

笔者经过反复考证可以断定：钱歌川虽然对赛译进行了质疑和否定，但他本人如同其后来的追随者一样，在没有研读赛译并做全面了解的情况下就对赛译盖棺论定。理由如下：

第一，笔者发现，钱歌川先后在三本论著中对赛译进行了质疑和否定评价，举证例子很少且内容雷同，这些例子分别出现在：①《论翻译》，1974年由台湾开明书店出版，第2页，第14-15页，第20页；②《翻译漫谈》，1980年由北京中国对外翻译出版公司出版，第2页，第13-14页；③《翻译的基本知识》，1981年由长沙湖南科学技术出版社出版，第10-12页。

第二，钱歌川质疑和否定赛译的例证全部来自张培基的《习语汉译英研究》第21-23页及张振玉的《译学概论》第317-318页，第373页，415-416页。

第三，在《论翻译》《翻译漫谈》《翻译的基本知识》这三本论著中，钱歌川给每个举证例子所标注的原出处均有错误。以《翻译的基本知识》（第10页）为例：钱歌川先生的第一个例子标注为出自《水浒》第32回，实为第31回；第二个例子的出处标注为出自《水浒》第10回，实为第14回；第三个例子标注为出自《水浒》第7回，实为第9回。

在本阶段，对赛译提出质疑的还有香港学者沙枫。在《中国文学英译絮说》

---

① 王丽娜.《水浒传》外文论著简介 [J].湖北大学学报（社会科学版），1985（3）：40.

一书中，他指出了赛译中的几处错误，如将"成全"译为"全城"（whole city）等①。然而沙枫断定"赛珍珠译《水浒》"为"乌龙"②这样的论断，使之成为钱歌川后、又一个"不必看原文，也可断定是译错的"③典型代表。

总体而言，与第一阶段相比，第二阶段的赛译研究取得了较大的进展，这主要归功于台湾学者的文本细读工作做得比较好，他们不但对赛译提出了一些中肯的质疑，而且还提出了相应的改进建议，这对于现今的赛译研究及《水浒传》的重译都有重要的参考价值。但这一阶段的评论也暴露出一些问题，如评论中严重的"主观主义倾向"等。

3. 赛译研究的第三阶段（1980—2002 年）

从 20 世纪 80 年代起，随着中西方文化交流的深度和广度不断提升，赛珍珠这个曾被喻为"沟通东西方文明的人桥"的作家，重新引起了中国外国文学研究界的重视并开始对其文学创作给予高度评价。然而，当时的翻译评论界对赛译却仍然处于"置之不理"的状态。整个 20 世纪 80 年代，除了钱歌川和沙博里对赛译做了寥寥数语的否定评价之外④，也只有王丽娜和郑公盾在介绍《水浒传》外译时提到了赛译。

但这一阶段很多赛译的批评者明显沿袭了不良的风气，完全迷信权威人士的评价，在没有仔细研读或干脆不读译本的情况下，就堂而皇之地对赛译进行笔伐，甚至热衷于对译者进行人身攻击。虽然姚锡佩、王逢振、张子清等学者曾为赛译辩护，但由于这一时期质疑赛译之势过于强大，所以他们的声音基本被淹没在否定赛译的大潮之中。⑤

相对而言，这一阶段比较重要的研究成果当属姚锡佩的《从赛珍珠谈鲁迅说起——兼述赛珍珠其人其书》⑥与张怡的《〈水浒传〉三种英译本之比较鉴赏》⑦二文。

在《从赛珍珠谈鲁迅说起——兼述赛珍珠其人其书》一文中，在论及鲁迅

---

① 唐艳芳. 赛珍珠《水浒传》翻译研究：后殖民理论的视角 [D]. 上海：华东师范大学，2009.

② 唐艳芳. 赛珍珠《水浒传》翻译研究：后殖民理论的视角 [D]. 上海：华东师范大学，2009.

③ 凌悦笛. 赛珍珠的美丽与哀愁. http://www.justing.com.cn/ page/ 1016. html.

④ 黄霖. 中国古代小说与当今世界文学 [J]. 中国古代、近代文学研究，2006（11）.

⑤ 李西兴. 四海之内，皆兄弟也 [EB/OL]. http://blog.voc.com.cn/blog.php?do=showone&uid=18113&type=blog& itemid=560687.

⑥ 李西兴. 四海之内，皆兄弟也 [EB/OL]. http://blog.voc.com.cn/blog.php?do= showone &uid = 18113&type =blog&itemid=560687.

⑦ 三月飞雪（Marchsnow）. 四大名著在国外的歪译 [EB/OL]. http:// bbs.chinadaily.com.cn/ viewthread. php?tid=623638.

对赛译的评价时，姚锡佩对赛译的书名进行了辩护，且通过深入剖析得出这样的结论：“赛氏把《水浒传》书名译成'皆兄弟也'，并未歪曲其主题为阶级调和，她始终认为这是一本反映中国人民反抗精神的书，其中体现了中国老百姓讲义气、求平等的社会理想。……赛珍珠选择《水浒传》向西方介绍中国人的特性，确实显示了这位外国女作家敏锐的眼力和思想……”①。笔者认为，姚锡佩虽然没有论及赛译在传播中国文化方面所做的贡献，但其文中的见解和剖析有独到之处，对当下的赛译研究具有借鉴意义。尤其是其文中采用意译方法对部分赛译译序的翻译，被后来的研究者反复引用，足见其贡献。只可惜，从20世纪90年代开始，反对赛译的声音一浪高过一浪，又囿于当时的技术条件所限，因此她对赛译的建设性评价在当时基本湮没无闻。在《〈水浒传〉三种英译本之比较鉴赏》一文中，张怡以“扑天雕双修生死书　宋公明一打祝家庄”一回为例，以“信、达、切”为准绳，分别对赛译、沙译和杰译进行了评价。通过举例剖析，张怡认为，“这三种译本各有得失，都有深得原作'风姿'的佳译，也有译走样的败笔”。在谈及翻译方法时，张怡认为，“赛译偏重形式，多采用语义翻译，尽量做到忠实原作内容，却又往往貌合神离”；而论及语言风格，她认为，“赛译行文通畅，但略显滞重平淡，不如原作简洁明快”；此外，张怡认为，“赛译在某种程度上有误译与漏译现象”②。总体而言，张怡对赛译的评价还算比较中肯，但她在举证赛译存在“某种程度上的误译与漏译现象”方面可能有待商榷。她认定赛珍珠将“早膳”译成“an early meal”“好汉”译成“the good fellows”等是误译，而笔者认为这些译法恰恰是赛译的闪光点，充分展示了赛珍珠以翻译为媒介向西方世界传播中国文化的可贵用心。而对于张怡所提出的漏译，其实是一种“莫须有”。赛译所依据的原著是七十回本，而张怡在分析的时候采用的是一百回本。因此，相较之下，赛译在她看来存在某种程度的“漏译”也就不足为怪了。笔者认为，张怡对赛译研究的最大贡献在于她对赛译的最后评价，“我们应当注意这样一个事实，即赛译早在21世纪30年代就已经出版。当时的语言，无论是书面语还是口头语，都与今天有很大差别。所以赛译的遣词造句，不可避免地带有那个时期翻译文学的特点。但是，从介绍中国文学的角度衡量，

---

① 李西兴. 四海之内，皆兄弟也[EB/OL]. http://blog.voc.com.cn/blog.php?do= showone &uid = 18113 &type =blog&itemid=560687.

② 三月飞雪（Marchsnow）. 四大名著在国外的歪译[EB/OL]. http://bbs.chinadaily.com.cn/ viewthread. php?tid=623638.

赛珍珠确实是将这一名著介绍给西方读者的功不可没之人"①。

在这一阶段，虽然有些评论不乏真知灼见，但总体而言，"赛译研究大都一鳞半爪地散见于各种翻译教材及论文，而且基本上都是负面评价，'误译'之说盛行，但坊间流传的似乎多为钱歌川先生当年提及的'放屁'一词，无人对其翻译开展全面、严肃的学术研究和批评，甚至很少有人真正见过赛译的全貌"②，评价大多流于"三言两语式"的道德评判，并没有专门针对赛译的学术论文出现。因此，相对来说，研究水平不高，学术参考价值不大。

4. 赛译研究的第四阶段（2003年以降）

2003年可谓新时期赛译研究的一个重要转折点。这一年有两篇肯定评价赛译的重要学术论文问世，在学术界产生了一定的影响。其一是马红军于2003年5月在《四川外语学院学报》上发表的《为赛珍珠的"误译"正名》一文；其二是姚君伟2003年10月在《江苏大学学报》（社会科学版）上发表的《我们今天研究赛珍珠什么？》一文。这两篇文章的发表改变了评论界自80年代以来对赛译"一味批评"的局面，可谓新时期赛译研究与以往研究的分水岭。

在《为赛珍珠的"误译"正名》一文中，马红军发前人所未发，通过介绍并分析赛译的翻译目的、翻译风格及翻译过程，评述赛珍珠的"翻译态度是认真负责的"，且探究所谓"误译"的发现及其传播经过，认为将赛译认定为"误译"实乃是一种"莫须有"的看法。在引证并反驳了赛译的批评者关于"放屁"等"误译"的质疑后，作者结合韦努蒂（Lawrence Venuti）等学者的翻译理论，指出"赛珍珠女士的初衷是把中国名著原原本本地介绍到西方，她希望保留中国古代语言特有的表达方式和行文习惯，要做到这一点，最有效、最便捷的翻译方法就是直译"③。该文材料丰富，论证有力，超越了"仅仅从语言及文本层面进行比较研究的局限，把翻译看作译者与各种力量之间相互作用而产生的共谋，试图揭示出译本背后蕴藏的力量"④。

在《我们今天研究赛珍珠什么？》一文中，论及赛译时，姚君伟首先指出评论界对赛译研究的忽视，然后分析了赛珍珠翻译《水浒传》的目的，认为她的

---

① 三月飞雪（Marchsnow）. 四大名著在国外的歪译 [EB/OL]. http:// bbs.chinadaily.com.cn/ viewthread.php?tid=623638.
② 唐艳芳. 赛珍珠《水浒传》翻译研究：后殖民理论的视角 [D]. 上海：华东师范大学，2009.
③ 郑红霞，杨革新. 文化内涵词翻译中的创造性叛逆 [J]. 湖北经济学院学报（人文社会科学版），2008，5（1）：134.
④ 郑红霞，杨革新. 文化内涵词翻译中的创造性叛逆 [J]. 湖北经济学院学报（人文社会科学版），2008，5（1）：134.

翻译与其小说创作所传达的精神一致，"均在于追求平等、正义和交流"；且指出，"赛珍珠所做的翻译值得研究"，因为"除了其跨文化对话方面的意义外，研究她的译作还能帮助我们考察她的创作与译作之间的互动关系，从而更好地了解她的创作"。该文的重要性在于它为全面研究赛珍珠的翻译观指明了方向，且在一定程度上有助于确定正面评价赛译的基调。

据笔者考证，国内关于赛译研究的专门学术论文（期刊论文、网络论文、硕士及博士学位论文），都出现在以上2篇文章发表之后。虽然文中论及赛译的观点未必获得国内评论界的完全认可，但以上2篇文章基本上改变了评论界长期以来一味否定赛译的局面，也使得更多的研究者开始关注或探究赛译。

截至2015年1月底，笔者通过各种途径共收集到这一阶段对赛译进行评价的文章（含期刊论文、博硕士学位论文、报刊文章、重要网络文章及论文、论及赛译的论文集及专著在内）共128篇，其中期刊论文60篇（专论赛译的期刊论文18篇），博硕士论文37篇（专论赛译的硕士论文10篇，博士论文2篇），论文集论文3篇（专论赛译论文2篇），报刊文章4篇，重要网络文章20篇（专论赛译的网络论文1篇），专著4本。在以上128篇评价中，对赛译持肯定态度的评价64篇，占50%；持否定态度的评价共36篇，约占28%；专论赛译的评价33篇，约占总数量的26%。（关于这一阶段所收集资料的详情请见本文附录2）从以上统计数据不难看出，对赛译进行评价的文章数量比以往有了大幅度攀升，评论界对赛译持肯定态度的文章在数量上已远远超过持否定态度的文章，虽依然对赛译褒贬不一，难下定论，却开始对赛译给予越来越多的关注，33篇专门针对赛译撰写的论文（含期刊论文、论文集论文、博硕士论文及网络文章）就是最好的说明。如果我们对这一时期专门探究赛译的33篇论文进行进一步统计可以发现，持肯定态度的评价（含期刊论文、论文集论文、博硕士论文及网络文章）26篇，占89%，持否定态度的评价（含期刊论文、硕士论文）4篇，占12%。以此可以看出，现阶段评论界虽未对赛译的评价达成共识，但越来越多的评论者对赛译持肯定态度已毋庸置疑（关于此方面的详情请见本文附录3）。

在这一时期的研究成果中，很多都是关于赛译的重要评价，极具参照价值。但囿于篇幅，笔者只能择其重要而论之。在众多的期刊论文中，除了上文提及的马红军和姚君伟的论文，笔者认为，陈智淦的《从〈水浒传〉的"吃"字翻译谈起》、李林波的《对赛珍珠〈水浒传〉译本文化意义的再思》、崔永禄的《试论中国经典文献外译的几个原则性问题》、张志强和李世英的《赛珍珠著译中的"杂合"现象探析》比较重要；就博硕士论文而言，张齐颜的《赛译〈水浒传〉中的中国英语及其文化在从〈水浒传〉的"吃"字翻译谈起》一文中，陈智淦从赛珍珠"对'吃'字翻译的角度探讨她对原作语义、语境及典故的把握程度"，指出"尽管也存在着一些不足，但赛珍珠在翻译过程中所体现的一名翻译者的态度和精神都是值得读者和译者学习的"，他同时对如何客观评价赛译提出了自己的见解①。该文从一个侧面为更好地研究赛译提供了借鉴。在《对赛珍珠〈水浒传〉译本文化意义的再思》一文中，"通过对赛珍珠选择异化翻译策略的文化原因和译本的文化价值"进行分析，李林波认为，赛译反映了"赛珍珠对中国文化的价值认同和对中西文化差异的尊重"。因此，应当肯定赛译在跨文化交流中为保持中国文化独特性所做出的努力②。这篇论文开启了从跨文化视阈探究赛译翻译策略之意义的先河，虽然其举证存在不足，但其开山之功不可没。在《试论中国经典文献外译的几个原则性问题》一文中，崔永禄对赛译的英文题目及译文中的一些翻译方法提出了质疑，认为"赛珍珠由于对中文的不理解，使译文中出了大量的笑话"，且不无担心地指出，"……联想赛珍珠的翻译，人们会对说这种不规范的语言的人有什么样的看法呢？赛珍珠译本中的译法看不出体现了怎样的汉语语言特征，倒是从客观上使人觉得中国人的文化实在差劲。这实际上是对中国文化和艺术创造水平的贬低"③。该文可谓当下否定赛译的一篇代表作，对赛译研究具有重要价值。它提醒研究者们最好通过必要途径来把握读者对赛译的真实反馈，否则关于此方面的争论将继续持续下去。此外，该文的重要意义还在于"终于有一位专门从事翻译理论研究的博士生导师参与了对赛译的研讨"，这本身说明学术界已对赛译研究引起了充分重视④。在《赛珍珠著译中的"杂合"现象探析》一文中，张志强、李世英敏锐地发现了"赛珍珠的著作与译作都具有明显的'杂合'特征，其著译中的'杂合'，多数是其有意所为，目的是要让西方读者注意到世界上其他文化的存在、彰显中国语言文化特色。因此，'杂合'理论对于赛珍珠的著作与译作具有较强的解释力"⑤。这篇论文关于赛译翻译策略的发现，打破了以往将其简单认定为异化的局限，为进一步探究赛译的翻译策略及跨文化意义指明了方向。

与马红军和姚君伟相似，张齐颜也是现阶段赛译研究史上的重要人物，他

① 王雪丽，贾薇，董丽敏.重建最佳关联的翻译[J].东北大学学报（社科版），2009，11（2）：106.

② 顾钧.论赛珍珠建构中国形象的写作策略[J].江苏大学学报：社会科学版，2002，4（2）：41-45.

③ 崔永禄.试论中国经典文献外译的几个原则性问题[J].外语与外语教学，2007（10）：46.

④ 钟再强.试析赛珍珠英译《水浒传》研究史上的几次重要评价[J].外语与外语教学，2008（12）：49-51.

⑤ 张志强，李世英.赛珍珠著译中的"杂合"现象探析[J].江苏大学学报：社会科学版，2009，11（4）：46-49.

开启了学位论文真正探究赛译的先河。在其2004年的硕士学位论文《赛译〈水浒传〉中的中国英语及其文化用意》中，张齐颜通过大量的举证强调，赛译的本质特色是"氤氲于整个译文中的浓浓的中国气息"，如果说"'误译'道出了赛译中的某些现象，倒不如说氤氲译文的'中国式英语'更能发现赛译的整体特色与本质"。而这些现象并非"赛珍珠的失误和无知所致"；"赛珍珠之所以采用这种翻译方法，而且在经过第二次修订后，仍然执意保留这些风格与特征，其背后有更深层次的原因，那就是向西方介绍、阐释、传播中国文化！"[①]马轶在其2006年硕士学位论文《赛珍珠英译〈水浒传〉的文化阐释研究》中，通过大量举证得出这样的结论："赛珍珠英译《水浒传》是特定社会历史时期下的产物，对这种历史文本的研究应该采用客观的、历史的唯物主义，既看到它超越时代的积极的一面，也看到它的不足和缺陷。赛珍珠《水浒传》译本的贡献在于她将中国草莽英雄的反抗精神，以及中国社会生活的生活图景展现给西方，用文学声援反法西斯斗争。"此外，马轶认为，以往学术界"一味地批评赛珍珠的译本其实是片面地理解翻译的'对等'，局限在译文的语言层面。如果站在文化阐释的角度来看待赛珍珠翻译《水浒传》的缘起、基本模式和具体策略，就不会再发'误译''谬译'之论了。但另一方面，赛珍珠的译本在西方受到好评，也不能因此认定她的译本无可挑剔，因为她进行阐释的时代具有特殊性。在当时中西方隔阂很深的情况下，用这种'矫枉过正'的方法来阐释被妖魔化的中国，具有积极的意义"[②]。张齐颜和马轶的学位论文在赛译研究领域产生了较大影响，转载率很高，对推动赛译研究向前发展起到了推动作用。

　　然而，提及这一时期赛译研究领域的最高学术成果和亮点，无疑当属2009年唐艳芳及董琇二人撰写的两篇专门探究赛译之博士论文的出现。唐艳芳在其博士学位论文《赛珍珠〈水浒传〉翻译研究——后殖民理论的视角》一文中，以后殖民视阈为轴，结合译者主体性所取得的研究成果，对赛译及其译者的主体选择做了全方位的剖析，无疑对全面评价赛译及促进赛译研究向前发展具有重要意义；而为了更好地撰写博士论文，董琇不辞辛苦，亲身到美国的赛珍珠故居进行资料收集和考察，并采访了赛珍珠国际的总裁珍妮特-明策（Janet Mintzer）和宾州巴克县赛珍珠故居博物馆的馆长唐纳-罗兹（Donna Rhodes），带回了很多涉及赛译的第一手资料，对于探究赛译的海外影响及读者的真实反

---

① 张齐颜.赛译《水浒传》中的中国英语及其文化用意[D].深圳：深圳大学，2004.
② 马轶.赛珍珠英译《水浒传》的文化阐释研究[D].上海：华东师范大学，2006.

馈很有帮助。此外，在其博士论文《译者风格形成的立体多元辩证观——赛珍珠翻译风格探源》中，董琇"运用统计软件进行定量分析"，首先"通过整体和局部相结合的统计方式，将赛珍珠译本和沙博里前71回译本作词频对比"，以图表形式将计算机软件统计的数据对赛译进行概括，然后又抽取实例将赛译、沙译、杰译及登特–杨译本做了横向对比，最后在此基础上概括了赛译的五大风格[①]。笔者认为，这两篇博士学位论文的发表，无疑是赛译研究史上的重要事件，必将成为赛译研究继续走向深入的一个里程碑。

而在论及赛译的学术专著中，陈敬的《赛珍珠与中国——中西文化冲突与共融》与孙建成的《〈水浒传〉英译的语言与文化》可谓这一时期涉及赛译研究的重要论著。陈敬站在肯定赛译的立场上，认为"《水浒传》的翻译和介绍是赛珍珠试图沟通中西文化的一次尝试，也突出体现了赛珍珠汇通中西的文化观。……在赛译《水浒传》中，通篇反映出赛珍珠的文化传播目的是试图让西方读者了解原汁原味的中国文化"[②]。此外，陈敬还指出，"赛珍珠的译名确实表现了她对《水浒传》有着深刻的理解，表露出她试图进行跨文化沟通的理想"[③]。与陈敬不同，孙建成站在否定的立场上，从译者的翻译意图、翻译策略、翻译方法及翻译效果等角度对赛译进行了剖析，虽然文中的一些观点有待商榷，但不可否认的是，其研究成果具有重要的学术价值及意义。顺便提及，孙建成的专著对《水浒传》的四个英译全译本进行了全方位的探究。因此该专著的重要性不言而喻。笔者认为，对赛译进行认真探究，就必须抛弃评论者自身的"赛珍珠情节"，认真借鉴否定评价可能带来的益处，以便在肯定赛译历史贡献的同时，洞悉其存在的不足及造成这种不足的内在根源，也只有这样，才能切实促进赛译研究不断向前发展。

除了以上所提及的这些评价，还有很多论文具有相当的学术价值，囿于篇幅，不再赘述。总而言之，从前文的统计数字不难看出，这一阶段的赛译研究无论从数量到规模都取得了较大进展。除此之外，赛译的研究视野也在不断扩大。在这一阶段，研究者们除了运用一些热门的翻译理论，如关联理论、翻译目的论、女性主义翻译理论、译者主体性理论、视界融合理论、翻译杂和理论等来探讨赛译之外，还开始从历史学、接受美学、文学叙事学、文化阐释学、形象学、意识形态及诗学、后殖民主义等不同视阈来分析评价赛译，大大地拓展了

---

① 董琇. 译者风格形成的立体多元辩证观：赛珍珠翻译风格探源 [D]. 上海：上海外国语大学，2009.

② 陈敬. 赛珍珠与中国：中西文化冲突与共融 [M]. 天津：南开大学出版社，2006：99-100.

③ 陈敬. 赛珍珠与中国：中西文化冲突与共融 [M]. 天津：南开大学出版社，2006：102.

赛译的研究视野。

然而必须指出的是，现阶段的赛译研究虽有较大起色，但总体水平仍参差不齐，既有一些研究水平很高的博硕士论文，也有道听途说、不负责任的胡评乱议，因而褒贬不一的局面并没有根本改观。毋庸讳言，从研究的范式、方法到评价的标准和尺度都有欠规范，亟待解决的问题仍然很多。

1.2.2　国外研究状况回顾

据笔者不完全统计，1933年赛译在美国纽约和英国伦敦同时出版后，当年就连续印刷3次以满足读者需求，而从1937年到2006年，赛译先后在美国、英国、加拿大等地再版多达10余次（详情请见第5章相关部分的统计），赛译在国外的影响由此可见一斑。笔者发现，国外对赛译的肯定远远多于否定，但基本流于"三言两语式"书评或些许"挑错式分析"，研究水平不高，尤其在现阶段远逊于国内相关研究。从所收集的资料来看，国外对赛译的评价也呈阶段性特征，可基本上分为两个阶段，其中1980年沙博里先生的英译《水浒传》（*Outlaws of the Marsh*）（以下简称沙译）的出版为前后两阶段的分水岭。沙译出版之前，评价主要呈一边倒趋势，否定的评价屈指可数。在沙译问世之后，虽然赛译的影响依旧，但否定的评价比沙译出版之前要多一些。

1. 赛译研究的第一阶段（1933—1979年）

根据彼德·康（Peter J. Conn）的描述，赛译于1933年在美国纽约出版后，"销售情况好得不可思议"，而且很快就上了美国权威的"每月图书俱乐部"排行榜①。《南大逸事》也有类似记载："这是《水浒传》的第一个英文全译本，在美国很是畅销，从中国杀将过去的这批'梁山好汉'，一下子就'蹿'上了美国权威的'每月图书俱乐部'的排行榜"②。国外评论界对赛译评价很高，甚至称"赛珍珠挖掘出施耐庵这一中国的荷马"③。著名汉学家裴斐（Nathaniel Peffer）在《纽约先驱论坛报》（*New York Herald Tribune*）上对赛译不吝赞美之辞，从多角度对

① CONN P J. Pearl S. Buck: A Cultural Biography[M]. Cambridge and New York: Cambridge University Press, 1996: 250–251.

② 龚放，王运来，袁李来. 南大逸事[M]. 沈阳：辽海出版社，2000：230–231.

③ 邓丽兰. 略论《中国评论周报》（The China Critic）的文化价值取向：以胡适、赛珍珠、林语堂引发的中西文化论争为中心[J]. 福建论坛（人文社会科学版），2005（1）：46.

赛珍珠在赛译中的努力进行了褒扬①。任泰（Tai Jen）也在美国《星期六文学评论》（*Saturday Review of Literature*）撰文评价赛珍珠及其译作，认为"从把《水浒传》译成英文的巨大难度的角度来说，布克夫人干得漂亮"，但他同时认为，"四海之内皆兄弟"作为赛译的书名不妥，指陈其没有完全反映原作的精神②。1945年9月，赛珍珠的出版经纪人大卫·劳埃德（David Lloyd）在写给朋友的信中指出，"赛珍珠的《四海之内皆兄弟》是《水浒传》完整翔实的一个独特译本，而不是部分故事的节译。《水浒传》讲述的是一群'正义强盗'的系列故事，与英国的绿林好汉罗宾汉的传说有相似之处"③。理查德·欧文（Richard G. Irwin）称赞"赛珍珠的译本最适合西方读者口味"，虽然"存有一些错误，风格过于平淡，而且对话也不那么大众化"，但"总的说来，《四海之内皆兄弟》是《水浒》最认真、最完整的译本，应当为赛珍珠击掌喝彩"④。

在这一阶段，对赛译有所批评的是英国东方学家、《西游记》的译者阿瑟·大卫·韦利（Arthur David Waley）、英国东方学家贾尔斯（A. W. Hummel）、德国汉学家弗朗茨·库恩（F. Kuhn）及美国学者吴杰克（Jack Wu）。

1933年11月，韦利在《新共和》（*New Republic*）撰文评价赛译。他对译文中的一些误译进行了分析，并指出了译本中存在的几处印刷错误⑤。对此，赛珍珠本人曾在1937年赛译的再版序言中对他"指出几处印刷错误"表示感谢。贾尔斯于1934年在《亚洲杂志》第34卷刊登了《中国经典〈水浒传〉》一文，批评赛珍珠妄改原著标题《水浒传》为《四海之内皆兄弟》，且认为赛译在口语部分还算成功，"但未能有效地翻译诗歌典故和正确运用地理、历史与文学术语"⑥。裴斐对这篇文章进行了简短评价，承认贾尔斯的严厉可能是对的，"但认为诗典、史地术语方面的失败"对赛译无关紧要，虽然"译文并非在汉学上无疵病，从艺术角度看却是正确的"⑦。库恩在1936—1937年《中国学》的第11卷

① PEFFER N. A Splendid Pageant of the Chinese People: Rev.of All Men Are Brothers, trans. by Pearl Buck[M]. New York: Herald Tribune Books, 1933: 3.

② JEN T. A Chinese Classic: Rev.of All Men Are Brothers, trans.by Pearl Buck[J]. Saturday Review of Literature, 1933, 10（7）: 5.

③ 董琇. 译者风格形成的立体多元辩证观：赛珍珠翻译风格探源[D]. 上海：上海外国语大学，2009.

④ IRWIN R G. The Evolution of a Chinese Novel: Shui hu chuan[M]. Cambridge, MA: Harvard University Press, 1953: 94.

⑤ WALEY A D. A Tale of Righteous Bandits: Rev. of All Men Are Brothers, trans. by Pearl Buck[J]. The New Republic, 1933, 11（77）: 51.

⑥ 刘洪强. "一丈青"含义试析[J]. 三明学院学报，2009, 26（1）: 63.

⑦ WALEY A D. A Tale of Righteous Bandits: Rev. of All Men Are Brothers, trans. by Pearl Buck[J]. The New Republic, 1933, 11（77）: 51.

和12卷合刊本中对赛译进行了批评,但遭到施特恩(D. Von Den Steinen)的反驳。施特恩在《华裔学志》上发表《答库恩论赛珍珠之译〈水浒〉》一文为赛珍珠辩护①。后来库恩于1963年在《大亚细亚》第10卷发表《评赛珍珠之〈四海之内皆兄弟〉》一文,继续指责赛译在地理、历史及社会学等方面的失误②。吴杰克于1963年冬在《西方人文学评论》(Western Humanities Review)第17期发表了《〈水浒传〉的道德标准》(The Morals of All Men Are Brothers)一文,批判了赛珍珠的道德观念,认为小说中的一些英雄人物"是一帮被逐出社会者"。因此他们"对整个罪恶社会产生反作用"③。

查尔斯·埃尔伯(Charles J. Alber)曾在20世纪60年代末梳理了以往对《水浒传》的批评,发现西方世界对《水浒传》的批评主要集中于"结构与布局的一致性"(structural unity)、"人物描写"(characterization)、"作品的道德价值观"(moral values)这三个方面,基本没有涉及翻译文本研究④。据笔者从网络及其他各渠道所收集到的资料来看,除了欧文、韦利和库恩在评价赛译时涉了一些文本研究之外,其他评价基本没有涉及赛译研究本身。

2. 赛译研究的第二阶段(1980年至今)

沙译⑤于1980年由北京外文出版社出版之后,在国外(主要是美国)引起了比较好的反响。自然,沙译的出现使相关学者免不了要将其与赛译放到一起品评一番。但比较的结果并不像国内研究者所"断定"的那样,即沙译出现之后,赛译就无人问津了。据笔者考证,沙译虽然在国外影响不小,但与赛译相比,还是不可同日而语。但沙译给赛译造成了一定的影响却是不争的事实。

1981年8月27日,丹佛大学伯顿·拉费尔教授(Burton Raffel)在《亚洲华尔街日报》撰文肯定沙译,否定赛译:

> 原作通俗生动的语言到了赛珍珠的笔下,全部变成了一连串极其乏味的平铺直叙。……然而……沙博里先生……却以他欢快的文笔,使这部在中国几百年来人们十分喜爱的小说读来非常有趣。他那大胆的译文使小说中的人物栩栩如生,原作的叙述部分和它的潜在含义也通过沙博里先生的

---

① 杨晓荣. 翻译批评导论[M]. 北京:中国对外翻译出版公司,2005:40.
② 唐艳芳. 赛珍珠《水浒传》翻译研究:后殖民理论的视角[D]. 上海:华东师范大学,2009:26.
③ 沙博理. 英译《水浒传》[M]. 北京:外文出版社,1980.
④ 唐艳芳. 赛珍珠《水浒传》翻译研究:后殖民理论的视角[D]. 上海:华东师范大学,2009:26.
⑤ 沙博理. 英译《水浒传》[M]. 北京:外文出版社,1980.

译文生动地体现了出来。①

1982年圣路易斯华盛顿大学罗伯特·E.海格尔教授（Robert E. Heigl）在俄克拉荷马大学文学季刊发表《今日世界文学》一文把沙译与赛译做了比较：

> 沙博里已在中国居住数十年了。作为一名翻译家，他常翻译一些当代的作品。《水浒》是他第一部古典文学的翻译小说。他的译文及他的其他译文读来上口，忠实地再现了原作的意境及活力。作为近五十年来第一个新译本（1933年赛珍珠出版了她的蹩脚的译本），本书将会大受欢迎。最值得一提的是，这是个完整的译本，译文准确，大家都会非常喜欢它的。②

然而，虽然有些评论者认为赛译远不如沙译，但这只是一部分人的看法，赛译的影响仍然巨大。1992年，历史学家詹姆士·汤普森教授（James Thomson）评价"赛珍珠凭着其中国题材小说创作和翻译"，成为"自13世纪马可·波罗（Marco Polo）以来在描写中国方面最具影响力的西方人"③。1996年，赛珍珠的传记作者之一彼德·康也曾评价赛译"是《水浒传》的第一本英文全译本，长达一千多页，是一项很了不起的成就"④。据有关统计，"如今在美国所能见到的《水浒传》英译本中百分之九十以上都是赛译，该译本甚至已成了美国各大院校中国文学课的指定教科书"⑤。2008年，英国著名汉学家、翻译家约翰·闵福德（John Minford）在为翟理思（Lionel Giles）所译的《孙子兵法》再版作序之际，这样评价赛氏及其译作："拥有宽广胸襟的《大地》作者赛珍珠是《水浒传》的注定译者，因为《水浒传》就其本能而言所彰显的正是热情而宽容的人性"⑥。美国学者瑞克斯罗茨（Kenneth Rexroth）甚至认为，赛译既是赛珍珠"最好的作品"，同时"也是美国文学的经典"⑦。

根据笔者多方收集的材料来看，除了一些有限的书评和三言两语式的评论

---

① 沙博里.《水浒》新英译本前言及翻译前后[J]. 李士钊, 妙龄, 译. 水浒争鸣, 1984（2）: 404-414.
② 沙博里.《水浒》新英译本前言及翻译前后[J]. 李士钊, 妙龄, 译. 水浒争鸣, 1984（2）: 404-414.
③ 曹明伦. 文本目的: 译者的翻译目的: 兼评德国功能派的目的论和意大利谚语 "翻译即叛逆" [J]. 天津外国语学院学报, 2007, 14（4）: 1.
④ CONN P J. Pearl S. Buck: A Cultural Biography[M]. Cambridge and New York: Cambridge University Press, 1996: 139.
⑤ 亦歌. "透瓶香"和"进门倒": 谈赛珍珠和沙博里的《水浒》[EB/OL]. http:// club. 163. com/ viewElite. m? catalogId= 408557 & eliteId=408557_100eaad6b05000a
⑥ 崔永禄. 试论中国经典文献外译的几个原则性问题[J]. 外语与外语教学, 2007（10）: 50.
⑦ 原文为 "Pearl Buck's rendering of *All Men Are Brothers* is, of course her finest work and a classic of American prose." 摘自 http://www. moyerbellbooks. com/bookstore/show_book/111.

外,国外对赛译的研究并不深入,还没有专门研讨赛译的重要学术论文面世。西方研究者似乎更喜欢用他们的价值观和视阈对《水浒传》的主题、道德等进行评判,而不热衷于对《水浒传》的艺术风格或翻译文本进行深入探究,这既可能是由于关注的视角不同,也可能是由于他们的汉语水平确实存在短板,是不得已而为之的结果。这种局面的出现说明对赛译进行全面而系统的探究只能由国内研究者完成,也从侧面反映出对赛译进行研讨在当下更具学术意义和价值。

1.2.3　对赛译研究状况的总结

回顾多年的赛译研究,可谓道路艰辛而曲折,令人嘘唏。可喜的是,现阶段的赛译研究终于有所起色,开始步入正轨,主要表现在参与的人数在不断增加,推出的成果不断增多,研究的视阈也在不断扩大。与此同时,令人担忧的隐患并未排除,目前的赛译研究仍然充斥着弊端,"在立论基础、论证方法、理论视阈及文本研究等方面还存在着许多问题和不足之处,某些问题甚至还是缺乏学术高度、令人啼笑皆非的低级错误"[①]。一言以蔽之,目前的主要问题是研究力度不够,缺乏系统性、大局观及考证精神。囿于篇幅,笔者仅以欠缺考证精神为例,谈谈评论界存在的弊端。

受中国传统文论模式之影响,国内的翻译研究"长期以来难以摆脱经验式道德评判的桎梏,排斥全面深入的理论分析和实证研究",结果"大家都忙着对别人的翻译作品或翻译标准作价值判断甚至道德审判,无意之中在做道德家的工作,而纯翻译学家的工作则很少人做",具体到赛译研究,"'贴标签'和'扣帽子'式的道德评判可谓比比皆是"[②]。如研究者们仅凭赛译第31回将"放屁"一词译为"pass your wind",便将赛译认定为"'文化陷阱''误译''歪译''死译''胡译''超额翻译''亏损''偏离''失真''语用失误'"等[③],这样的定性可谓带有明显的道德评判倾向。在《"透瓶香"和"进门倒"——谈赛珍珠和沙博里的〈水浒〉》一文中,论者错将杰克逊的译本当作赛译,把"赛译"批得体无完肤,且大肆对赛珍珠本人进行了人身攻击。由于该文系网络文章,被相互摘来转去,因此影响极坏。此类道德评判之结果必然是"过于'入世',动了

---

① 唐艳芳.赛珍珠《水浒传》翻译研究:后殖民理论的视角[D].上海:华东师范大学,2009:55.
② 唐艳芳.赛珍珠《水浒传》翻译研究:后殖民理论的视角[D].上海:华东师范大学,2009:54.
③ 王丽娜.《水浒传》外文论著简介[J].湖北大学学报(社会科学版),1985(3):50.

感情，就难免主观了。"①这种道德评判，对同一现象的见地，赛译的否定者与支持者可谓"针尖对麦芒"，大相径庭。如对赛译书名 *All Men Are Brothers* 的争议，反对者指责它"使原作的民族特色丧失殆尽"②、犯了"自由主义"和"归化翻译"的错误③、"冲淡了或说掩盖了书中反映出的激烈的社会矛盾和冲突"，使"我们看不到对中国社会和历史的反映，反而倒是感到基督教教义的阴影"④、"彰显了基督教一统天下的霸气"⑤；而支持者却盛赞其"翻译得最为准确、最为精彩、最有影响"⑥、"以创造性叛逆的手段，跨越了文化上的障碍……反映出译者的一种自觉的文化意识"⑦、"较为贴切地反映了原文的主题"⑧。而据笔者的考证，赛珍珠在赛译的封页上，为了更好地诠释《水浒传》的出处，同时用了意译、音译和标注汉字的杂合手段，这足以说明多年来评论界围绕赛译书名展开的争论却原来是一个"伪命题"（详情请见本文第3章的相关部分）。其实，目前在赛译研究中的很多领域，研究者们对同一现象持不同态度这样的例子屡见不鲜。如果要厘清事实，进一步的考证工作实有必要。此外，随着新的考证结果不断出现，原有的结论未必站得住脚。如对"一丈青"扈三娘绰号含义的考证，就没有引起赛译研究界的重视。最新的考证结果可能令很多赛译的评论者大跌眼镜："一丈青"乃毒蛇之名，"古代妇女有一种首饰名为'一丈青'，它一端为钺斧或蛇矛的形状，另一端扁尖，可用为裁纸刀。由于其能刺人，又可作为妇女的防身武器，让人很容易联想到毒蛇'一丈青'。现代港台地区有些女性佩带防身戒指与'一丈青'的功能相似。《红楼梦》第五十二回中晴雯教训坠儿时，从枕边取出的就是'一丈青'，可见，'一丈青'是能够刺人的，另外也表现晴雯的性格与扈三娘有相同的'悍勇、凶狠'的特点"⑨。因此，赛译中将扈三娘的绰号译成"Ten Feet Snake"并无不妥之处，多年来对此的所有批评均可归于"莫须有"之类。笔者经过仔细考证发现，评论者们论及赛译在海外的影响时，几乎一致认定赛译自出版后，分别于1937、1948、1952、1957年一共再版四次，可谓掷地

① 张锦兰.目的论与翻译方法[J].中国科技翻译，2004，17（1）：41.

② 范祥涛，刘全福.论翻译选择的目的性[J].中国翻译，2002，23（6）：25-28.

③ 范祥涛，刘全福.论翻译选择的目的性[J].中国翻译，2002，23（6）：25-28.

④ 崔永禄.试论中国经典文献外译的几个原则性问题[J].外语与外语教学，2007（10）：45.

⑤ 庞艳艳.从文学翻译目的层次性谈译者主体性[J].河南理工大学学报（社科版），2009，10（3）：409-412.

⑥ 王雪丽，贾薇，董丽敏.重建最佳关联的翻译[J].东北大学学报（社科版），2009，11（2）：108.

⑦ 范敏.译者之两难[J].科教文汇，2009（22）：246.

⑧ 彼得·康.赛珍珠传[M].刘海平，张玉兰，方柏林，等译.桂林：漓江出版社，1998：117.

⑨ 刘洪强."一丈青"含义试析[J].三明学院学报，2009，26（1）：63-64.

有声。笔者对此颇为怀疑，于是利用互联网的方便进行考证，发现到目前为止，赛译已在美国、英国、加拿大等地再版多达10余次，其中仅新世纪以来就再版三次之多，而所谓再版四次之源竟是王丽娜于1998年统计的结果，后被研究者们奉为圭臬而成今日之局面。就认真考证而言，已有研究者做了表率，如唐艳芳对赛译所依据的《水浒传》版本进行了细勘，指出了很多研究者在评判赛译时所依据的错误《水浒传》版本，对进一步开展赛译研究具有重要启示。综上所述，只有在加强实证研究的基础上，同时积极借鉴西方译界"描述性翻译研究"之成果对赛译进行深入探究，才能确实有所收获。否则，缺乏事实佐证或主观感情色彩强烈的评论满天飞，既不利于阐明事实，也不利于赛译研究走向深入。

　　杨晓荣曾这样强调翻译批评的原则："其一，翻译批评应是善意的、建设性的，即应是平等待人、与人为善的，体现对译者的理解，这可以说是批评的态度问题；其二，翻译批评应是全面的、整体的、本质的、历史的，不以偏概全、不片面、不偏颇，这是视角和视野的问题；其三，翻译批评应是实事求是的，要客观，要讲道理，不凭印象妄下断语，也不迷信权威，要实际而不空泛，深入而不肤浅，这些大体上可以归于翻译批评的方法问题"[①]。以此来衡量赛译研究，存在的问题一目了然：研究者们要么只说好话，似乎译本完美无缺；要么迷信权威的评断，不敢越雷池半步；要么抓住个别之处不放，以偏概全……因此就规模、数量、质量及整体水平而言，目前的赛译研究仅能算刚刚起步，可谓"路漫漫其修远兮"，需要研究者以科学的态度和实证精神努力进取，不断"求索"，只有这样，才能真正推进赛译研究不断向前发展。

1.3　具体研究思路

　　由于长期以来赛译在国内学术界一直饱受争议。因此全面而公允地对其评价和定位绝不是一蹴而就的事，需要全面厘清其翻译目的、翻译策略、合作翻译特色及其海外的影响力和读者反馈等，并对此进行深入的探究，挖掘其划时

---

① 杨晓荣. 翻译批评导论[M]. 北京：中国对外翻译出版公司，2005：28.

代的历史前瞻性及确实存在的某些局限性。

本研究拟摆脱以往翻译人物个案研究的面面俱到的传统模式，以跨文化视阈为切入点，结合赛珍珠研究及翻译学研究所取得的最新成果，重点剖析赛珍珠翻译《水浒传》的真正动机及这种动机对翻译文本、翻译策略及译作书名的主体选择产生的巨大影响，与此同时，对赛译的翻译策略、合作翻译实质、海外影响力及读者反馈等展开全面探究。从赛珍珠一生所追求的目标不难看出，向西方世界推介及传播中国文化以实现其文化和合主义的伟大抱负，正是其翻译《水浒传》的最高指向，因而对赛译进行探究，必须将其促进中西文化交流之历史贡献纳入考量。因此，从跨文化视阈来探究赛译，适应了当前从文化角度研究翻译的趋势，不仅有益于更全面、客观地评价赛译及赛珍珠的文学创作，而且能够在不断拓展和丰富赛珍珠研究的内容和视阈的同时，为促进经典文献《水浒传》的翻译研究做出贡献。

本研究拟以探究赛译之目的→策略→过程→贡献为主要框架，以史料的整理为研究基础，以赛译的实例解读为研究理据，以赛珍珠的文化和合主义理想诉求为主线，挖掘赛译主体选择背后的文化根源，结合译者主体性理论、目的论、翻译杂合理论、接受美学等领域的研究成果，旨在对赛译进行批评性概括及历史定位。

1.3.1　具体研究目标

本文不再寻求通过某一特色理论来对赛译进行探究和诠释。以往的实践证明，从某一特色理论来进行探究，固然逻辑紧密，似乎更具说服力，但从多年的赛译研究中可以发现，从不同的角度去探究赛译，即使运用同一理论也会得出不同甚至完全相反的结论。如同样从后殖民翻译视阈来探究赛译，唐艳芳与赖娟华及胡天赋的结果就大相径庭。此外，其他一些热门理论，如阐释学翻译理论、操控派翻译理论、女性主义翻译理论、多元系统论等，其实都是从描述性翻译学发展而来，细究之下，都不能合理解释赛译的所有现象。比如，阐释学非常看重译者对原作的前理解，但赛译的本质是合作翻译，具体实情在于对原作难点的释疑是由助译者龙墨芗先生负责的。因此阐释学的前理解理论虽有一定解释力，但在分析赛译的实情时已经打了折扣，不利于澄清问题。至于操控派翻译理论，它过分强调了主流意识形态和诗学的影响，对赛译这种没有赞助人、译者主体意识浓烈、翻译策略超出主流意识形态和诗学束缚的译作显然缺乏足够的解释力。在当下的女性主义者看来，赛珍珠堪称女性主义的先驱。因此，一些研究者倾向于从女性主义翻译视阈来探究赛译，但笔者经过认真探究发现，赛译中译者的所谓女性主义翻译立场并不明显，以往研究者所举证的例子不但数量有限，而且实有牵强附会之嫌，难以说明问题。由于笔者在第2章的论述中还要谈及这一问题，此处不赘述。

鉴于此，本研究不再寻求以某一特色理论来对赛译进行探究，拟充分借鉴翻译目的论、译者主体性理论、异化归化理论、合作翻译理论、有意误译及无意误译理论、接受美学理论、翻译杂合理论等多种理论之长处的同时，以跨文化视阈为主要取向，旨在通过认真探究赛译的翻译目的、翻译策略、合作翻译实情及赛译的海外影响、读者反馈等核心问题，厘清对赛译存在的诸多质疑，以期对赛译进行客观而公允的定位。具体涵盖内容如下：

第一，探究赛珍珠翻译《水浒传》的真正用心。通过探究赛译的翻译目的，挖掘赛珍珠翻译《水浒传》的最高动机，并探究这种动机形成的根源及其对赛译主体选择产生的巨大影响。

第二，对赛译的翻译策略进行重新定位。通过实证考察和文本探究，笔者发现，以往对赛译翻译策略的描述存在失误，不符合实情。因此有必要重新探究以厘清诸多质疑。

第三，对赛译的合作翻译进行深入探究。合作翻译贯穿赛译的整个翻译过程，只有厘清赛译合作翻译的实质与实情，才能厘清赛译所存在的优势和短板，为客观评价赛译打下基础。

第四，对赛译的历史贡献进行评述。通过对赛译的海外影响及读者真实反馈等进行探究，揭示赛译在海外获得成功的原因，对赛译进行客观而公允的历史定位，既揭示其历史贡献也指出其翻译局限。

1.3.2　具体研究方法

为确保举证的可信度，拟采用以下几种方法：

第一，充分实现定量研究与定性研究的有机结合。在实际论证过程中，定量研究与定性研究齐头并进，互为补充，以说明问题为目的。

第二，实现理论剖析与实证研究相结合。借鉴既往的理论成果对赛译进行剖析，尽量做到理论与实证相辅相成。但如果理论出现短板，与赛译实情相悖，则根据实情对相关理论进行补充或发展来说明问题。

第三，普遍探究与个案探究相结合。本文的举证建立在笔者对赛译文本及原作的一一比对之上，但由于赛译长达 1279 页（1937 年纽约庄台公司版）。因此举证时虽欲照顾全面，但也免不了有所侧重，以免顾此失彼、得不偿失。

第四，进行不同文本对比分析。在分析赛译的翻译策略时，本文选取了沙译作为参照。由于沙译曾获得很多评论者的褒扬，将其与赛译进行比对研究，可更好地发现赛译的优势与不足。

第五，运用因果分析模式得出最终结论。本着历史精神，将对赛译的探究与赛译产生的背景、条件及实际的影响力相结合，将译者和译作置于宏大的历史背景中进行体察，根据译者的历史贡献和赛译文本实情得出最终结论。

1.3.3　具体研究内容

对于赛译至诞生之日起至 2009 年底赛译在转折时期[①]所出现的所有评价（包括期刊论文、专著、论文集论文、报纸、网络博客等）进行仔细梳理、甄别和评论，具体评价具体分析，力求结合历史实情进行评价和判断。

1.3.4　拟解决之核心问题

通过本研究，拟提出和证明以下主要观点：

第一，赛珍珠的特殊人生经历、所受的双重教育、尴尬的文化边缘人身份及她在东西文化不平等的对话关系中所处的位置等决定了她文化和合主义价值观的形成，而对这一价值观的追求是其创作和社会实践的最高指向，也是她翻译《水浒传》的真正用心之所在。

第二，赛珍珠的文化和合主义价值观对赛译在翻译文本、翻译策略及译作书名的主体选择上产生了决定性作用。反之，赛译文本中的翻译表象也必定折射出赛珍珠的文化和合主义价值观。

第三，为了实现其文化和合主义价值观的理想诉求，赛译采用了"突显差异、有意杂合"的翻译策略，将异化归化并举，相辅相成，有机结合。译者在最大限度地向西方读者进行中国文学及文化启蒙的同时，又尽可能地照顾了他们的阅读水平。这种翻译策略具有划时代的前瞻性，对当下的翻译策略研究极具

[①] 据笔者考证，2009 年底为赛译研究的转折点，2010 年以后有多篇肯定赛译的专著和博士论文、学术论文等问世。

启示意义。

第四，合作翻译《水浒传》既体现了译者赛珍珠文化和合主义的理想诉求，也凝聚着助译者龙墨芗先生为使中国小说《水浒传》走向世界而付出牺牲的拳拳之心。赛译的合作模式亘古未见，期间"读、听、看、译"等相互冗杂，得益之处可被效仿，失误之处亦可作为前车之鉴。

第五，赛珍珠的中国题材小说创作与赛译形成了互文关系，《大地》等中国题材小说的畅销，为西方读者接受《水浒传》做了最好的铺垫，使他们形成了"期待视野"。

1.4　整体研究框架

本研究共分六章，其中主干部分由赛译的动机（译者的用心）→赛译的策略→赛译的过程（合作翻译）→赛译的结果（历史贡献）这几个步骤组成，总体上构成一个有机整体。具体框架如下：

第1章为绪论，主要介绍本论文的研究意义、研究现状、具体研究思路及全文框架。

第2章通过探究赛译的翻译目的，揭示赛珍珠翻译《水浒传》的真正用心乃是实现其文化和合主义的价值观，正是这种价值观对赛译的主体选择产生了决定性影响。在分析了赛珍珠文化和合主义价值观的成因之后，结合赛译主体选择的时代背景，对其影响赛译主体选择的几个方面（翻译文本选择、翻译策略选择及译作书名的命名）进行了探究。

第3章重点剖析赛译的翻译策略实质。借鉴异化归化理论所取得的进展及赛译策略研究方面的成果，笔者发现赛译"尽可能直译"的背后，译者真正采用的策略是"突显差异、有意杂合"，即尽可能运用异化凸显中国古典文学之"异"的同时，又照顾到读者的理解，采用了异化归化互为补充的杂合策略。在详细地剖析了"异化归化"在赛译中的表征之后，笔者进一步探究了这种翻译策略对赛译研究及异化归化研究的启示。

第4章以剖析赛译合作翻译的实质及过程为取向，重点探究了赛译合作翻译模式的特殊性、其所带来的利弊得失（厘清了赛译误译产生的根源并对此进行了详细归纳）及其对当下合作翻译实践和理论可能提供的借鉴。

第5章旨在对赛译进行历史定位。笔者通过实证研究剖析了赛译的海外影响，如再版情况及读者的真实反馈等。在此基础上，笔者又从原著因素、译作因素、读者因素等角度进一步探究了赛译获得成功的原因。最后，结合相关领域的研究成果，笔者在探究了定位赛译需遵循的基本原则及需满足的各种条件之后，结合历史实际，对赛译进行了最终定位。

第6章为余论。笔者对本文的主要结论进行了回顾，对一些发现及启示进行了总结，在承认本研究存在不足之处的同时，对未来的后续研究提出了设想。同时对所引用之文献及必要的参考文献进行了归纳，以利于本领域研究向前发展。

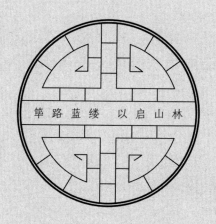

筚路蓝缕　以启山林

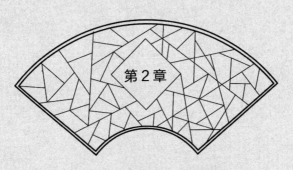

第 2 章

用心良苦
难能可贵

论赛珍珠的用心

　　随着20世纪70年代翻译研究开始"文化转向"，翻译被放置于一个更为广阔的文化语境中进行体察，原作至上的瓶颈被打破，绝对"忠实"的观念随之被彻底解构，译者主体的能动作用也得到空前的张扬。法国学者安托瓦钠·贝尔曼（Antoine Berman）在《翻译批评论：约翰·唐》一书中甚至直接喊出了"走向译者"的口号。而随着译者主体地位的彰显，译者主体性研究不可避免地成为当下的一种趋势，理论研究者们开始倾向于在更为广阔的文化视阈中考察翻译，而力图避免相对狭隘的技术层面[①]。一方面译者不再"隐身"，由"幕后"被推到了"前台"，另一方面，翻译的外部因素得到了空前的关注，翻译研究被置于由社会、政治、历史及文化等所组成的巨大的互文性网络之中，出现了翻译研究的跨文化、跨学科态势。在此基础上，包括多元系统论、女性主义、后殖民主义、解构主义、接受美学等各种理论纷纷被纳入翻译研究中来，极大地拓宽了翻译研究的视野，使得一些在"语文学范式"及"语言学范式"（或曰"结构主义范式"）视阈下无法定论的译作，在随着翻译研究"文化转向"而兴起的"解构主义范式"（或曰"后结构主义范式"）中有望获得合理的解释。正是这样的研究环境，给我们重新审视和探究赛译提供了良好的理论支持和条件。

　　赛珍珠一生致力于向西方推介和传播中国文化，赛译可谓其中的一个重要组成部分。在"西胜东衰"的20世纪初，中国处于"积贫积弱、内乱不止"的尴尬境地，在政治、军事、外交等方面基本上丧失了中西交往中的话语权，文化地位也岌岌可危。在这样的历史背景下，视中国为祖国的赛珍珠，为改变西方世界对中国人及其文化的误解和偏见，站在中国人的立场上，耗近5年之功，将中国古典文学名著《水浒传》译成英文，向西方世界推介中国文学和文化，可谓用心良苦。然而，虽然赛译自出版发行以来多次再版，在国外取得了巨大成功，但由于各种原因，赛译在国内一直饱受诟病，至今未获得国内主流翻译界的认可。虽然近几年来不断有肯定者为其正名，但褒贬兼有、毁誉参半的局面并没有被打破。在此背景下，对赛译积极探究、对质疑赛译的一些核心问题（除了向西方世界推介和传播中国文化，赛珍珠翻译《水浒传》还有什么目的？她的真正用心是什么？赛译的翻译策略到底是什么？赛珍珠与龙墨芗先生合作翻译的过程到底如何？产生了怎样的效果？西方读者到底如何评价赛译？目前赛译的影响到底如何？等等）予以澄清，就越发显得重要。

　　许钧曾指出，"翻译的目的对翻译作品的选择、译者翻译立场的确立及翻译

---

① 许钧.翻译论[M].武汉：湖北教育出版社，2003：7-8.

方法的采用无疑有着不可忽视的影响"①。本着这样的精神，本章拟借鉴相关领域的研究成果，探究赛珍珠翻译《水浒传》的真正动机，并借此分析这种动机对译者在选择翻译文本、翻译策略及译作书名等方面的决定性作用。而对于涉及赛译的其他核心问题，笔者将在本文的其他章节分别予以探究。

2.1　赛珍珠的翻译目的

"翻译目的是指通过翻译意欲达到的效果、结果或用途"②。在评价鲁迅先生的翻译时，王佐良指出，鲁迅的翻译目的最后着眼点是中国——中国的精神生活、中国的将来。那么，赛珍珠翻译《水浒传》的最后着眼点何在？对于这样一个看似"简单"的问题，评论界目前给出了几种完全不同的答案，褒贬兼有，很难达成共识。如果不能厘清这个问题，将对赛译研究产生重大的负面影响。因此，我们有必要对赛珍珠的翻译目的进行认真的探究，只有"充分了解其翻译目的及充分考虑各种情况之后"，才能"对其译本做出客观、公正、恰当的评价"③。

2.1.1　翻译目的研究的主要成果

根据笔者掌握的材料，国内最早将翻译目的加以区别的是鲁迅。在谈及《死魂灵》的翻译时，他指出翻译的目的有二，一是"不但移情，而且要益智"，二是为了"输入新的表现法"。为了实现第一个目的，他认为翻译须有"异国情调"，对原文"不主张削鼻剜眼"；为了实现第二个翻译目的，他主张"在有些地方，宁可译得不顺口"④。以现在的视角来看，鲁迅其实论及了三个翻译目的，即"移

---

① 许钧. 翻译论 [M]. 武汉：湖北教育出版社，2003：7-8.

② 曹明伦. 文本目的：译者的翻译目的：兼评德国功能派的目的论和意大利谚语"翻译即叛逆" [J]. 天津外国语学院学报，2007，14（4）：1.

③ 朱文武，娄凌云. 语用等效与文化信息传递的矛盾：对赛珍珠《水浒传》英译本评价的思考 [J]. 金华职业技术学院学报，2007，7（1）：33-36.

④ 张锦兰. 目的论与翻译方法 [J]. 中国科技翻译，2004，17（1）：36.

情"益智"及"输入新的表现法"。由此可知，鲁迅认为翻译目的具有多元性，这是一种具有超前意识的洞见，为我们今后进一步探究赛译可能存在的各种目的提供了参照。

随着翻译研究的"文化转向"，翻译研究的跨学科交叉趋势日渐明显，"人们对翻译目的之认识似乎也出现了多元化的趋势"[①]。功能派理论家汉斯·弗米尔（Hans Vermeer）提出，翻译目的可分为"一般性目的（如谋生）、译文在译文语境中要达到的交际目的（如教育读者）和特殊的翻译策略或翻译方法要达到的目的（如为了再现原文特殊的结构而尽可能地直译）"三类，且"大多数翻译行为都可能有各种各样相关的目的，这些相关的目的共同构成一个有序的梯阶"，"译者必须能够针对特定的翻译语境选择一种特定的翻译目的"[②]。范祥涛、刘全福认为，"弗米尔的分类只是对几种可能情况的概括，但在分类标准上并不具有一致性和科学性"[③]。为此，他们提出了自己的观点："翻译的目的是具有多层次、多向度等多元特征的。一般说来，每一个翻译行为都有基本层次的翻译目的，也许还会有最高目标（最后的目的），这两者之间还会有一些中间层次，而这些层次上又会有种种不同的向度。如果再考虑到许钧先生所提出的'为什么翻译'这一问题，目的多层次结构中则又会增加一个所有翻译行为共有的目的层次"[④]。庞艳艳发展了弗米尔的观点，认为"既然翻译行为的各种目的构成了一个有序的梯阶，那么就有了层次的划分，其中必然存在一个主次顺序，即相关的目的中必然有主要目的、次要目的、次次要目的等"[⑤]，这种划分与范祥涛、刘全福的观点可谓大同小异，但论及文学翻译时，庞艳艳指出了文学翻译的最高目的，她认为，"文学翻译的首要目的就是要传递美，即文学翻译目的的最高层次就是美学层次"[⑥]。

近些年来，在翻译之目的探讨方面影响最大的，当属曹明伦。在《文本目的——译者的翻译目的——兼评德国功能派的目的论和意大利谚语"翻译即叛逆"》一文中，曹明伦"区分了翻译的文本行为和非文本行为，批评了德国功能派理论对这两对概念的混淆"，将翻译目的区分为"文本目的"和"非文本目

① 曹明伦. 文本目的：译者的翻译目的：兼评德国功能派的目的论和意大利谚语"翻译即叛逆"[J]. 天津外国语学院学报, 2007, 14（4）: 1.

② 范祥涛, 刘全福. 论翻译选择的目的性[J]. 中国翻译, 2002, 23（6）: 25-28.

③ 范祥涛, 刘全福. 论翻译选择的目的性[J]. 中国翻译, 2002, 23（6）: 25-28.

④ 范祥涛, 刘全福. 论翻译选择的目的性[J]. 中国翻译, 2002, 23（6）: 25-28.

⑤ 庞艳艳. 从文学翻译目的层次性谈译者主体性[J]. 河南理工大学学报（社科版）, 2009, 10（3）: 409-412.

⑥ 庞艳艳. 从文学翻译目的层次性谈译者主体性[J]. 河南理工大学学报（社科版）, 2009, 10（3）: 409-412.

的",其中"非文本目的"包括政治目的、文化目的或经济目的等,会对"文本目的"产生制约,使其难以充分实现①。曹明伦认为,"意识形态和诗学理念对翻译的影响是客观存在的,但只要译者对翻译之文本目的和非文本目的有清楚的认识,就可以把这种影响限制在最低程度,或者说限制在可接受的程度,那就是以译作'在目标语文化中立足为限',以符合'目标语读者的期待视野为限'。一旦超越限度,甚至故意用政治目的、文化目的、经济目的或其他个人目的去取代翻译之文本目的,那就有违翻译界两千年来的职业良知,有违译者的行为规范"②。曹明伦强调,"文化目的、政治目的、经济目的或别的什么目的是翻译活动发起人(initiator)的目的,不是翻译行为实施者(translator)的目的。后者的目的是文本目的,即让不懂原文的读者通过译文知道、了解甚至欣赏原文的思想内容及其文体风格。而实现文本目的的途径只有一条,那就是实施翻译的文本行为,把一套语言符号或非语言符号所负载的信息用另一套语言符号或非语言符号表达出来。翻译之文本目的乃译者的根本目的。实现这一目的则是译者的根本任务"③。从笔者目前所收集到的材料来看,曹明伦的观点获得了国内不少学者的认同,囿于篇幅,此处不赘述。范敏显然对曹明伦的概念进行了进一步概括,认为"翻译活动具有两种目的:其一,译者为实现'语言转换'而实施的文本行为,我们称之为翻译的文本目的;其二,译者为了实现'达其志、通其欲'而实施的非文本行为,我们称之为翻译的非文本目的"。范敏认为,译者一直处在实现文本目的与非文本目的的两难之间,"若要忠实地实现文本目的,其非文本目的又难以达到;若要实现译文的非文本目的,则无法充分地实现其文本目的"。她同时指出,"无论译文要达到什么样的预期目的,翻译的非文本目的只会对翻译的文本目的产生影响和制约,最终落到实处时,还是必须以原文本为基础进行翻译"④。

以上关于翻译目的的探究为我们厘清赛译的翻译目的提供了很好的借鉴,但必须指出的是,以上所论及的各种观点并不完全适合赛译,需要我们根据实情予以斟酌。从以上的研究不难发现,除鲁迅之外,其他学者对翻译目的的探究虽然或发展或质疑弗米尔的观点,却都是从目的论的源头阐发而来,这就使得以上研究在客观上与赛译产生了背离。这其中最大的不同,就是赛译翻译活

---

① 范祥涛,刘全福.论翻译选择的目的性[J].中国翻译,2002,23(6):25-28.

② 范祥涛,刘全福.论翻译选择的目的性[J].中国翻译,2002,23(6):25-28.

③ 范祥涛,刘全福.论翻译选择的目的性[J].中国翻译,2002,23(6):25-28.

④ 范敏.译者之两难[J].科教文汇,2009(22):246.

动的发起人（initiator）与翻译行为的实施者（translator）重叠。因此赛译的文本目的与非文本目的相协调而统一，服从于译者本人的最高目的，而这个目的，就是赛珍珠翻译《水浒传》的真正用心。

2.1.2 关于赛译目的的不同评价

到目前为止，评论界对赛珍珠翻译《水浒传》的动机提出了多种不同的观点，这些观点基本上代表了目前学术界对赛译翻译动机的主要看法，笔者现将评论者们论及赛译动机的主要观点列举如下：

（彼德·康）翻译这部小说，可能又是出于和父亲及其信条唱对台戏的动机。父亲把英文《圣经》译成中文以开化异教徒；她反过来把土生土长的中国作品介绍给西方人。①

（马红军）赛珍珠女士的初衷是把中国名著原原本本地介绍到西方，她希望保留中国古代语言特有的表达方式和行文习惯，要做到这一点，最有效、最便捷的翻译方法就是直译。②

（姚君伟）其实，《水浒传》的翻译，其目标在相当的程度上与她小说创作所传达出的精神相仿佛，均在于追求平等、正义和交流，笔者认为这是赛珍珠思想的内核部分。只要看看她的标题——《四海之内皆兄弟》（*All Men Are Brothers*）及在译序中的交代，就明白了赛珍珠所追寻的理想，而这一理想中又可以见出中国文化（尤其是儒家思想）对赛珍珠的深刻影响。③

（张齐颜）要是说"误译"道出了赛译中的某些现象，倒不如说弥漫译文的"中国式英语"更能发现赛译的整体特色与本质。……赛珍珠之所以采用这种翻译方法，而且在经过第二次修订后，仍然执意保留这些风格与特征，其背后有更深层次的原因，那就是向西方介绍、阐释、传播中国文化！④

（刘龙）赛珍珠曾向龙墨芗先生坦言她从事文学创作的动机："我得给这女儿（Carol Buck）筹好一辈子的费用，才安心呢。可是卜凯先生（John L. Buck）教书的收入很有限，我呢，又两袖清风，那儿来这许多钱呢？ 我想

① 彼德·康. 赛珍珠传[M]. 刘海平，张玉兰，方柏林，等译. 桂林：漓江出版社，1998：136.
② 马红军. 为赛珍珠的"误译"正名[J]. 四川外语学院学报，2003，19（3）：122-126.
③ 姚君伟. 我们今天研究赛珍珠什么？[J]. 江苏大学学报（社会科学版），2003，5（4）：62-66.
④ 张齐颜. 赛译《水浒传》中中国英语及其文化用意[D]. 深圳：深圳大学，2004：i.

还是努力来著作，用著作上的进益来解决这个问题罢。"①

（马轶）在当时中西文化隔阂较深的情况下，赛珍珠通过这种"矫枉过正"的翻译方法，目的是真实再现中国的文化，具有一定积极的意义。②

（庄华萍）本论文充分考虑到了赛珍珠忠实再现汉语及其所代表的中国文化的初衷，……肯定了译者本人通过其翻译实践积极客观地向译入语读者展现真实的中国与中国文化，并进一步向西方阐释东方的努力。③

（林小玲）赛珍珠，在翻译《水浒传》时偏向使用"异化"翻译策略目的是保留原文的文化，将它原原本本地介绍给西方读者，传播了中国文化，使西方人重新认识中国。④

（陈敬）《水浒传》的翻译和介绍是赛珍珠试图沟通中西文化的一次尝试，也突出体现了赛珍珠汇通中西的文化观。⑤

（邓婕）早期启蒙教育的多重结构和横跨中美文化的丰富阅历，使她产生了对待各个民族都要一视同仁的正确认识。正是由于抱着文化平等的心态，她的翻译更能摆脱本土文化的困扰，从而客观再现原文的文化内涵。⑥

（朱文武、娄凌云）……其翻译目的是使西方读者能够了解中国文化，使她的译本能起到中西文化交流的作用，所以赛珍珠在翻译的过程中，更多的是为了达到文化交流的目的，而不是语用等效的目的。⑦

（孙建成）赛珍珠采取翻译的形式来向西方人展现中国的社会风貌，既有可能成为验证其写作作品真实性的一种补充手段，更可能是当时美国社会现实利益的需要。……美国的文学是没有自己的传统作背景的，它是英国文学的模仿和长期移植，长期以来一直笼罩在英国浪漫主义文学的阴影之下，没有自己民族独创的东西。……⑧

（董琇）捍卫、传播中国文学的翻译动机。赛珍珠积极认同中国的小

---

① 刘龙. 赛珍珠失信龙墨乇之谜[M]//许晓霞, 赵珏任. 赛珍珠纪念文集: 第二辑. 桂林: 广西师范大学出版社, 2006: 102-111.

② CONN P J. Pearl S. Buck: A Cultural Biography[M]. Cambridge and New York: Cambridge University Press, 1996: 45.

③ 庄华萍. 赛珍珠的《水浒传》翻译及其对东方主义的叛逆[D]. 杭州: 浙江大学, 2006: 2.

④ 林小玲. 异化与中国文化的传播:《水浒传》两个英译本的对比赏析[D]. 福州: 福建师范大学, 2006: IV-V.

⑤ 陈敬. 赛珍珠与中国: 中西文化冲突与共融[M]. 天津: 南开大学出版社, 2006: 99.

⑥ 胡天赋. 从人物的再现看赛译《水浒传》的后殖民主义色彩[J]. 河南大学学报 (社会科学版), 2006, 46 (5): 79-83.

⑦ 朱文武, 娄凌云. 语用等效与文化信息传递的矛盾: 对赛珍珠《水浒传》英译本评价的思考[J]. 金华职业技术学院学报, 2007, 7 (1): 33-36.

⑧ 庞艳艳. 从文学翻译目的层次性谈译者主体性[J]. 河南理工大学学报 (社科版), 2009, 10 (3): 409-412.

说和语言文字，在翻译过程中能够摆脱种族主义看待问题的方式，能够把陌生文化当作一面镜子，来关照出本国、本民族文化的短长。赛珍珠无论在宗教信仰还是文化立场上都表现出多元的主张，强烈抨击海外传教士的宗教殖民主义，反对文化中心主义和绝对主义。因此在翻译中表现出的就是平等看待两种文字、两种文学的倾向。①

（赖娟华）认为赛珍珠的异化是一种有意地追求和宣传原语文化的表现，目的是在作品中持续一个"中国风情"主题，吸引西方人的眼球，而达到出版的目的。②

（唐艳芳）赛珍珠选择翻译《水浒传》，最主要的原因在于她对原作文学价值的喜爱和推崇，以及她受个人经历影响而对底层人民"造反"的同情态度。但除此以外，其中似乎还有一些"不足为外人道"的原因，比如经济和政治等因素，这是毋庸讳言的，同时也说明了译者的主体行为具有复杂性甚至矛盾性等特点，并且这种复杂和矛盾性与其文化身份的杂糅不无关联。③

以上关于赛译目的（动机）的评价，都是各位学者通过探究后得出的重要结论。虽然有分歧，但我们在此基础上进行探究，必将有所收获。对于以上学者的观点，我们稍加分类，基本可以分为肯定赛译的动机，即马红军（2003）、姚君伟（2003）、张齐颜（2004）、马轶（2006）、庄华萍（2006）、林小玲（2006）、陈敬（2006）、邓婕（2006）、朱文武、娄凌云（2007）、董琇（2009）；否定赛译的动机，即孙建成（2008）、赖娟华（2009）；认为赛译的动机具有多元特征，即唐艳芳（2009）；其他动机，即彼德·康（1998）、刘龙（2006）。在这些评价中，难免有的观点站不住脚或有所偏颇。除去这些观点，再对其他的观点进行整合和分析，我们就能体察出赛珍珠翻译《水浒传》的真正用心，而这个用心，正是译者在翻译过程中实施一系列主体选择的决定因素。

2.1.3　关于赛译最高目的的定位

从上文我们可以看出，目前评论界对赛译的目的有不同的看法。如果对赛

---

① 董琇.译者风格形成的立体多元辩证观：赛珍珠翻译风格探源[D].上海：上海外国语大学，2009：115.
② 赖娟华.从后殖民主义视角分析翻译现象：看赛译《水浒传》[D].武汉：华中师范大学，2009：11.
③ 唐艳芳.赛珍珠《水浒传》翻译研究：后殖民理论的视角[D].上海：华东师范大学，2009：174.

译的目的进行定位, 我们免不了要做一番去粗取精的扬弃。结合史实, 笔者认为彼德·康和赖娟华的观点站不住脚, 而孙建成的观点则有待商榷。针对彼德·康的观点, 唐艳芳给了最好的回答, "赛珍珠不至于单纯为了驳斥自己敬重的老父亲, 而耗时近五年翻译这样一部洋洋万言的巨著; 何况赛父于1931年谢世, 如果翻译是针对他的, 这项工程就失去继续下去的意义了。另外, 《水浒传》是一部以情节描写和人物刻画见长的小说, 道义说教成分较少。因此宗教上的翻译目的更是子虚乌有"①。而对于赖娟华的观点, 笔者认为, 只要看看赛珍珠翻译《水浒传》的时间段就可以得出答案了。赛译的翻译开始于1928年, 那时连《东风·西风》都还未出版, 何来 "持续一个 '中国风情' 主题" 这样的论断? 如果要 "吸引西方人的眼球, 而达到出版的目的" 的话, 那么按照西方的价值取向, 翻译一部《景善日记》之类的作品岂不更能解决问题? 对于孙建成的部分观点, 只要我们关照20世纪20年代末的历史背景, 自然也不难给出答案。赛珍珠开始翻译《水浒传》1928年, 美国的 "经济危机" 在一年后才爆发, 当时的中国, "无论在经济上、军事上还是文化上, 都处于一种劣势。中美文化存在着巨大的错位。美国正是欧美中心主义和东方主义的推行者和实践者, 其推行的全球战略是后殖民主义, 即文化帝国主义。其典型的特征是: 抬高自己的文化, 贬低、蔑视甚至侮辱第三世界文化, 淡化东西方民族文化的差异, 以突出自己文化的 '优越性', 为控制第三世界寻找借口, 企图以自己的文化作为全球文化的普遍标准, 取代其他文化, 最终实现全球文化 '一体化' 的目标"②。试想, 在这样的背景下, "美国社会的现实利益" 需要《水浒传》这类中国文学作品吗? 但赛译是否 "可能成为验证赛珍珠写作作品真实性的一种补充手段" 这样的观点, 则需要进一步探究才能给出明确的答案。由于这一点明显不是赛译的目的, 因此不再赘述。

至于刘龙所提及的赛珍珠关于自身经济状况的言论, 龙墨芗先生的子女认为这番话是赛珍珠拜龙墨芗为师, 系统研究中国古典小说名著、中国小说史时 "拖欠学费时的借口"③。据考证, 赛珍珠翻译《水浒传》之前经济状况确实欠佳, 但经济原因绝非赛珍珠的主要目的却毋庸置疑, 当时她自己对日后这部译

---

① 唐艳芳. 赛珍珠《水浒传》翻译研究——后殖民理论的视角: 后殖民理论的视角 [D]. 上海: 华东师范大学, 2009: 84.

② 郝素玲, 郭英剑. 赛珍珠现象: 多元文化主义者的悲哀?[J]. 河南师范大学学报 (哲学社会科学版), 1997, 24 (6): 91-92.

③ 唐艳芳. 赛珍珠《水浒传》翻译研究: 后殖民理论的视角 [D]. 上海: 华东师范大学, 2009: 86.

作能否在美国出版都不确定，更不会去畅想带来经济方面的巨大回报。因此笔者认为，如果经济原因是赛珍珠翻译《水浒传》的一个目的，那么这个目的也只能是她决定翻译《水浒传》的一个动因，而非她的真正用心。至于政治原因，虽然它在赛译的主体选择过程中有所体现，但终不是赛译的主要目的。笔者认为，唐艳芳指陈译者的动机具有多元性这一观点，符合鲁迅早年的洞见，对我们分析赛译的目的具有一定的启示，但既然译者的最高翻译目标只能有一个。因此我们关注的只能是他（她）所归纳的主要目的。如果将唐艳芳所认定的赛译之主要目的与其他研究者对赛译目的之肯定观点融为一处，我们又可以将其分为文本目的和超文本目的两类，其中马红军（2003）、庄华萍（2006）、林小玲（2006）、唐艳芳（2009）所持之观点基本为文本目的，而姚君伟（2003）、张齐颜（2004）、马轶（2006）、陈敬（2006）、邓婕（2006）、朱文武、娄凌云（2006）、董琇（2009）所持之观点为超文本目的。而我们欲探究赛珍珠的真正用心，显然更应该关注赛译的超文本目的，如果我们把上述的超文本目的再仔细探究一下，结合赛珍珠多年来孜孜以求的创作目的，就会发现，赛珍珠翻译《水浒传》的目的不仅在于向西方"介绍、阐释、传播中国文化"，更在于"抱着文化平等的心态"来"追求平等、正义和交流"，从而实现她"汇通中西的文化观"，而这种文化观，正是赛珍珠文化和合主义思想的集中体现。鉴于此，笔者认为，赛珍珠翻译《水浒传》的目的可能具有多元性，但译者的真正用心（最高目标）是为了实现其文化和合主义的价值观，这种价值观使赛译的文本目的与非文本目的实现了高度统一，也是赛珍珠从事翻译、文学创作和社会实践的最高指向。

笔者有理由相信，正是赛珍珠的文化和合主义观，使她的翻译、文学创作及社会实践超越了狭隘的民族主义的藩篱，彰显出包容一切人类精神文明之结晶的博大胸襟；也正是由于她的文化和合主义观，使她能够抱着种族平等、文化平等的心态，通过自己的翻译、文学创作、积极呐喊和社会实践，成功地架起了"一座沟通中西方文明的人桥"。

2.2　赛珍珠的文化和合主义

就其文化价值观而言，赛珍珠的思想具有划时代的前瞻性，是一个可以使人得到慰藉的精神家园，成为中外文化交往中的重要指向，这在当下已获得共识，也因此受到一些学者的青睐并对此进行了深入探究。郝素玲、郭英剑[①]将其界定为"多元文化主义"，这种界定得到了朱坤领[②]、臧杨柳[③]、李秀丽、乔世华[④]及其他学者的赞同。姚君伟2001年在《文化相对主义：赛珍珠的中西文化观》中将赛珍珠的文化价值观界定为"文化相对主义"，后来在2005年的《赛珍珠文化相对主义思想溯源》一文中又重申了这一观点[⑤]，这种界定已获得包括王成军[⑥]、董琇[⑦]在内的很多学者的认同。以上这两种界定对进一步探究赛珍珠的文化价值观都产生了积极的影响。2008年7月，叶旭军[⑧]发表《赛珍珠中西文化和合思想探究》一文，将赛珍珠的文化价值观定位为"中西文化和合思想"，这一提法显然是对过去众多学者研究的整合。2009年8月咸慧慧[⑨]发表的《赛珍珠中西文化融合思想的解析》一文，2009年12月白心敏、孙晓红[⑩]发表的《赛珍珠中西和合思想成因初探》一文，显然都接受了叶旭军的界定并继续对其进行探究。

笔者将赛珍珠的文化价值观界定为文化和合主义，正是借鉴了以上各位研究者的成果。所谓赛珍珠的文化和合主义，是指她在坚持中西文化之自主性的基础上，主张中西文化间的平等、尊重及宽容，最终实现中西文化之"和而不同、

① 郝素玲，郭英剑.赛珍珠现象：多元文化主义者的悲哀?[J].河南师范大学学报（哲学社会科学版），1997，24（6）：91-92.

② 朱坤领.赛珍珠与后殖民主义[J].江苏大学学报（社会科学版），2006，8（3）：58-63.

③ 臧杨柳.赛珍珠文艺创作的中西文化因素成因[J].文教资料，2009（34）：12-13.

④ 李秀丽，乔世华.论赛珍珠的文化选择[J].大连海事大学学报：社会科学版，2009，8（5）：125-128.

⑤ 姚君伟.赛珍珠文化相对主义思想溯源[J].南京师大学报：社会科学版，2005（6）：141-145.

⑥ 王成军.中西文化诗学的建构：评姚君伟的《文化相对主义：赛珍珠的中西文化观》[J].江苏大学学报：社会科学版，2002，4（3）：73-75.

⑦ 董琇.译者风格形成的立体多元辩证观：赛珍珠翻译风格探源[D].上海：上海外国语大学，2009：125-128.

⑧ 叶旭军.赛珍珠中西文化和合思想探究[J].江苏大学学报：社会科学版，2008，10（4）：62-67.

⑨ 咸慧慧.赛珍珠中西文化融合思想的解析[J].考试周刊，2009（29）：30-31.

⑩ 白心敏，孙晓红.赛珍珠中西和合思想成因初探[J].飞天，2009（24）：76-77.

和谐共生"。一方面，她"认同中国文化，维护其尊严及主体性，解构西方文化霸权，同时也指出中国文化存在的缺陷"；另一方面，她"也认同西方文化，但同时凭自己的良知审视和反思其弊端"。她反对把中西文化对立起来，"主张求同存异和寻异立同，消除一切形式的文化优越论和种族优越论"，主张在彼此平等的基础上实现中西文化间的"相互尊重、交流与融合"，以实现世界文化之大同①。

在赛珍珠所处的殖民主义时代，"多数来过东方的西方人是抱着西方文化优越论和猎奇心理来戏仿、言说和定义东方，把自己定位为东方合理合法的权威代言人或阐释者，与此同时，压抑真正属于东方的声音。他们掌握着话语霸权，根据自己的利益及需要随心所欲地解读东方，用被歪曲和神秘化的东方来取代真正的东方形象，以满足西方人的心理好奇、文化优越感和物质利益"②。但是，作为一位中国文化的敬仰者，赛珍珠的文化和合主义观使她"不是根据西方人的意愿，而是根据她自己的所见所感，真实地再现和阐释中国，并把它介绍给全世界，消除了被西方文化霸权扭曲的中国人及其文化，代之以正面、客观的形象，促进了中西文化间的沟通和理解"③。因此，不难看出，赛珍珠的文化和合主义在当时具有弥足珍贵的重要价值。

从前文的分析我们知道，赛珍珠翻译《水浒传》的真正用心是为了实现其文化和合主义的价值观，而这种价值观也正是左右译者主体选择的真正推手。为了进一步厘清事实，我们有必要对其形成的因素及时间界定做一番探究。

2.2.1　赛珍珠文化和合主义的形成因素

笔者有理由相信，促成赛珍珠形成文化和合主义价值观的因素是多元的，既与其父母的言传身教、她本人的跨国界、跨文化的经历及她所接受的跨文化教育密不可分，又与她的跨文化阅读、对其文化身份及中西文化的反思和体认息息相关。除此之外，还自然而然地与她所处的历史时代产生了千丝万缕的联系。由于以上所及因素很多时候有可能交织在一起，不利于我们厘清事实，为方便起见，我们将赛珍珠文化和合主义的形成因素分为两大类，既微观语境与宏观语境。其中微观语境包括赛珍珠跨国的人生经历、教育及感悟、尴尬的文

---

① 朱坤领. 赛珍珠与后殖民主义 [J]. 江苏大学学报（社会科学版），2006，8（3）：58-63.

② 朱坤领. 赛珍珠与后殖民主义 [J]. 江苏大学学报（社会科学版），2006，8（3）：58-63.

③ 朱坤领. 赛珍珠与后殖民主义 [J]. 江苏大学学报（社会科学版），2006，8（3）：58-63.

化"边缘人"身份及其对中西文化的反思和体认,这是促使她形成文化和合主义价值观的内因,是决定因素;宏观语境是指赛珍珠所处的历史时代,包括中国殖民与反殖民的政治背景、"救亡图存"的社会思潮与"中西文化论战"及西方世界掀起污蔑中国人及中国文化的狂潮等,是促使她形成文化和合主义价值观的外因,是辅助因素。正是宏观语境与微观语境的共同作用,使赛珍珠形成了具有时代前瞻性的文化和合主义价值观。由于宏观语境与赛译产生的历史语境大体相当(赛译产生的历史语境时间跨度更长),且笔者在后文需要分析赛译主体选择的历史语境(本章的2.3.1部分),为避免重复,在此将其略去不谈,仅对赛珍珠文化和合主义形成的微观语境进行探究。

1. 跨国的人生经历、教育及感悟

赛珍珠出生仅3个多月就被身为传教士的父母带到了中国,先后在中国的镇江、宿州、南京等地生活近40年。为了方便传教,赛珍珠的父母没有住进一般传教士所居住的外国租界或侨民保护区,而是选择了与中国普通百姓比邻而居。这样的环境使得赛珍珠得以在中国人的环境中长大。她不但能说中国的官话,而且会讲镇江的方言。她的童年可以说是与中国的小孩子们一起度过的。她与中国小伙伴儿们交往密切,常常出入他们的家,熟悉他们的思维方式及他们最率真的想法。但中国世界只是赛珍珠童年生活的一个侧面,她的另外一个世界是以中国为中心的亚洲。由于家庭的渊源,她的朋友"包括印度人、日本人、菲律宾人、泰国人、印尼人、缅甸人、朝鲜人等"。因此我们可以说,童年时期的赛珍珠,"心里早就有了一个以中国为中心的世界"[①]。

赛珍珠的父亲赛兆祥可谓是一个执着而与众不同的传教士。为了传教,赛兆祥的足迹遍及中国许多省份和地区,喜欢融入中国普通百姓中去。他喜欢将自己的一些冒险经历讲给小赛珍珠听。他乐于施舍、助人为乐,一生却过着十分俭朴的生活。他穷几十年之精力,耗费了家中大部分钱财,最终将《新约全书》由希腊文译成了中国百姓能听懂的中文。此外,他还了解中国的儒学,甚至专门研究过中国的佛教,并发现东西方的哲学与信仰有很多相通之处。在他的教诲下,赛珍珠和佣人们关系良好。虽然赛兆祥也有很多缺点,如对美、对人性之弱点、对家庭之责任甚至自身之痛苦的漠然态度等,但他对赛珍珠的教育和引导是成功的。赛珍珠曾这样评价她的父亲:"他是我所见到过的最幸福的人。他从不参与尘世的奋斗。他走着自己的路,安详而自信,因深信自己走

---

① 姚君伟.赛珍珠文化相对主义思想溯源[J].南京师大学报:社会科学版,2005(6):141-145.

在正道而心安理得。"①

与赛珍珠的父亲不同，赛珍珠的母亲凯丽热情开朗、一团和气。她思维敏捷、快人快语，言语充满着智慧和启示。她不但善于操持家务、栽花种草，而且还具有较高的文学修养，写得一手好文章。赛珍珠最初关于英语语言和美国文化的知识，主要来自母亲的启蒙教育。赛珍珠这样评价："我母亲教给我很多事情。她能把音乐、艺术和美很生动地讲给我听。我很小的时候，她就教我从万物中去发现美，并教我把我的所见所感写下来。别的美国孩子，有学堂和教堂供他们学习，我有我的母亲，什么也没有遗落。"②

客观而言，赛珍珠对中国的情感在相当程度上源自其父母的教诲。"我的父母教我要尊敬中国人，甚至要我崇敬他们。因为他们有伟大的历史与悠久的古代文明"③。"我父母认为中国人在每一方面都和我们是平等的，中国的文化，包括哲学和宗教，是值得尊重和学习的"④。赛珍珠认为，她的童年之所以很快乐，是因为其父母对待各个民族一视同仁的态度，是他们自身具有较高修养的结果。由于从小受这样的家庭环境的影响，赛珍珠学会了评判人的一种方式，即"看其品性和才智，而不看其种族和教派。"⑤

除了父母的言传身教，古城镇江和南京独特的人文环境及风土人情对赛珍珠的启蒙教育乃至其世界观、人生观及价值观的最终形成起到了潜移默化的重要作用，也为她多年后蜚声四海的中国题材作品提供了丰富多彩的生活素材。

在镇江生活的岁月里，赛珍珠系统地学习了中国的传统文化及中国江南的风土人情。赛珍珠幼年在镇江的生活主要由其中国奶妈——王妈照顾。王妈虽不识字，但却阅历丰富，她把女娲补天、精卫填海式的童话及关于佛家拈花一笑的故事或道家超凡脱俗的经历作为床头故事讲给小赛珍珠听⑥，引起她无尽的兴趣，使得赛珍珠自幼便热爱、理解中国，相信中国人与美国人血族相同⑦。赛家的中国厨师也成了小赛珍珠了解中国文化的启蒙老师。这位厨师把他读过的《三国演义》《水浒传》及《红楼梦》中的故事讲给大家听，还经常给小赛珍

---

① 赛珍珠.东风·西风[M].钱青等译.桂林：漓江出版社，1988：220.

② XI L. The Conversion of Missionaries: Liberalism in American Protestant Missions in China, 1907–1932[M]. Pennsylvania: The Pennsylvania State University, 1977: 25.

③ XI L. The Conversion of Missionaries: Liberalism in American Protestant Missions in China, 1907–1932[M]. Pennsylvania: The Pennsylvania State University, 1977: 16.

④ 赛珍珠.我的中国世界[M].尚营林，张志强，李文中等，译.长沙：湖南文艺出版社，1991：58.

⑤ 赛珍珠.我的中国世界[M].尚营林，张志强，李文中等，译.长沙：湖南文艺出版社，1991：19.

⑥ BUCK P S. The Old Chinese Nurse[J]. Fortnightly Review: New Series, 1932: CXXXI.

⑦ 赛珍珠.我的中国世界[M].尚营林，张志强，李文中等，译.长沙：湖南文艺出版社，1991：66.

珠吹笛子或用二胡演奏中国民乐[①]。此外，小赛珍珠还十分喜欢在当地的"打谷场"与中国人一起听说书人说书，学到了关于中国传统叙述故事和写故事的方面的初步知识。除了听说书艺人讲故事，她还经常和中国小孩子们一起坐在戏院的硬板凳上看戏。她瞪大眼睛观赏一出出嘈杂的中国戏，从中知道了许多中国故事及历史人物，也是日后与中国小说结下不解之缘的一个原因。

　　大约到10岁，赛珍珠开始接受父母为她设置的双语教育。上午由母亲按照美国中小学课程设置讲授欧美及古希腊、古罗马的文史课程及自然科学科目，下午则师从前清秀才孔先生学习中国文学经典、儒家伦理及数千年的中国文明史。在孔先生的帮助下，小赛珍珠阅读了大量的中国古典文学作品，对中国传统文化有了深切的了解和体会。除此之外，"她还按部就班，开始了传统的描红、摹仿、临帖的严格训练，对临写镇江蒙童普遍使用的馆阁体字帖和其他楷书字帖颇有兴味，打下了毛笔字书法的扎实基础"[②]。而这种基础为后来进一步研读和学习中国古典小说和文学经典创造了条件。

　　从此，赛珍珠在两种文化的熏陶和教育下慢慢长大，一边用英语和父母进行交流，一边和周围的中国人讲汉语。她从父母那里接受基督教的教诲，又从孔先生那里接受了儒教，幼年时代即开始的双重文化熏陶对她的影响巨大，甚至影响了她的一生。"孔先生的教诲让赛珍珠从小就明白一个道理，即应当把地球上的各个民族，不论我们知道与否，都看成是一个大家庭里的不同成员，他们属于同一个人类，是一家人"[③]。"正是早期启蒙教育的多重结构和横跨中美文化的丰富阅历，使得赛珍珠逐渐了解到异质文化各有其美的特质，产生了对待各个民族都要一视同仁的正确认识"[④]，而这种认识正是文化和合主义价值观得以最终确立的基础。因此我们也就不难理解她在《中国之美》一文中提出中国、日本、瑞士、美国等"各美其美"的和合主义观点。

　　尽管正统的父亲从未对赛珍珠的前途表现出关注，母亲凯丽还是坚持两个女儿必须接受大学教育。一家人经过协商后决定将赛珍珠送入弗吉尼亚州林奇堡的伦道夫-梅肯女子学院（Randolph-Macon Woman's College）学习。赛珍珠于1909年秋已做好入学准备，但其父母要求次年他们回国探亲时和她一起走。

---

① 赛珍珠.我的中国世界[M].尚营林，张志强，李文中等，译.长沙：湖南文艺出版社，1991：66.
② 刘龙.赛珍珠中国书法艺术释读[M]//许晓霞，余德高，赵珏.赛珍珠纪念文集.长春：吉林文史出版社，2003：194.
③ 姚君伟.赛珍珠文化相对主义思想溯源[J].南京师大学报：社会科学版，2005（6）：141-145.
④ 樊菀青.跨文化传播学视野下的赛珍珠研究：以《大地》三部曲为例[D].重庆：重庆大学，2008：16.

因此，为了有效利用这闲暇的一年，赛珍珠被送往上海的朱厄尔女子学校——一所美国人办的教会寄宿学校学习。在此期间，她经历了一段时间的实习生活，这使她对中国社会有了进一步的了解。由于对学校的宗教仪式及其教学内容感到厌烦，赛珍珠在该校不到一年便退学在家。1910年9月，赛珍珠正式在美国弗吉尼亚州的伦道夫-梅肯女子学院注册入学。在美国的学习经历使她深深地体会到中西文化的巨大差别，这种体认对文化和合主义的最终形成产生了影响。1914年6月，赛珍珠从该校毕业。毕业后，赛珍珠本可以留校任教，但由于母亲身患重病。因此赛珍珠立刻向国外传教协会申请了一个镇江教会学校的教职，回到中国，一边照顾母亲凯丽一边工作，先后执教于镇江润州中学和崇实中学。在照顾母亲的日子里，"赛珍珠发现，父亲安德鲁一辈子为自己的理想主义所误，虚度了一生，而陪葬的是她的母亲——凯丽"①。她由此进一步认识到传教士家庭的悲剧，也成为她最后选择摒弃基督教的又一个重要原因。

　　1917年5月30日，赛珍珠与美国长老会援华农业经济学家约翰·洛辛·布克（John Lossing Buck）结婚。从此，人们开始称赛珍珠为"布克夫人"。婚后不久，她便与布克一起搬到安徽宿州，开始了他们的共同生活。当时布克忙于农田实验和撰写农业专著，赛珍珠则通过与当地人的交往加深了对中国北方农民生活和中国传统文化的进一步体认。她"走进白人不曾到过的家庭，访问千百年来一直住在偏远城镇的名门望族"②，她从中了解到"中国文化其实是家庭型的，家庭制度构成了所有社会生活和政治生活的基础"，与此同时，她"也发现中国婚姻观同样异于西方"，但自有其合理存在的理由③。这一期间，她对宗教有了新的感悟。她"发现许多好人并非基督教徒，而许多基督教徒却并非好人。她观察到，在中国，儒释道三教并存，人们时常可以同时信奉三种宗教，它们在中国人心目中并无高下之分，尽管儒教往往占据一个主导地位。而大多数传教士不了解中国宗教的性质，像肩负着一种神圣使命一样，冒冒失失地来到中国，不由分说地把基督教强加在中国人头上"④。这种体会不但促使她日后摒弃了自幼信奉的基督教，也成了她文化和合主义得以构建的一个重要基础。

　　由于布克受邀到南京的金陵大学农林学院任教。因此他和赛珍珠与1919年下半年搬到南京，"并住进金陵大学校内一幢单门独院的小二楼，直到1934

---

① 姚君伟.赛珍珠文化相对主义思想溯源[J].南京师大学报：社会科学版，2005（6）：141-145.

② 姚君伟.赛珍珠文化相对主义思想溯源[J].南京师大学报：社会科学版，2005（6）：141-145.

③ 姚君伟.赛珍珠文化相对主义思想溯源[J].南京师大学报：社会科学版，2005（6）：141-145.

④ 姚君伟.赛珍珠文化相对主义思想溯源[J].南京师大学报：社会科学版，2005（6）：141-145.

年离开中国。在南京期间，赛珍珠在金陵大学外语系任教，并先后在东南大学、中央大学等校兼职教育学、英文等课程。她既要备课、批改作业，又要参与社会工作"，与徐志摩、胡适、林语堂、老舍等人都有过交往①。五四运动的爆发及与新文化运动中的一些精英有所接触，"使她处于一个有利位置，正好对周围掀起的风暴做出判断"②，同时无疑加深了她对南京，乃至中国社会、中国文化及中国知识分子的体认。

1921年秋，赛珍珠的母亲凯丽去世，赛兆祥全家迁至南京。在南京居住期间，她又开始师从龙墨芗先生学习中文，研读中国古典小说及中国小说史，为日后走向文学道路和翻译《水浒传》创造了条件。赛珍珠慢慢走上了文学创作生涯，1923年，赛珍珠完成了处女作《也在中国》，此后便屡屡有作品发表。1927年春，北伐军攻克南京时，由于社会成了无政府状态，赛珍珠及其家人一度沦落为"洋难民"，随后离开南京达一年之久。1928年夏，赛珍珠及其家人回到南京，赛珍珠继续她的教书生涯和文学创作生涯。

不难看出，赛珍珠的跨国经历、教育及感悟为其文化和合主义价值观的形成创造了条件。

2.尴尬的"文化边缘人"身份

"文化边缘人是位于两个文化群体之间的人，是文化冲突中的新生派，同时拥有两种文化，却不完全属于其中任何一种"③。"文化边缘人"最突出的特点在于他们是从外围的、外在的、双重的甚至是多重的视角去观察社会、体味人生及描写客观世界，是两种文化乃至多种文化之间沟通和交流的桥梁。由于有了更为广阔的视角和更加丰富的生活经历，所以他们往往能够比较客观而公允地描述和阐释所熟知的文化现象，因而对于消解文化误读和种族中心主义起到积极的作用。然而，"文化边缘人"也同样面临着尴尬，由于自己的文化身份（Cultural Identity）归属不清，他们总是处在文化冲突的前沿地带，甚至不为冲突的双方所接受④。但毋庸置疑，"文化边缘人"的思想乃至行为具有前瞻性，甚至领先于其所处的时代。

如果从文化身份的归属问题这一视阈去研究赛珍珠，便会发现，赛珍珠的内心一直充满文化身份焦虑，她一直渴望能拥有一个恰当的文化身份，却每每

---

① 王运来，罗静."东风西风"中国结：赛珍珠与南京大学[N].光明日报，2002-04-01.
② 彼德·康.赛珍珠传[M].刘海平，张玉兰，方柏林，等译.桂林：漓江出版社，1998：85.
③ 中国叶圣陶研究会.和合文化传统与现代化[M].北京：人民教育出版社，2006：28.
④ 中国叶圣陶研究会.和合文化传统与现代化[M].北京：人民教育出版社，2006：28.

失望，既不被中国社会所承认，也不被美国文化所接纳，是个尴尬的"文化边缘人"。赛珍珠在中国生活了近 40 年，中国文化的熏染对她的世界观和文化观的形成及文学创作等都产生了极为重要的影响，培育了她对中国和中国人的特殊情感，然而文化的隔阂使她感到自己终究是个异乡人，一个漂泊者，诚如她在自传中所描述的那样：

> 我在一个双重世界长大——一个是父母的美国人长老会世界，一个小而干净的白人世界；另一个是忠实可爱的中国人世界——两者隔着一堵墙。在中国人世界里，我说话、做事、吃饭都和中国人一样，思想感情也与其息息相通，身处美国人世界时，我就关上了通向另一个世界的门[①]。

但最令赛珍珠感到焦虑的莫过于直接体验到的中西两种异质文化间的排斥与冲突。在 1900 年发生的旨在"扶清灭洋"的义和团运动中，许多教堂被焚、传教士被杀。赛珍珠时年只有 8 岁，走在街上被路人恶狠狠地骂做"小洋鬼子"，以往的小伙伴们也与她疏远了。她的父亲在传教时被中国人扔了石头吐了唾沫，还曾经被绑在一个柱子上。赛珍珠随父母及家人仓皇逃到上海的租界避难。这令她既恐惧又困惑，幼小的心灵上被抹上了一道浓重的阴影。似乎从这时起，赛珍珠开始意识到她不属于中国，"就是在这些日子里，她（赛珍珠）八岁的童年时代中的两个世界最终被割裂开来"[②]。使赛珍珠产生文化身份孤独感的另一事件是 1927 年发生的"南京事件"。1927 年 3 月，北伐军第六军、第二军攻入南京城，城内反动分子乘秩序混乱之机，煽动溃兵及流氓进行抢劫，波及外国领地和侨民，金陵大学和传教士寓所成为遭受攻击的主要目标。英、日、美、法等国借口保护侨民和领事馆，诬称北伐军抢劫外侨，下令停泊在下关江面的军舰炮击南京，打死打伤中国军民 2000 多人，制造了"南京惨案"。当时，正在金陵大学任教的赛珍珠及家人亲身经历了这次事件，在中国仆人和朋友的帮助下有幸逃过一劫，但家中被洗劫一空。"南京事件"使她第一次真正意识到自己是一个白人妇女，不管她对中国人民有多么真挚，也无法逃避她是白人这一事实。这场变故意味着她在中国生存的基础被连根拔起，也是促使她最终决定回美国定居的一个主要原因。

在中国，赛珍珠由于种族和外貌的原因不能真正融入中国社会，成为一个

[①] 赛珍珠. 我的中国世界 [M]. 尚营林，张志强，李文中等，译. 长沙：湖南文艺出版社，1991：94.

[②] 赛珍珠. 我的中国世界 [M]. 尚营林，张志强，李文中等，译. 长沙：湖南文艺出版社，1991：52.

"文化边缘人"，按理说，回到美国后，她的文化身份应该得到认同。然而，情况远非如此。中国的生活印记和文化熏陶已经对她产生了深入骨髓的影响。虽然她在外表上看是个美国人，但在美国人眼中她是一个外来的"他者"。因此，她的"文化边缘人"身份依然如故。这种文化上的格格不入依然来自她直接的生活体验。1900年义和团运动爆发以后，赛珍珠一家回美国待了一段时间。在这期间，赛珍珠似乎找到了回家的感觉，但与此同时，她也感到了她与其他美国孩子的隔阂，她在中国养成的谦和与美国孩子的行为举止相比显得那样格格不入。"虽然年仅8岁，她已感到自己被隔绝在孤立的境地"①。她15岁在上海朱厄尔女子学校读书时，也处处体验到与同学的格格不入，曾被同学认定为异教徒，被校长隔离出来，独住一间小屋。1910年初入伦道夫－梅肯学院读大学时，更被同学当作一个颇具异国风味的"外乡人"看待，甚至被一些同学称作"怪物"。虽经一番努力，她在学业和社交上均取得了成功，但边缘感仍如影随形，她从未觉得完全舒服过。这种文化上的孤独感强化了8岁时在美国体验到的"异乡感"，她成了一个"文化上的放逐者"。

毋庸讳言，把中西两种不同的文化价值观融为一身的赛珍珠，同时带有两种异质文化的印记，但又不属于其中任何一种，终其一生不能确定自己的文化身份。她曾觉得自己是个中国人，却又无法逃避自己是白人这一事实；她欲接受美国文化身份，让自己真正融入美国文化并为此付出巨大努力，却无功而返。她"生活在这一个世界，但并不置身其中，置身于另一个世界，但又不在那里生活"②。

很明显，赛珍珠的"文化边缘人"身份对其文化和合主义的形成起了一定的促进作用。事实上，中西学者都误读了她的文化身份。历史最终证明，赛珍珠是一个地道的文化和合主义者，她反对殖民主义和文化帝国主义，精准地把握了中西文化的精神实质，成为促进东西文化交流的和平使者③，而《水浒传》翻译正是她实现文化和合主义理想的一次重要努力。而就其文化身份归属而言，"她具备了'半东半西、亦耶亦孔'的复合型文化性格构成"④。

3. 对中西文化的反思和体认

作为一个在双重世界中长大的"异乡人"，赛珍珠在文化身份的归属问题

① 赛珍珠. 我的中国世界[M]. 尚营林，张志强，李文中等，译. 长沙：湖南文艺出版社，1991：41.
② 赛珍珠. 我的中国世界[M]. 尚营林，张志强，李文中等，译. 长沙：湖南文艺出版社，1991：9.
③ 朱坤领. 赛珍珠与后殖民主义[J]. 江苏大学学报（社会科学版），2006，8（3）：58-63.
④ 姚君伟. 文化相对主义：赛珍珠的中西文化观[M]. 南京：东南大学出版社，2001：173.

上成了一个文化混血儿，一个文化流浪者。在两个世界和平共处的时候，她或许可以在其间自由往来，内心还不至于太痛苦。一旦两个世界发生冲突和摩擦的时候，她便无可奈何地发现，自己已同时失去了两个世界，谈不上任何的归属感[①]。因此，饱受异质文化冲突之苦的赛珍珠，成年后用自己独特的"双焦透视"，对中西文化进行了认真的反思，她发现"东西方人之间存在的最大的不同表现在他们的思考方式上，而他们最大的相似之处似乎是他们有着类似的感情"[②]。

赛珍珠目光犀利，敏锐地发现"美国流行小说和电影中的恶棍坏蛋全是狡猾的、心地阴暗的、来自东方国家的……而中国小说或电影里的恶棍则是身材高大的蓝眼睛高鼻子，带有卷曲的红毛，是英国身材、英国表情"，且"恶棍总是对方那个家伙"[③]。对于在东西方两个世界里生活过的赛珍珠而言，这类互相妖魔化的异质文化冲突令她记忆犹新，尤其是经历了"义和团运动"和"南京事件"之后，她对异质文化间的冲突有了更深的反思和体认。而这种反思和体认对她的翻译、文学创作和社会实践等都产生了主导作用。

她从自身的经历和文化"边缘人"的体会中，最终意识到造成中西误解的根源是缺乏了解和沟通——中国人没有从根本上理解美国人，美国人同样对中国人怀有偏见。因此，她在肯定中国文化的同时，并不否定西方文化的价值，相反，她从多元文化融合角度出发，试图在对中西文化的解读中寻求跨文化交流的内在规律和价值。她不是站在一种文化的"此岸"去审视另一种文化的"彼岸"，而是站在一个中立的角度对中西文化进行全方位的审视和体认。这种审视和体认最终使她穿越了国家及文明的界限，形成了一种具有划时代前瞻性、对当下也极具参照价值的文化和合主义观。正如柳卸林所指出的那样，"赛珍珠女士希望我们超越身体差异和文化差异，不是漠视这些差异，而是要认识到每个人的文化都是一种我们大家均能从中学到东西的丰富的结合体"[④]。赛珍珠把自己的最后一部小说命名为《天下归一》（*All Under Heaven*）正是对其所追求的文化和合主义理想的最好诠释。

① 樊爱萍.彷徨于中西文化之间：赛珍珠在中国的接受问题研究 [D].重庆：重庆师范大学，2007：9.

② 姚君伟.文化相对主义：赛珍珠的中西文化观 [M].南京：东南大学出版社，2001：108.

③ 姚君伟.文化相对主义：赛珍珠的中西文化观 [M].南京：东南大学出版社，2001：108.

④ 姚君伟.赛珍珠文化相对主义思想溯源 [J].南京师大学报：社会科学版，2005（6）：141-145.

2.2.2　文化和合主义形成的标志

"'和而不同'的和合理念是中国传统文化的核心观念之一。孔子有名言'君子和而不同，小人同而不和'（《论语·子路》）；《中庸》亦道'和也者，天下之达道也'；《周易》说'保合太和，乃利贞'；《国语·郑语》中周太史史伯提出'和实生物，同则不继'。中国先哲们认为'和'是事物的源头活水，是形成世间万事万物的本体，也是一切事物存在、生存和发展的一种最佳状态"[①]。长期浸淫于中国传统文化研究的赛珍珠，当然对"和而不同、和谐共生"的概念有着清醒的认识。但把这种体认提升至中西文化交流的层次，认识到"中西文化都是人类文化中的'一元'，都有其不可替代的个性和价值"这一高度并且逐渐在创作上得到展示，其实也有一个过程。笔者认为，这种展示在其1924年撰写的《中国之美》（*Beauty in China*）一文中已初露端倪，到1926年《东风·西风》这部小说完成（不是发表）之时，她的文化和合主义价值观已经明确确立起来。

《东风·西风》是赛珍珠于1925年完成的在《一位中国女子说》基础上扩展而来。小说以女主角桂兰"独白式书信"这一方式，向自己"一位久居中国、了解中国民风习俗"的西方女友讲述了她自己和哥哥的故事。通过桂兰娓娓道来的讲述，"中美文化之间的差异、冲突也就得以揭示"。通过这种手法，赛珍珠向西方读者揭示了"她笔下的人物在对待文化差异方面所持的种种态度""中美两种文化在家庭婚姻方面各自所具备的特征"及作者"本人的价值判断和选择"[②]。

平心而论，与后来的《大地》三部曲等其他中国题材小说相比，《东风·西风》尚显稚嫩，书中虽然对中西文化的优缺点进行了细致入微的描述和审视，但也不乏以西方价值观来对中国传统价值观进行改造这一说教成分。然而，如果真正评价其在赛珍珠中国题材创作（包括翻译）上的地位，那么它绝对是展示作者文化和合主义理念的开山之作。在小说中，赛珍珠"借桂兰丈夫之口，分析了文化之间误读的原因，探讨了消除误解及偏见的有效途径：沟通"[③]；借刘太太之口道出了自己对跨文化交流的原则："不要轻易地抛却传统，也不要盲

---

① 中国叶圣陶研究会.和合文化传统与现代化[M].北京：人民教育出版社，2006：28.

② 姚君伟，张丹丽.从《东风·西风》看赛珍珠的中西文化合璧观[J].高校教育管理，1998（2）：35-38.

③ 姚君伟，张丹丽.从《东风·西风》看赛珍珠的中西文化合璧观[J].高校教育管理，1998（2）：35-38.

目地效仿现代。唯有以宽容、多元的态度对待传统和现代，吐故纳新，中西兼容，才能在舍弃中迎来新生"①。此外，小说在结尾描述了桂兰哥哥与美国姑娘玛丽这一对跨国婚姻的爱情结晶——象征着东西方文化融合的婴儿的出生。作者又借桂兰对新生儿的期望表达了自己的文化和合主义理想："对他们的孩子，我有两种猜测：他会独创自己的天地，他既不是纯粹的东方人，也不是纯粹的西方人，没人会理解他，他会被两个世界所抛弃。但我想，他吸取了父母的精华，他一定会理解两个世界，会更坚强，更聪明。"②以此，我们可以理解"她在当时是怎样发现自己的文化使命并做出这种文化选择的：在这两个缺少对话而又共存和相互依赖的世界里，努力承担起文化媒介的功能——向西方介绍中国"③。

以此不难看出，通过对几对夫妇看似琐碎的家庭生活的描述，赛珍珠既突显了东西方的巨大差异，又展示了东西方文化融合的可能性，将"一副东西方文化和谐共处的美好前景"展现在读者面前。在她看来，"东西方文化之间有差异、矛盾和冲突，但融合是主流，只要双方互相尊重，多加沟通，多作交流，既保障异质文化之间的差异，又彼此取长补短，和谐并进，最终达到天下归一的境界"④。而这种境界，正是赛珍珠文化和合主义所追求的最高指向。

2.3　赛译的主体选择

通过前文的分析我们可以清楚地了解到，赛珍珠所从事的翻译、创作和社会实践都指向其文化和合主义的最高诉求，而《水浒传》的翻译正是这一系列努力的重要组成部分。

作为《水浒传》英译的第一个全译本，赛译不但使西方读者大开眼界，为中国文学走向世界舞台做了铺垫，而且与赛珍珠的中国题材小说创作融为一体，构成了赛珍珠向西方世界展示中国文学及文化的重要平台，为改变西方世界对

---

① 居永梅.赛珍珠的跨文化理想：小说《东风·西风》解读 [J].宿州学院学报，2007，22（6）：94.

② 赛珍珠.东风·西风 [M].林三等，译.桂林：漓江出版社，1998：522.

③ 李秀丽，乔世华.论赛珍珠的文化选择 [J].大连海事大学学报：社会科学版，2009，8（5）：125-128.

④ 居永梅.赛珍珠的跨文化理想：小说《东风·西风》解读 [J].宿州学院学报，2007，22（6）：94.

中国人及其文化的歧视和偏见做出了巨大贡献。可以说,赛译能在西方世界获得认同,译者主体性在其中发挥了决定性的作用,但这种主体性的发挥不是没有限度的,它受制于译者文化和合主义观的张力之下。

2.3.1　选择的历史语境

　　翻译不是在真空中进行的,作为一种跨文化的交际活动,无论是广义的翻译,还是狭义的翻译,都会与历史语境发生千丝万缕的联系。新历史主义批评家凯里·纳尔逊(Cary Nelson)曾指出:"今后,我们应当把这作为一条公理,即凡被大量阅读或产生影响的作品,都需要在我们所谓的文学史上占有应有的特殊地位,不管目前我们认为它的质量如何。"①虽然主要针对文学评论,但凯里·纳尔逊的以上评价却对研究赛译具有启示意义。赛珍珠是其所生活时代的产物,与其所属的特定历史时期密切相关,研究赛译,当不能脱离译者所处的历史语境。这种语境不但对赛珍珠文化和合主义价值观的形成起到了作用,并且也为译者实现其价值观而进行的主体选择指明了方向。

　　"语境"这一概念最早由英国人类学家马林诺夫斯基(Malinowski)提出,他认为语境有文化语境和情景语境之分。后来英国语言学家、伦敦学派的创始人费斯(J. R. Firth)于20世纪60年代继承并发展了马林诺夫斯基的观点,认为除了包括语言因素及情景因素之外,语境这一概念还应包括参与者的有关特征、客体及言语活动的影响等。此后,英国著名语言学家韩礼德(M. A. K. Halliday)将语境的概念具体化,将其分为广义的社会文化语境和狭义的情景语境两种,其中的情景语境又可划分为若干个种类②。国内翻译理论家刘宓庆进一步阐释了语境的概念,将其分为狭义与广义两种。其中狭义的语境通常指具体的上下文(context),而广义的语境指与语言行为有关的时间、地点、民族文化因素及心理素质,这些因素有历时作用,也有共时作用。这时的"语境"也叫作"情景"③。

　　就翻译过程的实际情况而言,一个译本的生成是由多种因素造成的,既涉

① NELSON C. Repression and Recovery: Modern American Poetry and the Politics of Cultural Memory, 1910-1945[M]. Madison: University of Wisconsin Press, 1989: 51.

② 吴雪萍. 语境理论关照下的《魂断蓝桥》翻译[J]. 内蒙古农业大学学报(社会科学版), 2009, 11(3): 223-224.

③ 刘宓庆. 当代翻译理论[M]. 北京: 中国对外翻译出版公司, 2001: 5.

及宏观语境即语言文本的外部因素，也涉及微观语境即语言文本的内部因素，因为"译者对原文的理解、对语言结构的布局，甚至对词语的选择和决定都会受其共时和历时'积累知识'的影响，无不打上历史和其生存时空的烙印"①。由于本节旨在揭示影响译者选择的外部环境条件。因此我们主要讨论赛珍珠翻译《水浒传》时的宏观语境。从赛译的成书过程来看，赛珍珠从1928年着手翻译到成书出版，历时五年，于1932年底完成。就这一时期的历史语境而言，正是中国自鸦片战争失败以来积贫积弱、内乱不止的年代，列强的殖民与中国人民反殖民、"新文化运动"的思想启蒙思潮而引起的"中西文化论战"及西方世界对中国人及其文化的大肆歪曲和污蔑互相交织，使译者赛珍珠对中国的社会现实及中西方之间的对立有了更深的理解，促使她有目的地选择向西方阐释中国，为实现其文化和合主义的理想而努力。

1. 殖民与反殖民的政治背景

1840年6月，鸦片战争的失败是近代中国遭受外来屈辱的开始。随着清政府被迫与外国列强先后签订了《南京条约》《望厦条约》《黄埔条约》《天津条约》《北京条约》《马关条约》《辛丑条约》等一系列丧权辱国的不平等条约，到20世纪初，中国已完全沦为半殖民地半封建社会。1919年五四运动爆发前，中国的半殖民地半封建社会得到了进一步加强。为反抗外国侵略和探索救国救民之路，中国先后爆发了洋务运动、太平天国起义、戊戌变法和义和团运动等，但最终纷纷以失败告终。1911年10月，随着武昌起义的爆发，辛亥革命开始，以孙中山为首的资产阶级推翻了清政府的腐朽统治。然而，辛亥革命后不久，革命的果实即被大卖国贼、大地主、大买办阶级的政治代表袁世凯所窃取，中国开始了北洋军阀的黑暗统治，中国反抗外国侵略和救亡图存的革命陷入了低谷。北洋军阀对内实行专制、镇压革命，对外出卖国家主权。为了维护民主共和制的胜利成果，中国资产阶级先后掀起了反对袁世凯的"二次革命"和"护法运动"，在某些层面而言取得了一定的成功，但整体而言并没有改变中国半殖民地半封建社会的根本社会状况。1916年，袁世凯恢复帝制失败后在绝望中死去，中国社会从此进入军阀割据时期。为争夺各自利益，军阀间的混战持续不断，使中国社会支离破碎、满目疮痍，人民处于水深火热之中。帝国主义、封建主义和北洋军阀的黑暗统治像几座大山一样压在中国人民的头上。

1917年，苏联"十月革命"的炮声犹如沉夜惊雷，唤醒了神州大地，给中国

---

① 庞艳艳.从文学翻译目的层次性谈译者主体性[J].河南理工大学学报（社科版），2009，10（3）：409-412.

有识之士展示了一条崭新的"救亡图存"之路。在"十月革命"的影响下，1919年，五四运动爆发，"科学、民主"的理念更加深入人心，如火如荼的新文化运动随之达到了高潮，并为马克思主义引入中国做了良好的铺垫，中国从此进入新民主主义革命时期，反帝反封建成了革命的中心内容。1921年7月，中国共产党正式成立，标志着中国革命揭开了新的历史一页。1924年，中国国民党第一次全国代表大会，确定了"联俄、联共、扶助农工"的三大政策。为了推翻北洋军阀的腐朽统治，1924年，国共两党实现了第一次合作，掀起了革命的高潮，工农运动蓬勃开展。1925年，上海发生了震惊中外的"五卅惨案"之后，五卅反帝爱国运动爆发，虽然最终被帝国主义镇压，但表现了中国人民反抗侵略的坚强决心。1926年，北伐革命政府在广东成立，国民革命军出师北伐，沉重地打击了帝国主义和北洋军阀的嚣张气焰。1927年4月，国民政府在南京成立。但国民党右派叛变革命，蒋介石和汪精卫分别于1927年4月和7月在上海和武汉发动反革命政变，大肆屠杀共产党人，第一次国共合作彻底失败。为反抗国民党的血腥屠杀，中国共产党于1927年8月起先后领导了南昌起义、湘赣边秋收起义及广州起义等，并在井冈山等地纷纷建立了革命根据地，开始了工农武装割据，以革命的暴力反抗反革命的暴力。当时的中国，可谓战火纷飞、社会动荡，人民生活于苦难之中。

赛珍珠并不热衷于政治，但对中国的热爱及对普通民众的关怀又使她的一生与中国的政治运动密不可分。在中国经历了义和团运动、辛亥革命、军阀混战、北伐战争等重大变革后，她敏锐地发现，每一场政治运动都是政治权力的游戏而已，无论谁掌权，受苦受难的终究还是穷苦百姓。她因此抱着实用主义的态度来看待中国的一切政治变革。虽然她在当时还无法对国民党和共产党的前途做出明确的判断，但她赞赏共产党领导的革命"是货真价实的农民运动，而以往的所有革命都算不上"。她还指出"毋庸置疑，当今中国共产主义实现了以往从未做到的事——她唤醒了……老百姓，之所以做到了这一点……是因为它完全为老百姓的事业着想。它相信平民老百姓，他们的事业不管对错，都受到共产党的支持"①。赛珍珠的这种体认与她的经历有关。她曾在安徽宿州生活了五年，结交了很多中国农民朋友，了解中国农民真实的生活情状，知道"穷人们承受着生活的重压，钱挣得最少，活干得最多。他们活得最真实，最接近

---

① 白艳红. 赛珍珠：中美文化间的角色尴尬与期待 [D]. 秦皇岛：燕山大学，2008：18.

土地，最接近生和死，最接近欢笑和泪水"①。赛珍珠目睹他们如何在艰难困苦与天灾人祸中挣扎，深为他们的纯朴、善良和顽强所感动，认为他们才是中华民族的真正代表。这种体认为她翻译和文学创作在选材方面具有平民情结打下了基础。

除了对中国以往政治变革有着切身的体会之外，当时在金陵大学任教的赛珍珠其实对20年代末的中国政坛是非常关注的，她在其自传《我的中国世界》中对蒋介石本人及国民政府的描述和评论就很好地证明了这一点。需要指出的是，在1933年出版的赛译的译序中，赛珍珠强调"《水浒传》所刻画的人物形象绝对地忠实于生活。这部小说描述的不仅是中国的过去，也绝对是今天生活的一个写照"。由此可见，当时的政治语境对赛珍珠产生了影响，这种影响对赛译的文本选择产生了作用。从文化和合主义的视阈而言，赛珍珠力图向西方阐释的，必然是与当时政治语境比较吻合的中国，这正符合她"发现自己负有把中国的性质和状况向西方介绍的使命"②这一初衷。

2. "救亡图存"的社会思潮与"中西文化论战"

随着辛亥革命的失败，中国笼罩在西方帝国主义列强的觊觎之中，陷入了西方殖民主义体系控制下的"半殖民化"进程。为"救亡图存"，中国有识之士于"五四"前后开展了轰轰烈烈的新文化运动，掀起了思想启蒙思潮。从历史沿革的角度看，"五四"新文化运动时期的思想启蒙思潮其实是对辛亥革命疏于思想革命缺陷的弥补。可以说，新文化运动自身的深刻性及彻底性，使它成为中国社会近代化结束和现代化开始的分水岭③。而正是随着这一时期的思想启蒙社会思潮，西方大量的哲学、文学、社会学、文化学及伦理学等被译介到中国，在为中国现代文化乃至现代社会的确立奠定了坚实基础的同时，也导致了中西文化的交流与碰撞，引起了一场旷日持久的"中西文化论战"。

论战从1915年《新青年》创刊开始，在1919年五四运动前后达到高潮，一直持续到20年代末30年代初。当时的知识分子形成了思想对峙的"西方文化派"和"东方文化派"。"前者将中西之别概括为'新''旧'之争，认为中国要图强发展必须学习西方，表现在文化传播的趋向上即'西学东渐'；后者则认为现代人类文化将发生'由西洋态度变为中国态度'的'根本改革'，全世界都要

① 赛珍珠. 我的中国世界 [M]. 尚营林，张志强，李文中等，译. 长沙：湖南文艺出版社，1991：155-156.
② 李秀丽，乔世华. 论赛珍珠的文化选择 [J]. 大连海事大学学报：社会科学版，2009，8（5）：125-128.
③ 唐艳芳. 赛珍珠《水浒传》翻译研究：后殖民理论的视角 [D]. 上海：华东师范大学，2009：46.

走'中国的路，孔家的路'，未来文化传播趋向上则是'东学西渐'"①。这场文化论战可谓中国现代文化史上一场激烈的思想交锋。在当时的语境下，"无论是西方人还是东方人，无论他的知名度有多大，成就有多辉煌，只要他认定'东方文化'为人类文明的未来，他就绝难得到当时中国先进知识分子的认同，就会毫无例外地遭到驳斥与反击"②，当时罗素和泰戈尔在中国所受的抨击就是最好的例子。

然而，无论是"西方文化派"还是"东方文化派"，态度几乎都是同样的激烈，双方都缺乏宽容精神，容不得反对意见。后者骂前者为"政客"，为"娼妓"，为"迷乱人心"的"魔鬼"；前者则骂后者为"谬种"，为"妖孽"，为"谋叛共和民国"③。事实上，两者的相互攻击和谩骂固然体现了双方不同的价值取向，但其分歧的背后却隐藏着非此即彼的一元文化观，认为人类文化的演化只能选择单一的文化路径，要么"全盘西化"，要么"全盘东化"，拒不承认他者文化存在的合理性及其价值。

亲历了清末民初以来中国社会变革的赛珍珠，对长期以来各种文化思潮之涌动可谓身临其境，对这场"中西文化论战"当然颇为关注。受过中西双重文化熏陶、具有双重文化情节的她，在对中国社会的混乱表示担忧、对中国未来之命运倾入同情与关注的同时，成功地摆脱了中西文化孰优孰劣的无谓争论，从文化和合主义的视野出发，敏锐地捕捉到中国社会变革中应努力保存传统文化精髓的重要意义。她对"中西文化论战"中革新派主张彻底否定和摒弃儒家思想的做法表示了强烈的不满，提出了"中国古典美谁来继承"这样前瞻性的问题。她在《中国和西方》一文中，曾"大力呼吁保持中国社会传统价值观的完整性和中国艺术哲学的璀璨成就"④。若干年后，她在为林语堂的《中国人》作序时曾直抒胸臆："今日中国的青年不再接受孔子智慧的教育。今天，也许这个国家对孔子不再熟悉，他在十几个世纪前花毕生精力从混乱中创造秩序，从不道德中创造道德来拯救它。然而，他的话是永存的，因为他们是真理，真理总有一天要胜利的。会有那么一天，孔子将会回到他自己的国家。"⑤放眼21世纪的今天，中国人已完全领悟到儒家学派等传统文化对中华民族复兴的伟大意义，

---

① 陈敬.赛珍珠与中国：中西文化冲突与共融[M].天津：南开大学出版社，2006：5.
② 段曼.文化语境下的赛珍珠在现当代中国[D].武汉：华中科技大学，2007：22.
③ 方何荣.后殖民视阈下的赛珍珠[D].苏州：苏州大学，2008：126.
④ 董琇.译者风格形成的立体多元辩证观：赛珍珠翻译风格探源[D].上海：上海外国语大学，2009：114.
⑤ 方何荣.后殖民视阈下的赛珍珠[D].苏州：苏州大学，2008：29.

这也从一个侧面验证了赛珍珠当初的视野和见地是多么具有前瞻性。

　　在当时的情境下，在金陵大学任教的赛珍珠，用自己的笔触对这场"中西文化论战"提出了独到的见解。可以说，在动笔翻译《水浒传》之前，这一时期的《中国之美》《东风·西风》等作品不但赞扬和标举中国文化、倡导其和合主义的文化观，也是她向西方世界介绍儒家文化熏陶下的中国人及其文化、促进中西文化交流的重要努力与尝试，而这些努力与尝试反过来又为赛译的主旨和选材定下了基调。

3. 西方世界掀起的污蔑中国人及其文化的狂潮

　　曾几何时，中国文化向周围辐射，逐步形成了一个以中国本土为中心的文化圈，不仅改变了东亚的文化格局，甚至影响了世界文明的进程。以四大发明为核心的技术成果曾在整个人类社会的历史进程中发挥了重要作用；来自中国的古代文明曾是18世纪欧洲启蒙思想家汲取精神力量的重要来源，是伏尔泰等启蒙先驱借以鞭笞欧洲的"巨杖"；俄国大文豪托尔斯泰曾坦承孔子、孟子和老子的思想对他产生的重大影响；连对中国哲学十分轻视的黑格尔也不得不认同"中国人承认的基本原则为理性"[①]。从16世纪开始，一些欧洲的旅行家、传教士及商人，以对中国一知半解的认识，塑造了神秘、遥远且极具梦幻色彩和情调的东方帝国形象，令整个西方世界钦羡不已，这种幻象一直持续到18世纪末。

　　然而，在西方文化中，中国的真正意义并非一个确定的现实国家，而是文化想象中某一具有特定政治伦理意义的"异托邦"，一个比西方更好或更坏的"他者的空间"，并且在每一个时代，在西方都可以找到一个塑造中国形象的代表，"其中13~14世纪为意大利人，16~17世纪为葡萄牙人和西班牙人，18世纪为法国人，19世纪为英国人，而20世纪则是美国人"[②]。

　　随着西方近代资本主义的不断发展及清政府的闭关锁国政策，中国的发展严重滞缓，落伍于时代，曾经的文化辉煌也一去不返。1842年第一次鸦片战争之后，西方世界看到了中国的落后及清政府的腐朽无能，以往对中国人及其文化的尊重和钦羡就此灰飞烟灭，代之而来的是对中国形象的歪曲和污蔑。"在19世纪的作品中，中国不再指导别人而是接受指导，它不再被视作典范却成为批评的对象，它不再是受人尊敬的理想国度，而是遭到蔑视和嘲笑"[③]。

---

① 张岱年，方克立. 中国文化概论 [M]. 北京：北京师范大学出版社，1994：152.

② 于海滨. 20世纪美国文学中的中国形象 [D]. 呼和浩特：内蒙古师范大学，2008：5.

③ 米斯耶·德特利. 19世纪西方文学中的中国形象 [M]// 孟华. 比较文学形象学. 北京：北京大学出版社，2001：242.

　　19世纪以来，在西方某些"中国通"的鼓噪之下，西方世界逐渐形成一种关于中国人的"套话"，"容貌丑陋、长辫小脚、不守时刻、历来不懂礼貌、爱好嫖赌、缺乏公德、溺婴杀生、见死不救"之类的"先入之见"成了中国人的天生特性[①]。在这种"套话"的作用之下，中国形象于19世纪末逐渐演变成一种"黄祸论"。在西方人的想象中，有两种"黄祸"，一种来自中国本土，如义和团等；另一种是那些生活在伦敦、旧金山等地的"唐人街"中的丑陋、肮脏、狡猾、麻木而又残忍的"中国佬"，由于他们本来就是罪犯，所以被认为是威胁西方的"黄祸"。

　　随着"黄祸论"的出现和持续升温，西方世界彻底将中国人的形象"妖魔化"。1873年，俄国无政府主义者巴枯宁在"国家制度和无政府状态"一文中捕风捉影，认为中国人对欧洲的安全是个巨大的威胁，疯狂叫嚣俄国沙皇派兵征服中国；1895年，德皇威廉二世请人绘制了一幅"黄祸图"挂在宫中，对中国人极尽污蔑和攻击之能事；1911年，E. A. 罗斯在《变化中的中国人》一书中断定中国人了无情趣、不懂享受生活，当时美国总统西奥多·罗斯福甚至认定中国人是"不道德的、堕落的和不可取的种族"。从1913年起，在英国小说家萨克斯·罗墨（Sax Rohmer）创作的"傅满洲系列小说"中，主人公傅满洲集"整个东方民族的一切残暴狡猾"于一体，是个可怕的"黄祸"。随着小说被搬上好莱坞银幕，以"傅满洲"为代表的中国人形象在西方可谓家喻户晓。1923年，美国记者吉尔伯特（R. Y. Gilbert）公开叫嚣"中国是一个劣等民族"，把西方世界妖魔中国人的浪潮推向了巅峰。1928年，罗伯特·罗普利（Robert Ripley）在其漫画《信不信由你!》（*Believe It or Not!*）中仍然在充满敌意地贬损中国人及其文化。可悲的是，诸如《信不信由你!》中"那种骄横武断的、属于东方主义典型例子的观念，却是迟至20世纪30年代大多数西方人对中国人的整体认识"，说明西方世界对中国和中国人仍旧"满腔狐疑、充满敌意"。在他们眼里，"欧美国家以外的一切风俗习惯都是怪诞的、野蛮的，中国和中国人之所以存在，其功能无非是作为一面镜子，来反衬他们的高人一等及优越感"[②]。

　　显然，在赛珍珠翻译《水浒传》之前，西方世界心目中的中国人及其文化代表着神秘、腐朽、落后、迷信和邪恶，是万恶之数。对中国和中国人民怀有挚爱情感的赛珍珠，虽不屑与当时怀有文化偏见的西方人为伍，但对于整个西方

---

① 孙宗广. 赛珍珠的中国视野[D]. 苏州：苏州大学，2001：10.
② 姚君伟. 文化相对主义：赛珍珠的中西文化观[M]. 南京：东南大学出版社，2001：28-29.

世界对中国人及其文化的无知而言，她不可能等闲视之、无动于衷。因此才会通过文学创作及翻译等途径，对西方人进行中国文化的启蒙，塑造正面的中国人形象，力图改变西方世界对中国和中国人所怀抱的傲慢与偏见，而这也正是她实现文化和合主义理想的努力方向。她曾直言不讳地表达自己的立场和愿望：

> 我的最大的愉悦和兴趣总是在人民之间，因为我在中国人群中生活着；那么也就是个中国人了。当我被询问到他们像什么的时候，我是不知道的。他们不是这个，也不是那个，只是人民。我不能不把他们描写得比我自己血统的人更为详尽。我太近于他们了，和他们的生活关系太密切了。
>
> 因为这个缘故，我不喜欢那些把中国人写得奇异而荒诞的著作，而我的最大愿望就是要使这个民族在我的书中如同他们自己原来一样真实正确地出现，倘若我能够做到的话。①

从以上的表白中不难发现，正是对西方世界那种任意污蔑和诋毁中国人及其文化的做法忍无可忍，赛珍珠才拍案而起，通过文学创作和翻译等形式，将中国文化的不同层面置于中国人的现实生活及特定的历史语境中加以详细描述，既为西方读者提供了一幅客观而真实的中国图景，也力图使他们看到中国传统文化中那些业已体制化之做法及其存在的合理性。这不但对赛译的主体选择产生了影响，也为她向西方阐释中国，实现其文化和合主义的理想定下了基调。

2.3.2　主体选择的表征

对于一个在特定历史背景下从事翻译工作的译者来讲，她（他）开始从事翻译的初衷可能是单一的，或有远大志向，或为生计所迫，不一而足。然而，由于译者所处的历史文化语境的影响，译者在主体选择时又会受到多种因素的制约，从这个意义上说，译者的翻译目的又可能具有多元性。但辩证唯物主义告诉我们，外因是变化的条件，内因才是变化的根本。因此，无论条件如何变换，译者的价值观必定在主体选择中居于主导地位。"一般而言，译者有什么样的价值取向，就会产生什么样的翻译意图，而有什么样的翻译意图，就会形成什么样的翻译观念，表现出什么样的人生态度及审美情趣。"②诚如许钧所言，

① 郭英剑.赛珍珠评论集[M].桂林：漓江出版社，1999：605.
② 庞艳艳.从文学翻译目的层次性谈译者主体性[J].河南理工大学学报（社科版），2009，10（3）：409-412.

"……译者进行翻译活动，都是为着一定的目的，其动机将有形或无形地始终影响着译者在整个翻译过程中的选择与取舍……"①。因此不难看出，既然赛译的最高目的指向所要实现的社会功能，即译者文化和合主义的价值取向，那么这种动机无疑决定了译者在翻译活动中的选择与取舍。

1. 翻译文本的选择

赛珍珠生于美国，却长在中国，很早就跟随中国老师习读中国经书，系统学习中国文化。她不但对中国古典小说仔细研读、青睐有加，而且长期浸淫于其中，她的文学创作一直受其影响。因此在1938年诺贝尔文学奖的授奖仪式这样深具历史意义的场合，她才会以"中国小说"为题做了长篇受奖演说，如数家珍地对中国小说侃侃而谈，涉及《三国演义》《水浒传》《红楼梦》《儒林外史》《西游记》《封神演义》《野叟曝言》《镜花缘》和《金瓶梅》等等。然而，如果赛珍珠想翻译中国古典小说，凭她对中国古典小说的熟悉程度，有以上所提及的众多作品可供选择，她为何对《水浒传》情有独钟呢？笔者认为这正是其文化和合主义价值观发生作用的结果，这种选择主要出于以下几种考虑：

第一，艺术、文化上的考量。深谙中国古典小说创作风格和中国文化习俗的赛珍珠，对《水浒传》的口语化文字风格不吝赞美之词，认为其"语言风格与素材配合得天衣无缝"②。在她看来，《水浒传》既体现了中国古典小说的艺术成就，又是一部中国民间的百科全书，将其译成英文，不但可以使西方读者领略到中国文学的巨大成就，也可以使他们从中汲取到中国传统文化的营养。因此她才有感而发："至于我译的《水浒传》，……我总想将它忠实地介绍到外国去，因这书迄今尚没有人译过，而且这是一部真正伟大的著作呀！"③其实，她对《水浒传》的体认在她的创作上得到了最好的诠释。"她写小说离不开程式、套语，在表面化叙述和心理深度之间选择前者，喜用插叙，效果上力求娱乐，手法上采用自然主义。这些写作习惯都是受《水浒传》长期影响的结果。"④

第二，向西方传递中国政治现实的需要。彼德·康曾认为促使赛珍珠选择《水浒传》的一个理由是作品本身的政治性。他认为赛珍珠所翻译的"并不仅仅是一部与现世无关的古典文学名著"，其目的更在于"愤怒而及时地针砭民

① 许钧. 翻译论[M]. 武汉：湖北教育出版社，2003：251.
② BUCK P S. All Men Are Brothers（Shui Hu Chuan）[M]. New York：The John Day Company，1937：v.
③ 郭英剑. 赛珍珠评论集[M]. 桂林：漓江出版社，1999：64.
④ 彼德·康. 赛珍珠传[M]. 刘海平，张玉兰，方柏林，等译. 桂林：漓江出版社，1998：167.

国时局的动荡"①。赛珍珠一直强调，"她生活的年代正值中国'军阀、土匪混战时期'，是真实的生活，使她更加懂得了小说的真实性，她从中读懂了数百年的小说其实正在现实生活中延续"②。

第三，向西方阐明中国的代表是普通百姓。赛珍珠具有"平民化"情结，她曾生活在中国的普通百姓中间，对他们怀有深挚的情感，她希望自己能够通过更平易、更平俗的层面去表达她的文化关怀意识，把"善良、坚强的中国农民"作为"中国的核心"和"人类的优秀分子"③介绍给西方世界，希望他们了解"那些世界上伟大而平凡的人的价值"，从中去感悟中国民间生活所蕴含的生命意义和生命意识，从更深的层面上去探寻中国人的人性及中国文化的存在价值④，促进中西间的文化交流与融合。

第四，作为阐释者，她对自己的能力有清醒的认识，这充分体现了她对实现文化和合主义理想的高度重视。在20世纪初，《三国演义》《水浒传》和《红楼梦》被誉为中国古典小说的三大名著。对中国古典小说青睐有加的赛珍珠，在向西方世界译介中国小说之时，也并不是没有考虑翻译其他的中国名著，《红楼梦》就曾是她心仪的对象之一。但平心而论，翻译《红楼梦》的难度要远远大于翻译《水浒传》。因此先译《水浒传》是合情合理的选择。就翻译中国古典名著而言，赛珍珠对翻译中可能遇到的困难早有洞见。因此在翻译《水浒传》之时才选择与龙墨芗先生合作。就《红楼梦》而言，赛珍珠曾有与林语堂先生合作将其译成英文的打算，却终因各种原因未能如愿而成为憾事⑤。

第五，对《水浒传》版本的取舍可谓立意高远、用心良苦，体现了她向西方展示正面的中国人形象的努力。在当时所能找到的《水浒传》四个版本之中，赛珍珠之所以青睐金圣叹的贯华堂七十回本，最主要的原因在于她曾直面帝国主义、殖民主义、军阀混战给中国带来的灾难，也深深感受到中国人民为争取民族独立、为中华之崛起而奋斗的反抗意识，因而她不喜欢七十回本之外的几个版本，那几个版本都描述了梁山好汉令人窒息的悲剧结局来迎合统治阶级的道德伦理，无论是内容还是风格都与七十回本的精神和生命力格格不入。在赛珍珠看来，《水浒传》中的梁山好汉与英国中世纪传奇《罗宾汉》中的绿林英豪

---

① PEFFER N. A Splendid Pageant of the Chinese People: Rev. of *All Men Are Brothers*, trans. by Pearl Buck[M]. New York: Herald Tribune Books, 1933: 3.

② 陈敬. 赛珍珠与中国：中西文化冲突与共融[M]. 天津：南开大学出版社，2006：102.

③ 施耐庵. 水浒传[M]. 金圣叹，评点. 文子生，校点. 郑州：中州古籍出版社，1985：26.

④ 陈敬. 赛珍珠与中国：中西文化冲突与共融[M]. 天津：南开大学出版社，2006：92.

⑤ 姚君伟，张丹丽. 赛珍珠与中国小说之缘[J]. 世界文化，1995（2）：27-28.

十分相似,是受反动势力及黑暗的社会环境所迫、无奈之下才揭竿而起的英雄豪杰①。由此不难看出,通过翻译《水浒传》,赛珍珠不但想向西方世界展示中国小说的高超的艺术成就,而且更想向西方世界展示中国人的英雄气概。她讨厌其他版本而喜欢七十回本大团圆式的结局,甚至不惜背负骂名,在"断了尾巴的蜻蜓"上再砍一刀,干脆将"梁山泊英雄惊恶梦"一节的内容略去不译,其实正是她欣赏水浒英雄的侠义精神、对中国农民革命寄予厚望的体现。

2. 翻译中的策略选择

"每一个翻译行为都有一个既定目的,并且要尽一切可能实现这一目的"②,而"译者所采取的翻译策略和翻译方法是为特定的翻译目的服务的"③。既然实现文化和合主义的理想是赛珍珠翻译《水浒传》的最高诉求,当然她采用的翻译策略必定为这一宗旨服务。因此,她的翻译策略必然要考虑到两点,一是尽可能把原作的"原汁原味"传递给读者,二是要保证读者能够接受自己的译作。只有做到这两点,译作才能真正实现她所追求的最高目的——文化和合主义的理想诉求。而要做到第一点,要采用的翻译策略当然应该是异化;做到第二点,却非使用归化策略不可。我们的翻译策略研究,到目前才基本达成共识,不再把异化归化看作是一种二元对立,认为翻译应以异化为主、归化为辅。但这种认识显然还有待进一步发展。其实,赛珍珠在翻译时已经给我们做了示范,她在尽可能倾向源语的同时,采用了异化归化有机结合、互为补充的翻译策略。董琇在分析赛译的翻译风格时,认为赛译具有这样的特点,即"语言句式上直译与意译的杂合、汉语特征与英语特征的并存、文化取向上异化与归化的杂合"④。虽然这不是对赛译翻译策略的直接概括,但赛译的策略由此可见一斑。笔者在探究中发现,为了使赛译实现跨文化传播的使命,赛珍珠在翻译时可谓煞费苦心,基本上达到了异化不失行文流畅及易解、归化不失源语风味且避免读者产生文化错觉这样的效果。以此观之,赛珍珠可谓充分实现了胡适对翻译提出的三点要求,"译书第一要对原作者负责任,求不失原意;第二要对读者负责,求他们能懂;第三要对自己负责任,求不致自欺欺人"⑤。本文第3章将对赛译的翻译策略进行全面探究,此处不赘述。需要澄清的是,笔者对赛译翻译策

---

① 彼德·康.赛珍珠传[M].刘海平,张玉兰,方柏林,等译.桂林:漓江出版社,1998:166.

② 范祥涛,刘全福.论翻译选择的目的性[J].中国翻译,2002,23(6):25-28.

③ 曹明伦.文本目的:译者的翻译目的:兼评德国功能派的目的论和意大利谚语"翻译即叛逆"[J].天津外国语学院学报,2007,14(4):46.

④ 董琇.译者风格形成的立体多元辩证观:赛珍珠翻译风格探源[D].上海:上海外国语大学,2009:97.

⑤ 董琇.译者风格形成的立体多元辩证观:赛珍珠翻译风格探源[D].上海:上海外国语大学,2009:151.

略的体认，并不意味着赛译本身没有瑕疵。在探究中，笔者发现，由于合作翻译中的技术程序问题，赛译确实存在一些误译，对此，笔者将在本文的第 4 章相关部分对其产生的根源进行详细的探究和归纳。

　　长期以来，囿于文本研读方面的欠缺，很多评论者粗略地看了赛译的译序后，便把译者的"尽可能直译"错误地等同于异化，因而一直未揭开赛译翻译策略的面纱。须知"尽可能直译"这种说法本身即暗含必定有其他翻译方法之存在。我们知道，异化归化与直译意译是有所不同的两对概念，仅凭"尽可能直译"就给赛译的翻译策略定论，至少有悖于赛译的实情。诚如许渊冲所言，"不是译者不理解原作，而是评者不理解译者"[①]。很多时候，看上去似乎清清楚楚的表象，却往往与事实大相径庭。而多年来赛译研究之所以屡屡不能取得突破，正是由于随意"一视而定论"所致。

　　顺便提及，笔者在探究中发现，目前国内外的很多热门翻译理论，如多元系统论、操控派翻译理论、后殖民翻译理论等都不能令人信服地解释赛译所采用的翻译策略。从这一点来看，各种翻译理论有待丰富和发展是不争的事实。我们以多元系统论为例对此做粗略分析。根据左哈尔（Evan-Zohar）的多元系统论（Polysystem），"从文学史上看，翻译文学既占据过'主要地位'，也占据过'次要地位'。当翻译文学在特定文化的文学多元系统内起'主要'作用时，它就会'创造新词和新的表达模式'，如果起的是'次要'作用，它只是'巩固现有的语言项目和表达模式'"[②]。"一般而言，绝大多数的翻译属于次要活动，其作用是保守的，是为了维护或强化现有文学（文化）传统。但在下列三种情况下，翻译文学可能成为主要的活动，可能促进形式库的充实与完善。第一，当文学还处于'幼稚期'或处于建立过程中；第二，当文学处于'边缘'或处于'弱小'状态，或兼而有之时；第三，当文学正经历某种'危机'或转折点，或出现文学真空时"[③]。左哈尔认为，"一个民族的文学文化的地位决定了翻译文学在文学多元系统内的地位，或起主要作用，或起次要作用。而翻译文学的不同文化地位反过来也会在很大程度上影响译者的翻译决策。强势文化的多元系统内，译者往往采用归化；弱势文化的多元系统内，译者多用异化或阻抗式的翻译策

① 曹明伦. 文本目的：译者的翻译目的：兼评德国功能派的目的论和意大利谚语"翻译即叛逆"[J]. 天津外国语学院学报，2007，14（4）：22.

② 董琇. 译者风格形成的立体多元辩证观：赛珍珠翻译风格探源 [D]. 上海：上海外国语大学，2009：128.

③ 朱明胜. 多元系统翻译理论视角下的赛珍珠英译《水浒传》[J]. 宿州学院学报，2009，24（6）：41-45.

略"①。赛珍珠开始翻译《水浒传》的20世纪20年代末，中国正处于内忧外患、民不聊生的时期，在文化上正处于"西学东渐"的高峰，全盘西化的口号此起彼伏，与刚刚开始接受白话文的汉语文化相比，英语文化占有绝对的强势地位，按照多元系统论的解释标准，赛珍珠翻译时在翻译策略上必定会选择归化。然而，赛译采用的恰恰是以源语为导向的翻译策略，究其原因，乃是由于赛珍珠的文化和合主义价值观的诉求产生的影响，赛译承载着向西方世界推介和传播中国文化的使命。因此不难理解，在谈到多元系统论的弱点时，王东风曾指出，"多元系统假说如果能将译者对两种文化的主观认定在翻译过程中的作用考虑进去，势必会更有说服力"②。

就上文所及的其他翻译理论而言，操控派翻译理论显然过分强调了主流意识形态与诗学对译者产生的约束，而低估了译者在主体选择方面的能动作用，因而对于赛译这种主体选择决定于译者最高翻译动机的译作缺乏解释力。从后殖民翻译理论的视阈看，赛译的翻译模式和最后产生的效果似乎非常符合其诉求，然而对于一味强调异化或"抗阻式"翻译、强调"解构"而不"建构"、将归化视为"翻译之歧路"的后殖民翻译理论而言，虽然能够从赛译中找到很多例证，但终究无法解释赛译中大量存在的异化与归化的有机结合，因而也缺乏足够的解释力度，同时也说明翻译中保持弱势文化的"纯洁"也并非只有被动地"抵抗"这一条路可走，韦努蒂本人在2008年最终放弃把异化归化视为水火不容的二元对立之立场本身就是最好的证明。由于赛译对这些翻译理论构建产生的影响不是本文的取向，因此这一方向的研究留待来者进一步探究和发掘。

3. 译作名称的选择

自赛译问世以来，关于其书名的争论一直未休，评论界的态度至今仍然是莫衷一是。这或许与鲁迅的评价有关，由于笔者在绪论部分已经论及，此处不赘述。其实，在译序中，赛珍珠已将其置换书名的原因解释得很清楚：

> 当然，由于中文原著的标题异乎寻常地难以译成英文，因此译著的标题与原著标题略有出入。中文里，"Shui"一词指"水"；"Hu"一词指"边缘或边界"；"Chuan"一词与英语中的"小说"相当。至少在我看来，将这几个词的英语译文并置在一起不但几乎毫无意义，而且对原著有失公道。因此，我个人武断地选择了孔子的一句名言作为译著的英文标题。这个标

① 董琇.译者风格形成的立体多元辩证观：赛珍珠翻译风格探源 [D].上海：上海外国语大学,2009：128.
② 董琇.译者风格形成的立体多元辩证观：赛珍珠翻译风格探源 [D].上海：上海外国语大学,2009：129.

题恰如其分地表达了书中这群绿林好汉的侠义精神。①

"四海之内皆兄弟"出自《论语·颜渊篇》："四海之内，皆兄弟也——君子何患无兄弟也？"宋儒对此的注解是："东夷、西戎、南蛮、北狄，四海之内，九州之人，皆可礼亲之为兄弟也。"②这里所谓的"四海之内"还局限于中国，而在赛珍珠那里，在使用这一概念时指向的是全世界。中国古人那种消泯种族界限、使天下归一的理想与胸襟，正是她文化和合主义的最终追求，而这一追求正是她翻译《水浒传》的精神家园，难怪她对"四海之内皆兄弟"这句话钟爱有加。

"四海之内皆兄弟"这句豪言，在赛译原本中一共出现三次，即第一回"王教头私走延安府，九纹龙大闹史家村"中跳涧虎陈达之口；第三回"赵员外重修文殊院，鲁智深大闹五台山"中赵员外之口；第四十三回"锦豹子小径逢戴宗，病关索长街遇石秀"中杨林之口。通过小说中的几个不同身份的人物之口，水浒好汉所处的时代风貌得到了很好的渲染。此外，在七十回本的第二十六回，当武松为兄报仇之后，分别得到东平府府尹陈文昭和众节级牢子的庇护和照顾时，金圣叹在评语中忍不住感慨曰："读至此处，忽又忆四海之内皆兄弟一语，叹其然也。"③显然，金圣叹对《水浒传》的这种"四海之内皆兄弟"之情是褒扬有加的，与鲁迅的阶级分析观点形成了鲜明的对照。不难理解，在一部描写中国农民起义的长篇小说里面，在一个民不聊生的时代，能比杀戮、谋略、情爱更让人倾心的也无非是一种温暖而博爱的人性——兄弟之情。难能可贵的是，氤氲于中国普通民众间的这种社会意识被赛珍珠敏锐地捕捉到，干脆将其提炼出来作为赛译的书名，这种举措不仅表明她对《水浒传》有着深刻的理解，也符合其文化和合主义价值观的最高指向。

其实，对于赛译书名的选择，赛珍珠可谓煞费苦心且颇费周折。她先后试用过"侠盗""义盗"等名字，但都不甚满意。直到赛译出版前不久，她才突来灵感，想到了《论语》中"四海之内，皆兄弟也"这句名言并敲定其为赛译的书名。在其自传中，赛珍珠进一步解释了她当初选择《四海之内皆兄弟》(*All Men Are Brothers*)作为赛译书名的心态："中文原名（水浒）尽管在汉语中含义非常明显，翻成英文却毫无意义。在古代中国，河边湖畔，水多草密，总是强盗

---

① BUCK P S. All Men Are Brothers (Shui Hu Chuan) [M]. New York: The John Day Company, 1937: v-vi.

② 陈敬. 赛珍珠与中国：中西文化冲突与共融[M]. 天津：南开大学出版社，2006：105.

③ LEFEVERE A. Translating Literature: The German Tradition from Luther to Rosenzweig[M]. Assen & Amsterdam: Van Gorcum, 1977: 74.

和水贼出没的地方，而原书中文名也正好暗含这个意思。"[①]显然，这种选择折射出译者的主体性倾向，一种跨文化意识的自觉体认，说明赛珍珠在给赛译命名时已充分考虑了西方读者的接受视野。

然而，多年之后，她又推翻了原先的说法，指陈当初由于"极不情愿地、错误地同意了出版商的意见"[②]，因而才用《四海之内皆兄弟》做了赛译的书名。这话出自她本人之口，似乎比较有说服力。联想到赛珍珠当时的出版人和后来成为她第二任丈夫的沃尔什，的确是个精明人物，目光犀利，富有市场洞见。当年赛珍珠的小说《大地》(*The Good Earth*)这一书名就是从赛珍珠原来的《王龙》(*Wang Lung*)改动而成的，且极为成功。但是仔细探究，赛珍珠受制于出版商、不得已之情况下被迫选择《四海之内皆兄弟》为译名的说法却站不住脚：其一，凭她在《大地》成名后的"权威话语地位"及受读者的欢迎程度，她"完全可以在当时就否定出版商的意见"，也可以在赛译的再版之际按自己的意愿另择其名，但"她在接下来的几十年里却绝口不提此事"，似乎有悖于情理；其二，"历经40载，赛珍珠的价值观与翻译观是否因岁月的流逝而发生嬗变，导致其矢口否认当初的选择，虽有待进一步考证，却也并非没有可能"[③]。可能的情况是，多年之后当获悉赛译书名曾遭到众多非议之后，她有感而发，因此才推翻了原来的说法。

出身于传教士家庭的赛珍珠，虽然不是传教士，但其一生都与基督教有着千丝万缕的联系，基督教那些"博爱""普世救人""创造一个人人平等之社会"等理念已浸入她的血脉之中，使其在社会实践中不可避免地成为一个无种族之分的人道主义者。无独有偶，自幼接受的中国文化熏陶，又使赛珍珠终生氤氲于儒家思想的伟大之下，成为她坚持向西方世界推介和传播中国文化，为实现自己文化和合主义理想而奋斗的指明灯。有必要指出的是，赛珍珠在她的创作中多次提及孔子"四海之内皆兄弟"或"天下一家"这类理念。除了1933年将《四海之内皆兄弟》作为赛译的书名之外，1925年，赛珍珠把自己硕士论文的卷首语命名为"四海之内皆兄弟"；1948年，在小说《牡丹》里，借助孔诚之口，赛珍珠使用了"天下一家"这句话；1973年，赛珍珠将自己撰写的最后一部小说命名为"天下一家"；此外，1973年在其临终前所写的《最后的倾诉》中，赛珍珠再次重申了"天下一家"的愿望。可见，赛珍珠将赛译的书名命名为"四

---

① 陈敬. 赛珍珠与中国：中西文化冲突与共融[M]. 天津：南开大学出版社，2006：104.
② 唐艳芳. 赛珍珠《水浒传》翻译研究：后殖民理论的视角[D]. 上海：华东师范大学，2009：95.
③ 叶旭军. 赛珍珠中西文化和合思想探究[J]. 江苏大学学报：社会科学版，2008，10（4）：62-67.

海之内皆兄弟"绝非偶然，这种书名的置换体现了基督教思想与儒家思想在她身上的契合。

因此也就不难理解，赛译的目的不仅在于向西方世界介绍中国的文学成就，进行文化精神的传递，更在于赛珍珠文化和合主义理想的诉求。因而她也就"不试图从学术上做什么探讨"，旨在"追求平等、正义和交流"，去实现她"思想的内核部分"①——文化和合主义理想，也正是这个"思想的内核部分"，才使她的创作和社会实践最终超越了狭隘的种族主义的藩篱，彰显出"天下一家"、包容一切人类文明之结晶的博大胸怀。

顺便提及，在赛译的封页上，为了将《水浒传》的原名和意义更好地展示给西方读者，她采用了多方诠释的杂合策略。令人嘘唏的是，笔者发现，多年来关于赛译书名的争论，竟然是一个伪命题。对此，笔者将在本论文第3章的相关部分予以讨论。

---

① 姚君伟. 我们今天研究赛珍珠什么？［J］. 江苏大学学报（社会科学版），2003，5（4）: 62-66.

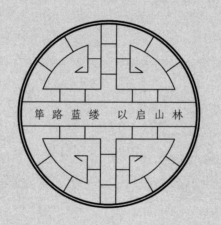

筚 路 蓝 缕　以 启 山 林

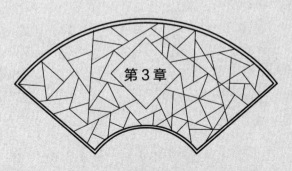

第 3 章

突显差异 有意杂合

赛译翻译策略解读

　　由于特殊的人生经历及其"文化边缘人"身份，赛珍珠成功地摆脱了狭隘的民族主义的束缚，形成了极具前瞻性的文化和合主义世界观，在殖民主义大行其道的20世纪20年代便已清醒地意识到文化差异的重要性，除了在其文学作品中主张文化和合主义、宣扬异质文化间的相互理解与尊重外，她在赛译的策略选择上也服从于其文化和合主义的指向，大胆地采用了前瞻性的翻译策略来体现汉英两种语言及中西文化间的巨大差异。她不仅采取了逐字逐句的翻译方式，通过"尽可能地直译"力求把原著的语言形式和文化内涵完整地再现给西方读者，而且为保证译文的通畅性，她在翻译时既未用注释也未用脚注。事实上，赛珍珠所采用的翻译策略虽然谈不上谨小慎微，固然与她的行文习惯有关，但也绝非随心所欲，她的翻译策略凸显了她对中国文学及文化的深刻体认。她认为《水浒传》的"风格与素材配合得天衣无缝"，具有极高的艺术价值。因此才力求在译文中完整地再现原文体裁、内容及文化信息。在殖民主义大行其道、中西方正常文化交流处于严重失衡状态的20世纪初，她的这种体现文化和合主义精神的翻译策略使她"不仅超越了狭隘的民族和种族身份，也超越了她所处的时代"[①]。因此，在解读赛译翻译策略方面，必须把赛珍珠的文化和合主义价值观纳入考量。赛珍珠绝不是为了翻译而翻译，在她翻译《水浒传》的背后，是她以翻译为媒介和手段，力图实现向西方世界推介和传播中国文化，充分实现中西方之间相互理解、相互尊重并和睦相处，从而实现其所追寻的终极目标——建立一个中西文化能够和合共生、美美与共的大同世界，这也正是她文化和合主义诉求的真谛。而要实现这一宗旨，她在翻译时必须保证传递中国文学和文化的纯洁性，同时还要确保西方读者对此有正确的理解。只有认识到这一点，才能真正体察赛珍珠在翻译策略选择上的良苦用心。

　　然而，长期以来，由于各种因素的影响，赛珍珠在翻译《水浒传》时的良苦用心却一直难以获得认同，其译作在国内长期受到质疑和诟病，甚至饱受攻击，至今没有获得译界全面而公允的评价。自2003年以来，不断有肯定者为其"正名"，大都倾向于借助一些时尚理论进行局部研究，虽然也揭示了赛译某些方面的特征，但由于对赛译文本的整体研究及把握力度存在缺陷，使得赛译翻译策略之庐山真面目一直不能得以完整呈现，因而大大地降低了为赛译"正名"的可信度。笔者认为，只有把握赛珍珠翻译《水浒传》的良苦用心，站在中西文化交流的高度来体察赛译，并从实事求是的原则出发，积极借鉴近年来赛译

---

① 唐艳芳.赛珍珠《水浒传》翻译研究：后殖民理论的视角 [D].上海：华东师范大学，2009：99.

研究所取得的新成果及新进展，在文本细读的基础上对赛译进行科学的分析、归纳及总结，才能真正揭示赛译别具一格的翻译策略，为全面评价赛译创造条件。鉴于此，本章拟在积极借鉴新近已有研究成果的基础上，以外部研究（描述性定性）为纲、以内部研究（文本细读）为佐证，对赛译的翻译策略进行全面探究。同时，为取得更好的探究效果，本文在举证时将读者反映也比较好的沙译一并列出，供读者参考。

3.1　"尽可能直译"的背后

在赛译的译序中，赛珍珠曾这样解释自己的翻译策略：

《水浒传》是中国最著名的小说之一。对于这部小说的翻译，我本人不敢妄称在解释和文献方面有多么缜密，能够与学者相提并论。事实上，在翻译这部小说时，我本人没有任何学术上的兴趣，目的及兴致仅在于一个原本就讲述得十分精彩的好故事。在我看来，这部中文小说的风格与素材配合得天衣无缝。因此在翻译的过程中我尽可能地采用直译。我的努力无非在于尽可能地保留中文的原汁原味，以使不懂中文的读者至少产生一种他们正在品读中文原著的感觉。我之所以将自己的翻译称为努力，原因在于虽然我不敢妄称已经成功，但我已尽力保留原著的意义及风格，甚至到了不惜将原著中一些了无生气的部分尽量保持原味的地步。对于这样一部鸿篇巨制而言，质量存在参差不齐之处在所难免。一些章节末尾的某些诗作便是明显的例证。原著中的那些打油诗也相应地被译成了英语的打油诗。

由于中文名称对西方读者来说永远是个难题，在翻译的过程中本人对原著所作的唯一武断的改变仅在于人名及地名的处理上。此外，虽然按照中国传统一个人会有几个名字，但在译著中，每个人物我从头至尾只用了一个名字。对于原著中的专有名词，我采取了用英语字母拼写的方式，而对于绰号我尽量将其翻译过来，虽然在翻译过程中对后者的处理上要么意义不大，要么解释起来颇费唇舌。有时我也有意在译作中删去原著中使用的一些绰号。①

从以上文字我们可以看出赛珍珠对自己翻译策略的解释：第一，"尽可能地采用直译"以"保留中文的原汁原味"，使西方读者产生"他们正在品读中文原著的感觉"；第二，在翻译中对"人名及地名"做了一定程度的改变，其中每个人物"从头至尾只用了一个名字"，专有名词"采取了用英语字母拼写的方式"，而将人物绰号尽量翻译成英文，有时也有意省去了"原著中使用的一些绰号"。然而笔者在仔细研读赛译后发现，"直译"这一概念似乎不能解释赛译翻译策略的真面目，因为除了"直译"之外，赛译中还有大量的音译、意译、释译等翻译手法，也存在少量的略译及漏译。此外，赛译对原文中的一些核心文化概念采用了多角度诠释的策略，仅用"直译"来解释赛译的翻译策略似乎不能完全说明问题。然而令人费解的是，既然多种翻译方法或手段在赛译中并存，那么赛珍珠为什么在译序中阐明她的翻译策略是"直译"呢？笔者认为，只有结合赛珍珠翻译《水浒传》时的历史背景才能真正厘清这个问题。在中国，虽然自佛经翻译起就有文质之辩，但真正出现归化与异化之争却始于20世纪30年代中期鲁迅与瞿秋白、赵景深及林语堂等之间的那场直译与意译孰优孰劣的大辩论。而对于完成于20世纪30年代初的赛译来说，赛珍珠实在无法找到比"直译"更合适的术语来描述其翻译策略。此外，需要注意的是，赛珍珠在描述其翻译策略之时，用的是"尽可能地采用直译"这样的表述，暗示她的翻译策略除"直译"以外还有其他的选择，因而可以肯定，赛珍珠的翻译策略并非完全直译，这一点既给研究者留下了相当的阐释空间，也对全面体察和评价赛译具有一定的启示意义。

3.1.1　异化归化：需要进一步完善的理论

提起翻译策略，我们首先想到的是异化和归化这对概念。从20世纪90年代至今，异化归化之论一直是国内译界评论的热点之一，这对术语俨然已成为译界对翻译策略进行描述的代名词。提起翻译的文化策略研究，评论界更是离不开这对术语，对文学翻译研究如此，对其他翻译研究亦然，这对术语的影响由此可见一斑。

---

① BUCK P S. All Men Are Brothers (Shui Hu Chuan) [M]. New York：The John Day Company, 1937：1.

在西方翻译史上，提起归化异化这对概念，历史渊源可追溯到古罗马时期西塞罗、贺拉斯、哲罗姆等翻译理论家所论及的"字译"（word-for-word translation）与"意译"（sense-for-sense translation）之别，但这对概念的真正提出却源自1813年德国古典语言学家、翻译理论家施莱尔马赫的《论翻译之方法》一文。在该文中，施莱尔马赫运用阐释学理论分析翻译过程，阐释了翻译与理解之间的关系，认为由于受到种种限制，译者并不能做到将原文之意完全表达出来。因此译者之任务即为如何缩短源语作者与目的语读者间的距离。为此，他明确提出这样的论断，"翻译方法只有两种：一种是尽可能让作者安居不动，而引导读者去接近作者；另一种是尽可能让读者安居不动，而引导作者去接近读者"[①]。施莱尔马赫把前者称为"疏离"（alienating），后者称为"入籍"（naturalizing）。在他看来，大多数翻译都是"按照目标语言文化价值观对原文进行'我族中心主义式的分解'"，但他本人却主张"翻译应向作者靠拢"，因为这样"可以对目标语言文化价值观施加'反我族主义的压力'"，从而把"读者送到异域"[②]。"施莱尔马赫的这一翻译观，为译者提供了两种阐释原文的方法，为译者的主观能动性的发挥提供了理据。虽然他坚持二者必居其一的倾向有'美中不足'之处"[③]。

事实上，施莱尔马赫之所以能够提出这对概念，与当时西方译界的价值取向有关。西方译界从18世纪中叶起便努力把尊重源语文本的异质成分作为一种指导原则，而且这种理念在19世纪乃至整个20世纪的西方译论中形成一种持续不断的潜流，"叔本华、施莱尔马赫、洪堡、尼采、歌德、本雅明等把这种传统一直传递到20世纪，纳博科夫则使译文异化到了极点，以致达到字字对译的地步"[④]。但需要注意的是，"以德国为代表的西方译界在当时多主张异化，而且他们所要异化的对象仅限于语言形式，除施莱尔马赫提到要给目的语读者传达源语文本的意象外，其他几乎很少涉及文化因素"[⑤]。

1995年，美国翻译理论家韦努蒂（Lawrence Venuti）在《译者的隐身》一书中对施莱尔马赫所提出的"翻译二分法"进行了进一步概括，将第一种方法称为"异化"（foreignization），第二种方法称为"归化"（domestication）。按照韦

① LEFEVERE A. Translating Literature：The German Tradition from Luther to Rosenzweig[M]. Assen & Amsterdam：Van Gorcum, 1977：74
② 刘泽权，张丽. 异化之异化：韦努蒂理论再批评[J]. 外语研究, 2009（3）：75-80.
③ 西风. 阐释学翻译观在中国的阐释[J]. 外语与外语教学, 2009（3）：56-60.
④ 朱健平. 归化与异化：研究视点的转移[J]. 解放军外国语学院学报, 2002, 25（2）：78-82.
⑤ 朱健平. 归化与异化：研究视点的转移[J]. 解放军外国语学院学报, 2002, 25（2）：78-82.

努蒂的概念界定，归化是"采取民族中心主义的态度，使外语文本符合译入语的文化价值观，把原作者带入译入语文化"；而异化是"接受外语文本的语言及文化差异，把读者带入外国情景"①。虽然韦努蒂本人的翻译主张与施莱尔马赫基本一致，也提倡异化翻译，但两位学者的视角却并不相同：施莱尔马赫的理论基础是德国的阐释学，而韦努蒂却对施莱尔马赫的观点加以创新和改造，将其放在后殖民的语境下来体察，从而提出掺杂了相当政治因素在内的异化主张②。韦努蒂明确提出了"抵抗式翻译"这一概念，大力宣称异化翻译的目的是抵制英美文化霸权主义行径在全球的泛滥。此外，无论是施莱尔马赫还是韦努蒂（2008 年以前的言论），两者都认定归化与异化在翻译中是水火不能相容的二元对立，认为这对概念"处在话语权力的两个极端"，两者之间"无法调和或妥协"③。韦努蒂的观点得到了其他后殖民翻译学者如罗宾逊等人的赞同，在中国译界也产生了较大的反响。

在中国，虽然自佛经翻译起就存在文质之争，但国内译界真正注意并论及异化归化，应始于 20 世纪 30 年代中期鲁迅与瞿秋白、赵景深、梁实秋等之间爆发的关于直译与意译孰优孰劣的大辩论。鲁迅先生曾在 1935 年的一篇文章中这样表述："动笔之前，就先得解决一个问题：竭力使它归化，还是尽量保存洋气呢？"他极力主张异化，认为翻译"必须有异国情调，就是所谓洋气"④。很明显，鲁迅所说的"洋气"和"异国情调"即指"异化"。在 20 世纪 30 年代的那场关于归化异化的大辩论中，论战双方都"倾向于把归化和异化看作是完全对立的两个翻译策略"，因而"他们往往激烈地批评一种策略，支持另一种策略，而他们的讨论在很大程度上集中在这两个策略的优缺点上"⑤，归化与异化在他们眼中绝对是水火不容的二元对立。从现有的资料来看，虽然当时论战的双方主要讨论的是翻译中的语言形式问题，但与政治层面也有一定干系，因为论战的双方即为左翼学者和右翼学者。此外，从鲁迅驳斥梁实秋之《"硬译"与文学的阶级性》一文的标题来看，政治因素已经牵扯到论战内容之列。

从 20 世纪 30 年代的那场大辩论至今，国内译界经过多年的探究已基本达成共识，不再把归化异化看作是二元对立的概念，已意识到在翻译中完全的归

① VENUTI L. The Translator's Invisibility: A History of Translation[M]. London and New York: Routledge, 1995: 20.

② 朱安博. 归化与异化：中国文学翻译研究的百年流变[D]. 苏州：苏州大学，2007: 15.

③ 罗选民. 论文化/语言层面的异化/归化翻译[J]. 外语学刊，2004（1）: 102-106.

④ 张保红. 译者与文化翻译[J]. 天津外国语学院学报，2004，11（3）: 15-21.

⑤ 朱安博. 归化与异化：中国文学翻译研究的百年流变[D]. 苏州：苏州大学，2007: 15.

化或异化是不可能的。由于翻译受到经济基础、意识形态、诗学等多种因素的综合制约，任何译者在翻译时都不会出现泾渭分明、非此即彼的简单选择，好的译本必然是多种翻译策略与方法综合运用的结果[①]。从互文的角度看，"语言之间透明地互译是不可能的，文化以语言为媒介来进行透明地交流也是不可能的"，实际上，翻译中的"归化和异化都是程度问题"。因此，"任何一个比例结合出来的译本都是原文的一个映射"而已[②]。无独有偶，一向主张异化归化势不两立的异化派代表人物韦努蒂，在此问题上可谓一百八十度大转弯。由于过分与政治议程挂钩，近年来韦努蒂的异化翻译主张在西方译界可谓饱受质疑，这些质疑不仅反对其"将翻译全盘政治化的做法"，而且基本上动摇了"韦努蒂翻译理论本身"[③]。在此局面下，韦努蒂本人被迫于2008年在其著作《译者的隐身》再版之际，力图澄清自己的"一些主要的术语与观点，[并]通过新的研究进一步阐发了一些论点"。他本人不但否定了自己以往强调的异化与归化乃二元对立的主张，而且力图将以往所指陈的"政治议程"变通为一种"道德策略"。他辩称"'归化'和'异化'不是一对截然不同的两个二元对立的术语，不是简单地等同于'通顺'和'抵抗'这对话语策略术语。……'归化'和'异化'主要是指对外语文本和外国文化的道德态度，是指翻译文本的选择和翻译策略的选择所产生的道德影响"。此外，韦努蒂还提出"任何翻译概念[都]必须本地化"这种与以往主张相矛盾的观点[④]。韦努蒂的这种态度变化一方面表明西方译界将异化归化视为二元对立的时代的结束，另一方面也反映出将翻译问题完全政治化的偏颇之处。

　　然而，虽然评论界已不再把异化归化视为一种水火不容的二元对立，已将二者视为一种对立统一关系，但并不能掩饰目前以此来描述文化翻译策略的局限性，即仅从翻译的结果来探讨问题，忽视了译者主体在翻译过程中的主观能动性，彻底"将译者这一能动因素置于翻译中明晰文化意识的两极之间，也就是说，译者在处理翻译中的文化因素时不是归化，就是异化，反之亦然，纵是归化与异化并举，也依然是泾渭分明"[⑤]。这种局限性对翻译研究的影响是巨大的，

---

① 刘泽权，张丽. 异化之异化：韦努蒂理论再批评 [J]. 外语研究，2009（3）：75-80.

② 迟庆立. 文化翻译策略的多样性与多译本互补研究：以《红楼梦》与《聊斋志异》英译本为例 [D]. 上海：上海外国语大学，2007：97.

③ STIRLING N. Woman in Conflict [M]. New York：New Century Publishers, Inc. 1983：78-79.

④ 刘泽权，张丽. 异化之异化：韦努蒂理论再批评 [J]. 外语研究，2009（3）：75-80.

⑤ 张春艳，贾德江. 从社会符号学翻译法看人物绰号的翻译 [J]. 南华大学学报：社会科学版，2008，9（2）：95-97.

"它关注的只是译者文化意识两极化状态下的文化与翻译研究，对译者这一能
动主体是如何处理文化因素的实际情形就有些关注不足，从而看不到归化与异
化两极之间相互演变、相互转化过程中译者发挥主体作用的细节与详情，进而
也就不能较好地解释文化与翻译这一母题下的诸多翻译现象，最终也就不利于
清晰地揭示文化传统在翻译过程中的具体运行轨迹"①。赛译中的很多实例都可
以说明这个问题。以"玉麒麟"这一绰号的翻译为例。"麒麟"是中国传说中的
神奇灵兽，其体态像鹿，头上长角，身带鳞甲，尾似牛尾。它在汉文化里一直是
"祥瑞""高贵"的象征。此外，"麒麟"也常被用来喻指英雄豪杰或才能出众之
人。卢俊义不但相貌堂堂，"身躯九尺如银，仪表似天神"，而且身为大名府首
富，一身好武艺，棍棒更是天下无敌。因此"玉麒麟"这一绰号不仅符合卢俊
义的高贵身份，同时喻指他乃是英雄豪杰。然而，由于"麒麟"这一词汇在英
语中没有对应物，在翻译时绝对是文化空缺②，因而赛珍珠在翻译时，将卢俊义
的绰号"玉麒麟"译为"Jade Qilin"。从翻译中的实际情况来看，赛珍珠并不是
不想将"麒麟"这一词汇译成英文，在译序中她已言明"尽量将绰号翻译过来"，
只是她在脑海中试图将这一词汇进行归化（寻找对应表达）时，发现实在找不
到合适的对应词汇（对应物），不得已将这一文化意象异化（音译）。其实，在
翻译的过程中，译者在表达时在脑海中将异化归化相互转化的例子屡见不鲜，
只是没有引起译界的重视罢了。此外，笔者在研究中还发现，异化归化的相互
转化不仅体现在同一译者的翻译实践中，还表现在不同译者在翻译同一原著时
的不同策略选择上。所谓物极必反，既然异化归化是对立统一的概念，两种之
间也必然相互转化，其幅度必然是达到"阴阳调和"时为止。以《水浒传》的英
译本为例。在许多学者看来，赛译可谓是一个极端异化的例子，然而它的异化
程度到了极端，必定有另外的译本向归化转变，而赛译之后出现的杰译本就是
最好的证明。两个译本的"阴阳调和"似乎在沙译中得以实现，然而却不彻底，
因为沙译本身就是一个杂合体，是七十回本和一百回本两种版本的杂合。这样
看来，登特-杨的一百二十回译本出现乃是历史必然。笔者大胆预言，由于异
化归化策略在登特-杨的译本中还没有达到令人满意的状态，因此《水浒传》
新的英译本产生只是迟早的事。诚如王克友、任东升在比较赛译、杰译和沙译

---

① 张春艳，贾德江. 从社会符号学翻译法看人物绰号的翻译 [J]. 南华大学学报：社会科学版，2008，9（2）：
　　95-97.

② 张春艳，贾德江. 从社会符号学翻译法看人物绰号的翻译 [J]. 南华大学学报：社会科学版，2008，9（2）：
　　95-97.

时所指出的那样，"从语言形态上看，《水浒传》三个历时译本的出现，经历了一个从'异化'到'归化'，再适当'异化'的'正—反—合'过程，体现出从此方法向彼方法的辩证式转化和循环，符合译文读者在时间变化上的接受规律"①。此外，从杨译与霍译《红楼梦》、从林译小说的极端归化到后来出现的以异化为主的重译，都能说明异化归化的相互转化符合事物发展的客观规律。

因此，只有努力破除异化归化在两极之间对峙统一的"线段型"探讨模式，将影响译者主体发挥主观能动性的诸多因素，如自身的视阈、文化价值观、个人意识形态、翻译诗学、潜在目标读者等纳入动态的翻译过程，才能真正揭示译者在翻译中所采用的具体策略。如果无视译者主体在翻译过程中的主观能动性，仅仅在静态的文本分析基础上囿于将文化翻译策略定位于异化归化两极之间，那么对文化翻译策略问题的探讨必将走向僵化，使文化翻译策略研究裹足不前。诚如纽马克（Peter Newmark）所言："评论者应该从译者本人的角度看待译文，了解译者的翻译目的和翻译过程，尽力弄清楚译者为什么要那样译；许多情况下，一些在外人看来明显的'误译'其实是译者有意为之"②。

可喜的是，一些研究者在对具体文本的研究中，已经意识到异化归化理论所存在的缺陷，并提出一些新的补充，值得关注。如在《文学翻译中的文化意识差异——对〈红楼梦〉两个英译本的描述性对比研究》一文中，作者通过对杨宪益译本与霍克斯译本的对比研究中发现，虽然两位译者的总体翻译策略具有倾向性，异化或归化，但通过进一步的探究发现，两位译者的翻译策略不能被简单地定格为异化或归化，在归化与异化的两极之间还存在"同化"和"淡化"现象。其中"同化"是指"译者兼顾读者和原作者的一种策略，是指源语和译语的'相互趋向性'，这种'趋向'，并不是向源语或译入语的单方面运动，而是相互'靠近'或'融合'，表现出'趋同性'，一般发生在双语之间具有一定共性基础的转换过程中"；而"淡化"是指"译者远离原作者和读者，更多考虑自身利益或自我追求的一种策略，是译者个体意识充分显示其主体作用的行为结果。当译者的个体文化意识或翻译追求与社会文化某些方面的意识形态不完全一致或冲突时，译者会对语言文化意象进行适当的改写，运用'隐含''部分消解'等方式进行间接的转换，我们把译者的这种改写方式称之为'淡化'策

---

① 王克友，任东升. 叙述方式的转换与小说翻译效果：以《水浒传》第47回三个译文为例 [J]. 外语教学，2005，26（4）：78-80.
② 王成磊，刘佳芹. 中国读者对赛珍珠接受过程中的热点问题剖析 [J]. 岱宗学刊，2007，11（4）：37-38.

略"①。

　　其实，早在 2004 年，在《翻译中的"伪异化"现象》一文中，孙致礼就指出，"……异化法并不是万能的，译者在操作的过程中还要把握分寸，切不可将异化法推上极端，做出让人不堪卒读的翻译"。他进而进一步解释说，"所谓将异化法推上极端，一个常见的表现，就是译者不去仔细揣摩原文的真正意义，而只顾在形式上机械地仿效原文，采取'字字对应'的译法，结果导致了生硬牵强、貌合神离的译文，轻者让读者感到别扭，重者让读者不知所云"②。鉴于异化归化处于对立统一的两极状态这样的事实，顺延"伪异化"的思路，是不是存在"伪归化"现象——在翻译时盲目追求流畅和可读性，既抛弃了原文的形式又舍弃了原文内容的译文？ 这一现象值得译界在今后的研究中认真探讨。总而言之，虽然异化归化理论在译界影响甚大，但其理论本身还需要发展却是不争的事实，笔者相信，随着译界对翻译策略领域探讨的不断深入，这一理论会逐步走向完善。

　　因此，不难看出，在 20 世纪 30 年代初的时代背景和语境下，赛译承载着译者向西方世界推介和传播中国文化的使命。因此，译者既要考虑到保存中国文学及文化的纯洁性问题，还要顾及西方读者的接受问题，自然而然，赛珍珠为"保留中文的原汁原味"而"尽可能地采用直译"这样的翻译策略绝不会简单地等同于异化翻译，虽然这种策略在赛译中占了很大的比重。为进一步说明问题，将异化归化的概念与直译意译区别开来有助于阐明问题。目前已有一些学者（如王东风等）从不同侧面对这两对概念进行了比对和区分，但相比较而言，笔者认为，蔡平于 2002 年在《中国翻译》第 5 期上发表的《翻译方法应以归化为主》一文对这两对概念的区分最具说服力：

　　　　"直译、意译"是拿译文与原文进行比较，看译文与原文是否在内容与
　　　形式上都能同一。"异化、归化"则包含有两个层面，其一是指语言形式，
　　　其二是指文化内容。首先，在语言形式这一层面上，"异化、归化"是将译
　　　文与译语进行比较，按译语的行文表达习惯来衡量译文，看译文是否有异
　　　于译语习惯的新奇表达法。直译的译文不一定都是异化的译文，如将"I
　　　like the movie"译成"我喜欢那部电影"，这是直译，但译文没有异化，反倒

①　姜秋霞，郭来福，杨正军. 文学翻译中的文化意识差异：对《红楼梦》两个英译本的描述性对比研究[J]. 中国外语，2009，6（4）：90-97.

②　孙致礼. 翻译中的"伪异化"现象[J]. 盐城师范学院学报：人文社科版，2004，24（2）：95-100.

是归化的译文——化归为汉语的表达习惯①。

从以上的分析可以看出，直译意译与异化归化的最大区别在于前者是"拿译文与原文进行比较"，而后者是"拿译文与译语进行比较"，可见，两个译文的比较对象是不同的。因此，与源语形式及内容完全相符的直译未必是异化的译文，因为它也有可能完全符合译入语习惯，而异化的译文却必定是直译②。

3.1.2　赛译翻译策略研究已取得的成果

近些年来，虽然很多研究者从不同视角对赛译进行了探究，但论及赛译的翻译策略，他们中的绝大多数却有着基本的一致性，即认定赛译采用的是异化或直译策略，如马红军（2003）、李林波（2004）、张齐颜（2004）、吴慧坚（2005）、邱宝力（2006）、庄华萍（2006）、林小玲（2006）和肖红岭（2006）、朱文武（2007）、魏琳（2007）、顾钧（2007）、许燕（2009）、徐琴（2009）、刘奎娟（2009）及徐剑平和梁金花（2009）③等。然而，结合赛珍珠翻译《水浒传》的良苦用心，笔者在仔细研读赛译后发现，虽然赛译采用了以异化或直译为主的翻译策略，但把赛译的翻译策略等同于异化或直译，不但不能准确地揭示赛译的本质特点，而且掩盖了译者为实现文化和合主义价值观而翻译的真正用心。因此有必要对赛译的翻译策略进行全面而深入的探究。

可喜的是，随着赛译研究逐步走向深入，对赛译翻译策略及其影响的探究也取得了一定进展，重要的成果有马轶（2006）的《赛珍珠英译〈水浒传〉的文化阐释研究》；董琇（2009）的《译者风格形成的立体多元辩证观——赛珍珠翻译风格探源》；唐艳芳（2009）的《赛珍珠〈水浒传〉翻译研究——后殖民理论的视角》；张志强和李世英（2009）的《赛珍珠著译中的"杂合"现象探析》等。

在其硕士论文《赛珍珠英译〈水浒传〉的文化阐释研究》一文中，马轶运用阐释学理论，通过分析赛珍珠在翻译赛译过程中所体现的审美阐释倾向，论证了译者在赛译的翻译过程中使用了"突显意向性阐释、跨指意向性阐释和内指意向性阐释"等多种翻译策略。同时指出，"目前学术界逐渐重视对赛珍珠翻译《水浒传》的研究。以往一味地批评赛珍珠的译本其实是片面地理解翻译的"对

① 蔡平.翻译方法应以归化为主[J].中国翻译，2002，23（5）：39-41.
② 何子章.差异及对立的终结：移民英文小说汉译研究[D].上海：上海外国语大学，2009：15.
③ 对于此处论及而无法在参考文献中标出的期刊论文或学位论文等请参阅本文附录部分。

等"，局限在译文的语言层面。如果站在文化阐释的角度来看待赛珍珠翻译《水浒传》的缘起、基本模式和具体策略，就不会再发'误译''谬译'之论了"①。从阐释学的角度出发来探究赛译不失为一个比较好的论证视角。马轶在文中所归纳的赛译翻译策略令人有耳目一新之感。如能将赛译合作翻译这一实情纳入探究之中，且将论证放眼整个文本而不仅局限于赛译的某些特定章节，必将更具说服力。

董琇利用在美国访学的有利条件，"亲临赛珍珠故居、普林斯顿大学图书馆手稿珍藏部、宾夕法尼亚大学图书馆"收集资料，在"查阅了赛珍珠的大量手稿、信件和相关书籍"的基础上，同"赛珍珠国际组织的总裁珍妮特·明策女士和美国宾州赛珍珠故居博物馆的馆长唐纳·罗兹女士"接触并对她们进行了采访，取得了探究赛珍珠翻译风格形成的第一手资料。在其博士论文《译者风格形成的立体多元辩证观——赛珍珠翻译风格探源》一文中，她"采用定量与定性的方法"及对赛珍珠、杰克逊、沙博里及登特杨的四个译本进行横向比较的基础上，认为"总体来看，赛珍珠采取'异化'的策略，不妄改原文的字句，力求保留原文风格的同时顾及全文的顺畅通达，赛的异化不仅是对浮面的字义忠实，对情感、思想、风格、声音节奏等也力求做到忠实"，与此同时，董琇认为赛译的翻译风格具有以下五大特点：第一，赛译贴近原文，倾向异化，"力图完整准确地传达原文的意思，基本保留当时汉语特有的表达方式和行文习惯，包括词语结构、修辞手段等，想象发挥的成分较少"；第二，赛译用词通俗，具有口语化倾向；第三，赛译可谓细致求实，虽然略显枯燥，但总体而言可靠翔实；第四，赛译"注重句式的工整对仗，即使原文没有形成对偶押韵"，译者"根据需要仍会创造出平衡的效果"；第五，赛译倾向于使用长句，句式结构简单，略显松散。除此而外，董琇对赛珍珠翻译风格形成的根源进行了方方面面的探究②。董琇这篇论文的最大价值在于她的结论是在实地调查基础上取得的，且她结合"美国国家语料库 ANC（American National Corpus）"之参照、利用计算机软件"Concordance 3.0（简称 Concordance）"和"Concordancer for Windows 2.0（简称 Wconcord）"对赛译的"高频词语和独特词语"进行数据分析来探讨赛译的语言风格及其形成的原因等，而两者的有效结合产生了一些令人信服的论证，能够有力地驳斥一些赛译的否定者由主观推断而对赛译产生的质疑。

---

① CONN P J. Pearl S. Buck: A Cultural Biography[M]. Cambridge and New York: Cambridge University Press, 1996: 139.

② 董琇. 译者风格形成的立体多元辩证观：赛珍珠翻译风格探源[D]. 上海：上海外国语大学，2009: i.

在其博士论文《赛珍珠〈水浒传〉翻译研究——后殖民理论的视角》一文中，唐艳芳认为赛译所采用的是陌生化的翻译策略（差异性的翻译策略），并"通过深入的文本调查，证明赛珍珠的陌生化翻译策略贯穿了词语、句法和篇章话语等三个维度"，并在此基础上分析了赛译翻译策略之文化价值、其翻译伦理意义及对当前汉外翻译的启示等，指出赛珍珠的"差异性翻译策略是对中国小说价值的肯定与弘扬，对于全球化时代和后殖民语境下的跨文化交流有着重要的价值；她的这种超越了时代、种族及地缘政治等局限的、对差异的尊重态度，既为当代后殖民翻译理论的差异诉求树立了榜样，也为当代译者树立了一座翻译伦理的丰碑；而在我国推动汉语及中国文化走向世界这一背景下，她的翻译实践也在翻译的必要性、翻译选材及翻译策略等方面为汉语的国际推广战略提供了可资借鉴的宝贵经验"①。从2004年深圳大学张齐颜的硕士论文《赛译〈水浒传〉中中国英语及其文化用意》发表至今，在众多对赛译翻译策略进行探究的研究者中，唐艳芳可谓这方面的集大成者。他突出强调了赛译的陌生化翻译策略，其博士论文论证翔实、理据充分，颇具说服力。笔者认为，该博士论文的发表，在赛译的研究史上具有重要的启示意义。

需要指出的是，除唐艳芳之外，已有其他研究者如许燕（2009）、徐剑平（2009）等从陌生化翻译视角来描述赛译，但二者在陌生化翻译的认定上有一定区别。前者是从后殖民翻译理论的视角来探究赛译，旨在"探索赛珍珠翻译策略的差异性诉求在语言风格和文化策略上的表征，并揭示这种差异性诉求的主客观原因及其在后殖民语境下的意义"②，因而并未界定陌生化与其他术语如差异、异化及杂合等之间的区别；而后者明确提出陌生化翻译即异化的主张。然而必须强调的是，在陌生化翻译是否等同于异化翻译这一问题上，译界还存在分歧。就翻译的角度而言，郑海凌认为，陌生化是指"译者翻译过程中适度舍弃译语语言的一般表达方式，让译语和读者之间拉开审美距离，也就是译语让读者感到'陌生'，以激活他们应有的接受能力和审美经验，以提高接受效果。就如同天天遇见的事物，偶然给人以新鲜感，是因为人们暂时脱开生活实用的约束，把它放在适当的'距离'上去观赏的缘故"③；而吕煦认为，"陌生化即'使之陌生、奇特、不同寻常'，指的是译者特意舍弃译语中常见的、通俗易懂的表达方式，拉开读者与译文之间的审美距离，让读者在译语世界中感到'陌生'，

---

① 唐艳芳. 赛珍珠《水浒传》翻译研究：后殖民理论的视角 [D]. 上海：华东师范大学，2009：vi.

② 唐艳芳. 赛珍珠《水浒传》翻译研究：后殖民理论的视角 [D]. 上海：华东师范大学，2009：10.

③ 吴莹. 陌生化概念研究：陌生化在翻译领域中的运用 [J]. 天津外国语学院学报，2007，14（5）：52-56.

从而启动读者已丧失的对语言的新鲜感和美感，促进不同语言文化间的相互理解、欣赏和交流"①。

　　从以上两位学者对陌生化翻译的界定来看，陌生化与异化确有一定区别。吴莹曾将两者间的区别加以细分：首先，陌生化是一种艺术表现手法，而异化实属一种翻译策略。其次，陌生化的目的在于突出作品的文学性，而异化的宗旨在于实现信息传真。再次，陌生化仅限于特定文化、涉及单一语言，而异化作为一种跨文化翻译策略，涉及源语及目的语两种语言。最后，异化归化建立于目的语与源语差异性（陌生性）的基础之上，异化旨在打破目的语规范、尽量保留源语之差异性，而归化则旨在缩小目的语与源语之差异性。因此，异化之目的是保留源语之差异性而非其陌生化手法，陌生化与异化实无必然联系，更不应混为一谈②。而陆珊珊更进一步，认为陌生化与异化具有本质区别：首先，陌生化为动态概念，而异化为静态概念。随着一种陌生化手法的反复使用，读者会逐渐习以为常，这时便需要采用新的陌生化处理手段，以延续读者之审美感受；相对而言，异化是指译者在翻译时尽量保留源语在语言和文化上的差异，是翻译中普遍使用的一种方法。其次，陌生化是在同一语言及文化背景基础上提出来的，而异化则发生于两种语言及文化之间。再次，陌生化侧重形式之陌生，而异化之陌生既可能体现在形式上，也可能体现在内容上。最后，陌生化之效果在于延长审美过程，而异化之效果在于目的语读者对源语语言及文化之了解③。其实，从后殖民翻译理论家如韦努蒂等人所强调的翻译倾向来看，陌生性这一提法似乎比陌生化更确切。吴莹指出，"陌生性即差异性，对应英文为foreignness或strangeness"，而"陌生性与陌生化两个概念仅一字之差，看似对等，实则不然"，前者"是相对于目的语文化中各种规范而言的差异或不同"，而后者"是赋予作品文学性的一种表现手法，属艺术技巧范畴"，此二者因此不可等量齐观④。看来，为了给今后的赛译研究创造条件，进一步探究及厘清陌生化与异化间的区别实属必要。

　　张志强、李世英于2009年7月在《江苏大学学报（社会科学版）》第4期发表了"赛珍珠著译中的'杂合'现象探析"一文。在文中，作者通过举证得出结

---

① 吕煦. 异化翻译策略：全球一体化走向中的文化期待[J]. 石家庄学院学报，2006, 8（2）: 85-89.

② 吴莹. 陌生化概念研究：陌生化在翻译领域中的运用[J]. 天津外国语学院学报，2007, 14（5）: 52-56.

③ 吴莹. 陌生化概念研究：陌生化在翻译领域中的运用[J]. 天津外国语学院学报，2007, 14（5）: 52-56.

④ 陆珊珊. 谈翻译中陌生化效果的保留[J]. 郑州航空工业管理学院学报（社会科学版），2009, 28（2）: 112-115.

论，"只要有两种或两种以上的语言文化的接触，就会产生有意或无意的'杂合'现象。赛珍珠的著作与译作都具有明显的'杂合'特征，其著译中的'杂合'，多数是其有意所为，目的是要让西方读者注意到世界上其他文化的存在，彰显中国语言文化特色。因此，'杂合'理论对于赛珍珠的著作与译作具有较强的解释力。赛珍珠著译的成功，对于我们更好地对外传播中国文化、进一步做好文学批评及文学翻译等工作，都有较大的启迪意义"①。该文的研究具有一定突破，可谓道出了赛译的实情，虽然揭示的只是赛译的杂合现象，却为进一步研究赛译的翻译策略奠定了基础。

笔者认为，以上研究者从不同侧面对赛译翻译策略的探讨，对于全面而准确地揭示赛译的翻译策略产生了很大影响，具有非常重要的参照意义。如果将来赛译的翻译策略得以全面揭示并获得认可，他们的研究绝对功不可没。沃尔福瑞姆·威尔斯（Wolfram Wilss）曾指出，"翻译评论者若想较为客观地评价译者，只能在熟知译者对其所译文本的态度基础之上；也就是说，他必须了解译者的翻译目的和各种决策。翻译是一项脑力劳动，受多种因素制约，如果忽略译者本人，而仅仅从语言层面研究不可能做到全面"②。威尔斯的话从一个侧面提醒我们，揭示译者的翻译策略不仅要研究文本，更要结合包括译者翻译目的在内的多种因素。因此，结合赛珍珠翻译《水浒传》的真正用心，在对赛译进行文本细读的基础上，同时积极借鉴其他学者在赛译研究领域所取得的成果，笔者发现，在赛译"尽可能直译"的背后，赛珍珠在翻译时其实采用了"突显差异、有意杂合"的翻译策略。

3.1.3　"突显差异、有意杂合"之内涵

赛译旨在"改变英语读者对汉语和中国文化的认识和态度，以实现彰显边缘文化身份、颠覆译入语强势地位和打破二者之间不对等的权力关系之目的"③，促进中西文化间的平等交流，因而大胆采用了"突显差异"的翻译策略，将中西文学及文化的巨大间隙尽可能地展示给西方读者；与此同时，为了更好地传播中国文化及照顾到读者的接受能力，赛译又采用了"有意杂合"的策略，充分彰显了译者文化和合主义价值观影响下的翻译策略取向。

① 张志强，李世英.赛珍珠著译中的"杂合"现象探析[J].江苏大学学报：社会科学版，2009，11（4）：46-49.
② WILSS W. The Science of Translation：Problems and Methods[M]. Tübingen：Gunter Narr, 1982：221.
③ 唐艳芳.赛珍珠《水浒传》翻译研究：后殖民理论的视角[D].上海：华东师范大学，2009：10.

　　"差异"与"杂合"是当下后殖民翻译理论的两个重要概念。在后殖民翻译理论视阈下，"对差异的诉求"被视为"对文化特性与多样性的尊重及对文化霸权的抵制"，"这在本雅明的'纯语言'、德里达的'延异'、贝尔曼对'异'的考验与体验、霍米·巴巴对后殖民和后现代时空下文化'新奇性'如何进入世界的阐释、卡沃内利对文化翻译中'他者空间'的剖析、罗宾逊的'拥抱异化'、韦努蒂的'差异'伦理及尼兰亚娜、巴斯奈特等后殖民翻译理论家的见解中均有所体现"①。"杂合"（hybrid）这一术语源自现代生物学领域，用于指陈不同种、属的动植物间的杂交行为及其结果。随后，电子学等自然科学领域也开始使用这一概念，又由于当今世界各交叉学科不断涌现，该术语也慢慢被移植到人文社科领域，成为后殖民文学批评及后殖民翻译理论中的一个重要概念。在后殖民语境下，后殖民翻译理论家将"杂合"这一概念视为"殖民运动的产物"，认为"殖民不可避免地会带来两种文化的接触、碰撞与融合"，而"文化间的杂合表现在语言上，就是多语杂合文本或单语杂合文本的形成。这种具有杂合性质的文本，有利于人类社会文化多样性的发展，可以用来消解西方文化霸权主义"，因而无论是巴巴还是罗宾逊，都对"杂合在文化和翻译研究方面的意义予以充分肯定"②。从这个意义上说，对于堪称后殖民主义先行者的赛珍珠而言，她在赛译中所采用的前瞻性翻译策略为全球化时代的文化翻译指明了大方向，在当下更具现实意义。

　　所谓"突显差异、有意杂合"，是指在赛译的翻译过程中，赛珍珠为了实现向西方世界传播中国文学和文化、改变西方人心目中固有的反面的中国人印象、进而实现其文化和合主义的理想诉求，她一方面力图最大限度地保存原著的体裁形式、语言风格及文化内涵，尽可能地使用异化手段；另一方面，为了保存汉语的语言风格或使读者更好地理解《水浒传》中的一些文化概念（书名的翻译是个例外），她又有目的地采用了异化归化互为补充的方法，从不同侧面来加深读者对汉语语言风格或文化概念的了解。需要强调的是，赛译中的"突显差异"与"有意杂合"是一个互为补充的整体，二者密不可分。诚如张志强、李世英所指出的那样，在赛译中"赛珍珠并非像一些论者指出的那样一味地'异化'，更不是将中国事物一味地向英语'归化'，而是两者并举，并行不悖，有的地方归化，有的地方异化，更多的则是归化异化混在一起，即'杂合'，或以异化为

---

① 唐艳芳.赛珍珠《水浒传》翻译研究：后殖民理论的视角[D].上海：华东师范大学，2009：10.
② 张志强，李世英.赛珍珠著译中的"杂合"现象探析[J].江苏大学学报：社会科学版，2009，11（4）：46-49.

主,归化为辅;或以归化为主,异化为辅",而就赛译的实际情况而言,"前者居多"①。

　　不难看出,从异化归化的角度看,赛译的"突显差异、有意杂合"是指在尽可能异化的基础上,异化归化并行不悖,正是二者的有机结合使赛译产生了极为震撼的艺术效果,"得到了西方世界的认同",使他们产生"一种'仿佛在阅读原作'的成就感"②,同时也使他们"对小说《水浒传》有了更深刻的理解和熟悉,有效地重塑了被偏见和习惯所蒙蔽的中国形象,改变了译语读者的思维定式,引导他们以一种新的眼光对《水浒传》世界进行审美和判断,获得别样的文学体验"③。

3.2　赛译"突显差异、有意杂合"策略之表征

　　在翻译过程中,赛珍珠并未将异化归化对立起来,而是有所侧重,两种虽非平分秋色,但也并行不悖地发挥着各自的作用。她对异化归化的熟练驾驭,既体现了她游刃于中西文化间的自由,也充分体现了她的文化和合主义世界观。从赛译的文本可以看出,"突显差异"是赛珍珠在翻译赛译时的首选,在可能的情况下,她会尽量使用直译或音译方法把这种策略贯彻到底。而对于"有意杂合",她有时是为了实现特定目的而为之,有时明显是迫不得已而为之。因此这一策略又可分为"主动杂合"和"被动杂合"两种情况,其中"主动杂合"所占比重较大。

　　为了给后面的举证创造方便,笔者先对本论文所用的《水浒传》原著版本及赛译的版本做必要的说明:笔者目前所依据的赛译版本是1937年纽约庄台公司(The John Day Company)再版的版本,而《水浒传》原著以1985年由中州古籍出版社出版的[清]金圣叹之《第五才子书施耐庵水浒传》版本为主。经笔

① 张志强,李世英.赛珍珠著译中的"杂合"现象探析[J].江苏大学学报:社会科学版,2009,11(4):46-49.
② CONN P J. Pearl S. Buck: A Cultural Biography[M]. Cambridge and New York: Cambridge University Press, 1996: 146.
③ 许燕.赛珍珠英译《水浒传》的陌生化取向:试析赛译本成功的原因[J].华东理工大学学报(社会科学版),2009(2):106-110.

者仔细比对，1937年纽约庄台公司版赛译与后来1948年纽约遗产出版社（The Heritage Press）等再版的赛译在内容上并无二致。因此可以断定，赛译自1937年出版后赛珍珠本人并未重新对其进行修订。至于1985年版的七十回本《水浒传》，可能与赛珍珠所依据的贯华堂七十回本《水浒传》在标点符号的标注上略有出入。由于条件所限，笔者手中没有贯华堂七十回本《水浒传》。因此还没有将其与1985年版之七十回本《水浒传》进行比对，此项工作只能留待以后做进一步考证。因此，除非特别强调，笔者所举证之例将全部出自1937年纽约庄台公司出版的赛译和1985年中州古籍出版社出版的《第五才子书施耐庵水浒传》。为方便起见，赛译只标注年份和页码，《水浒传》原著只标出回数和页码。

此外，为了更好地说明问题，笔者在举证时把赛译与沙译进行对比探究一些问题。之所以选择沙译而非杰译或登特－杨译本，原因主要有三点：一是沙译被很多评论者认为是目前《水浒传》英译本中最好的译本；二是沙译的前七十一回的内容与赛译的七十回内容相一致，原文本都是贯华堂七十回本《水浒传》；三是沙译在翻译时对赛译的借鉴幅度比较大，这一点是很多评论者一直所忽视的问题。笔者所举证的沙译例子全部出自1993年北京外语出版社出版的四卷本。为方便起见，所列的沙译例子也只标注年份和页码。

3.2.1　封页设计：独具匠心的杂合

对于赛译的书名《四海之内皆兄弟》（*All Men Are Brothers*）似乎不再需要探究，因为在很多批评者看来，这一书名的翻译是地道的归化，已超出常规、违背原意，无须再费唇舌。然而，如果真正读过赛译，仔细体察赛译在封页上所标注的书名，我们就会发现，多年来评论界对赛珍珠将《水浒传》译为《四海之内皆兄弟》（*All Men Are Brothers*）这一指责实在有失公道。从赛译的封页上可以看出，赛珍珠着实为赛译的命名煞费苦心，她其实采用了归化（意译）为主、附带异化（音译、解释及原文说明）的杂合策略。以1937年版的赛译为例，在赛译的封页上，第一行字固然是归化的书名"*All Men Are Brothers*"，然而第二行即是《水浒传》的音译"SHUI HU ZHUAN"，随后第三行用"TRANSLATED FROM THE CHINESE"来加以说明，尔后，她用竖体实实在在地标出"水浒传"三个醒目的汉字。（1937年版赛译封页请见本文附录4）赛珍珠在赛译书名上的举措，既体现了她在译序中所指出的《水浒传》之书名不好译成英文的苦衷，同时也是为了提醒读者，"*All Men Are Brothers*" 乃是从中国小说 "SHUI HU ZHUAN"（《水浒传》）翻译而来。

再看沙译封页上的书名设置。左边竖体标注了"水浒传"三个汉字，用以说明原著；右边第一行用了 "CHINESE CLASSICS" 来描述，旨在提醒这部译作是中国的古典名著，右边第二行即是沙译的英文题目 "*Outlaws of the Marsh*"，右边第三行表明原作者 "BY SHI NAI'AN AND LUO GUANZHONG"。从沙译封页上的书名不难看出，如果外国读者对汉语一无所知，仅从封页上的书名，那他们一定会产生这样的印象，即这本中国的古典名著（CHINESE CLASSICS）名字就是 "*Outlaws of the Marsh*"（《亡命水泊》），而非像赛译那样一看封页上的排列就知道书名 "*All Men Are Brothers*" 乃是从中国小说 "SHUI HU ZHUAN"（《水浒传》）翻译而来。此外，沙译既然是金圣叹贯华堂七十回本与容与堂（后三十回）的杂合，再标注这本 "*Outlaws of the Marsh*" 作者为施耐庵、罗贯中，其实已有失公道。

从以上实情不难看出，赛珍珠为了向西方读者诠释《水浒传》的书名，做了方方面面的努力，可谓用心良苦。可以想象，像赛译这种采用"有意杂合"手段、从方方面面来展示原作书名的努力，也可谓匠心独具了。

遗憾的是，赛珍珠的良苦用心多年来竟未被发现，赛译的书名也一直受到诟病。笔者认为，这一现象的出现固然与名人如鲁迅等人的否定评价有关，但最主要的原因恐怕在于很多评论者根本未读过赛译就妄加评论所致。诚如马红军所言，"批评赛珍珠'误译'的那些作者，绝大多数没有读过，甚至没有见过翻译文本，就盲目追随名人的论断，更懒得去研究赛氏译本序言。若任由这种现象蔓延开去，不能不说是译界的悲哀"①。

3.2.2　文本内容：有所取舍显现的杂合

众所周知，文本研究是翻译研究得以深入的重要基础。而就目前的赛译研究而言，"不少研究者甚至在原作与译作的版本问题上也犯各种低级错误；而唯其'低级'，方显出当前赛译水浒研究质量提升之必要和紧迫"，而这种现象的泛滥，"反映了当前国内《水浒》翻译研究界对文本这一至关重要的研究对象与基础的漠视，而以这样的态度进行翻译批评研究，研究结论难免不会沦为无源

---

① 马红军. 为赛珍珠的"误译"正名 [J]. 四川外语学院学报，2003，19（3）：122-126.

之水和无本之木"①。

回顾多年的赛译研究，围绕着赛译对文本的取舍问题，很多评论者可谓着实"评头论足"了一番，这个本不应成为问题的问题暴露了一些赛译的评论者们忽视实证研究这一顽疾。从他们的举证来看，对赛译的误区主要有两处：其一，很多评论者竟不知赛珍珠在翻译《水浒传》时用的原著版本是七十回本，因而参照其他版本指出赛译存在许多漏译之处，尤其是指责赛珍珠删去原著中的"但见""有诗赞曰"等部分内容不译云云。令人不解的是，这些指责不但在横向对比赛译、杰译及沙译的论文中出现，而且在专论赛译的论文中出现，其中作者不乏研究赛珍珠的名家。其二，很多赛译的评论者，甚至包括一些赛译的专门研究者在内，错把杰克逊译本中的一些例子当作赛译的例子来批判。唐艳芳曾在其期刊论文《关于近年赛译〈水浒传〉研究的反思》及博士论文《赛珍珠〈水浒传〉翻译研究——后殖民理论的视角》中对此做过详细剖析，但笔者在研究中发现，实情比唐艳芳所指陈的还要严重得多。这种张冠李戴错误的泛滥，已不仅限于期刊论文及网络文章，且已祸及硕士论文与博士论文。最常见的例子就是"花和尚鲁智深"翻译为"Priest Hwa""母夜叉孙二娘"译为"Night Ogre"，这本是出自杰克逊译本，却被当作赛译的例子受到批判。因此，如果不刹住这种"妄加指责"的歪风，长期"上演'关公战秦琼'式的闹剧，只会使赛译《水浒》研究永远停留于粗浅的经验层面，遑论通过翻译批评提炼有价值的翻译理论"②。

那么，赛译到底存不存在文本的取舍问题呢？这个问题答案其实很简单。只要找到七十回本《水浒传》原著和赛译，从头至尾逐字逐句对比探究就能说明问题。但评论者们似乎没有这样的耐心，随便翻开赛译浏览一下就开始"论证"了。这种态度使得赛译到底何处存在省略或删节之问题多年来竟一直困扰赛译研究。

笔者通过将赛译与七十回本《水浒传》从头至尾逐字逐句对比发现，在翻译时，赛珍珠可谓最大限度地保留了七十回《水浒传》文本的原貌。将赛译与沙译进行仔细比对发现，沙译对文本内容的删节显然要比赛译大得多。从金批七十回本的内容来看，楔子之前出现的"序"与"词"一首显然与正文内容有所关联。因此赛珍珠不厌其烦地将其译出，而沙译只字未提。这一点一直被为评

---

① 唐艳芳.赛珍珠《水浒传》翻译研究：后殖民理论的视角[D].上海：华东师范大学，2009：56.
② 唐艳芳.赛珍珠《水浒传》翻译研究：后殖民理论的视角[D].上海：华东师范大学，2009：40.

论者所忽视。由于"序"之篇幅较长，笔者仅列举赛译中的一段。

例1　人生三十而未娶，不应更娶；四十而未仕，不应更仕；五十不应为家；
六十不应出游。何以言之？用违其时，事易尽也。……（第五才子书
施耐庵水浒传卷之四，第25页）

赛译　A man who lives until he is thirty years of age without marrying should not
then marry. A man who has not been governor before the age of forty should
not then seek for a governorship. At fifty years he should not found a home,
nor at sixty set out upon travels. Why is this said? Because that time for such
things is passed and he will, if he undertake them, have little space left to
him in which to enjoy them. (1937: xii)

例2　试看书林隐处，几多俊逸儒流。虚名薄利不关愁，裁冰及剪雪，谈笑
看吴钩。评议前王并后帝，分真伪占据中州，七雄扰扰乱春秋。兴亡
如脆柳，身世类虚舟。见成名无数，图名无数，更有那逃名无数。霎
时新月下长川，沧海变桑田古路。讶求鱼缘木，拟穷猿择木，又恐是
伤弓曲木。不如且覆掌中杯，再听取新声曲度。（第五才子书施耐庵
水浒传卷之四，第27页）

赛译　When I peer in the shadows of the forest of books

I see the scholars most noble and most learned.

Riches vain empty honor cannot bring them.

Snow they melt and ice they cut to make a brew of tea.

Talk and laughter mingles then, and weapons are compared;

Kings of old and emperors bold

Their glories told, their sins all bared,

The strife of seven kingdoms, the great sage scorned,

Rising but to fall, as brittle as a willow twig,

As empty as an empty ship upon the ocean fared.

Countless are the mighty dead,

Countless are the daring dead,

More countless those who greatness fled;

They sink as swiftly as the new moon into the passing wave

From fertile field to ocean waste and so the tale is said.

I marvel that men seek fish where only treetops are.

Or is it that despairing apes cling to what branch they can?

Or is it that the straight fine limb is bent to shape the bow?

—Better then to turn my wine cup down

And listen to some song, new found. (1937: 1)

　　但是，赛译在文本内容上也有所取舍。除了众所周知的第七十回中，赛珍珠将"梁山泊英雄惊恶梦"部分约800字内容略去未译之外，赛译在其他部分还有少量删节。笔者经过仔细探究认为，虽然这几处删节可能是"无心的漏译或助译者口授过程中造成的误解"[1]96所致，但这些删节使赛译在文本取舍方面成为名副其实的"杂合"却是不争的事实。在赛译中，除了以上所提的第七十回中的删节外，其他五处删节如下（见原文中所标注的黑体字部分）：

例3　且住！若真个太平无事，今日开书演义，又说着些什么？看官不要心慌，此只是个楔子，下文便有：王教头私走延安府，九纹龙大闹史家村。……忠义堂石碣受天文，梁山泊英雄惊恶梦。一部七十回正书，一百四十句题目，有分教：宛子城中藏虎豹，蓼儿洼内聚蛟龙。毕竟如何缘故，且听初回分解。（楔子，第39~41页）

赛译　... But stay! If truly there was peace at those times then what would there be to tell now when this book is opened? You who read, have patience! This is but a prologue. Beyond is much, for the book itself has seventy chapters, and there are one hundred and forty sentences that sum the tale. For,

In the robbers' city heroes hide,

In the sedgy waters dragons bide.

What then of the tale? Pray hear how the first chapter tells it. (1937: 15~16)

沙译　But not so fast. If it were true that nothing happened, what would we have to tell in this book? Reader, don't be alarmed, for in what follows thirty-six stars of Heavenly Spirits come to earth and seventy-two stars of Earthly Fiends appear among men. Valiants hide in strongholds, heroes gather in the marshes. Why? Read our next chapter if you would know. (1993: 19)

例4　话说故宋哲宗皇帝在时，其时去仁宗天子已远，东京开封府汴梁宣武军便有一个浮浪破落户子弟，姓高，排行第二，自小不成家业，只好刺枪使棒，最是踢得好脚气毬。京师人口顺，不叫高二，却都叫他做"高毬"。**后来发迹，便将气毬那字去了"毛旁"，添作"立人"，便改作姓高，名俅。**这人吹弹歌舞，……（第1回，第43页）

赛译 In the time of the Sung Dynasty in the reign of the Emperor Che Chung, somewhat distant from the time of the Emperor Jen Chung, there lived in the eastern capital of K'ai Feng Fu, Honan, in P'ien Liang county, an idling, noisy, bragging fellow surnamed Kao, a second son, who from his youth had never established a home. His sole ability was in wielding weapons, in fencing with a staff, and in kicking a ball and at this he was most skillful. People did not call him by his name Kao The Second, but all called him Kao The Ball Kicker, and the name became no longer a nickname but a proper name, Ball Kicker. This man could blow a wind instrument, could play a stringed instrument, could dance, ... (1937: 17)

沙译 During the reign of Emperor Zhe Zong, who ruled a long time after Ren Zong, in Bianliang the Eastern Capital, in Kaifeng Prefecture previously called Xuanwu District, there lived a young scamp named Gao. A second son, he was quite useless. He cared only for jousting with spear and staff, and was an excellent football player. People in the capital were fond of making quips. They dubbed him Gao Qiu, or "Gao the Ball." **Later, when he prospered, he changed "Qiu" to another character with the same sound but with a less inelegant meaning.** In addition to his skill with weapons, Gao Qiu could play musical instruments and sing and dance. ... (1993: 20)

例5 李逵、汤隆各背上包裹，与公孙胜离了武冈镇，迤逦望高唐州来。三个于路，三停中走了两停多路，那日早却好迎着戴宗来接。公孙胜见了大喜，连忙问道："近日相战如何？"戴宗道："高廉那厮，近日箭疮平复，每日领兵来搦战。哥哥坚守，不敢出敌，只等先生到来。"公孙胜道："这个容易。"李逵引着汤隆拜见戴宗，说了备细，四人一处奔高唐州来。离寨五里远，早有吕方、郭盛引一百余军骑迎接着。（第53回，第874页）

赛译 ... Li K'uei and T'ang Lung each took his bundle on his back and with Kung Sun Sheng they left the village, and went toward Kao T'ang Chou. When they were less than two miles away there were already Lü Fang and

Kao Shen and a hundred and more soldiers and horses coming to meet them. (1937: 968)

沙译 Tang Long and Li Kui shouldered the packs. With Gongsun, they left the town and made their way along a winding road towards Gaotang. **By the time they had covered two thirds of their journey, Dai Zong returned to meet them. Gongsun was delighted. "How's the battle going?" he asked. "Gao Lian has recovered from his arrow wound. He marches out with soldiers and challenges us every day. But brother Song Jiang is afraid to engage them. He's waiting for you." "It will be easy." Li Kui introduced Tang Long to Dai Zong and related what had transpired. The four men hurried on to Gaotang.** About five li from the brigands' camp they were met by Lǚ Fang and Guo Sheng leading a hundred cavalrymen. (1993: 1143~1144)

例6 当日宋江传令各寨，一齐引军起身，直抵高唐州城壕，下寨已定。次早五更造饭，军人都披挂衣甲。**宋公明、吴学究、公孙胜三骑马直到军前，摇旗擂鼓，呐喊筛锣，杀到城下来。再说知府高廉在城中箭疮已痊，隔夜小军来报知宋江军马又到，早晨都披挂了衣甲，**便开了城门，放下吊桥，将引三百神兵并大小将校出城迎敌。（第53回，第874~875页）

赛译 On that day Sung Chiang sent forth the command that every camp was to start out together and they were to go to the moat about the city of Kao T'ang Chou. So they took down camp and the next day at dawn they prepared food and the fighting men all put on their garments of war and put down the drawbridge and Kao Lien led out the three hundred soldiers and all the captains great and small and they went out of the city to meet the enemy. (1937: 969)

沙译 Song Jiang transmitted the command to the leaders of each encampment. These led their men to the moat around Gaotang, where they again made camp. At dawn, everyone rose and had breakfast, and the warriors donned their armor. **Song Jiang, Wu Yong and Gongsun rode to the fore. Mid waving banners the men shouted, while the thunder of drums and the bray of gongs beat against the city walls. During the night an officer had reported to Gao Lian, the prefect, now recovered from his arrow wound, that Song Jiang's**

forces had arrived. **In the morning Gao put on his armor,** opened the city gate, lowered the drawbridge, and rode forth with his three hundred Miracle soldiers, plus officers high and low. (1993: 1144)

例7 卢俊义大怒，搽着手中朴刀，来斗李逵，**李逵抡起双斧来迎。两个斗不到三合，李逵托地圈子外来，转过身望林子便走。卢俊义挺着朴刀，随后赶去。**李逵在林木丛中东闪西躲，……（第60回，第985页）

赛译 Then was Lu Chün I filled with wrath and he took up his sword and rushed after him. Now Li K'uei in the wood darted to the east and dodged to the west. ... (1937:1099)

沙译 Enraged, Lu twisted his halberd and charged. **Li Kui met him with axes swinging. Before they had fought three rounds Li Kui jumped from the combat circle, turned, and headed for the forest. Lu pursued, halberd level.** Li Kui ran into wood, zigzagging left and right. (1993: 1303)

在赛译中，除了第七十回中所提及的删节之外，以上几处是笔者在赛译文本中发现的全部删节。就例3中的删节而言，笔者认为是非常有必要的，否则将其译出，除了造成累赘及重复之外，不会给译本带来任何益处。对比之下，不难看出沙译也将其略去不译。就例4中的删节而言，可能赛珍珠考虑到中文的这种修辞手段在英文中实属文化空缺，很难在译文中将其呈现。因此有意省略。其实，沙译虽然将此尽力译出，但从实际效果看，西方读者无论如何也理解不出汉语原著中的含义：高二把名字中的"毬"改成"俅"，虽然仅换了一个偏旁，但"俅"字比原来的"毬"字高雅多了。因此对这样的修辞手段而言，变通一下倒也无妨。但是，对照沙译我们可以看出，例5、例6及例7中赛译的删节有些莫名其妙，凭赛珍珠在翻译时的孜孜以求，似乎不该犯这样的错误。如果说例5和例7中的删节不影响理解的话，那么例6中的删节明显使译文读起来不自然，出现了逻辑上的失误。

3.2.3 篇章形式层面：原著风姿的突显

与同时期的许多其他传统古典小说一样，《水浒传》在篇章形式方面具有鲜明的民族特色，属于典型的章回小说。概括起来，其主要形式表现在以下四个方面：第一，分回次有回目，其中回次用来指陈章回的次序，回目用来提示回次的中心内容，一般以五至九字的偶句构成为主。第二，有入话和开篇、收场的套语。入话即"引入话题"之意，回目之后，便是入话。入话之后，每回的开篇和收场都有习惯套语。开篇的套语一般是"话说……"，而收场的套语一般是"预知后事如何，且听下回分解"。此外如"看官""且说""要知……如何""毕竟不知……如何"等也是开篇或收场常用的习惯套语。第三，文备众体，其中以诗、词出现的频率为最高。诗词多用于开篇的入语，夹杂在行文中的也多是"有诗为证""有赞曰"之类的描写和渲染，一般和情节发展关系不大。不过，经过金圣叹的润笔，七十回本《水浒传》中的各种文体已融为一体，基本上构成了一个和谐的整体。第四，评点直接介入。评点的文字随小说一起刊印，已成为中国古典小说批评的特点。由于评点直接介入其间，读者在欣赏小说时，同时也读评点文字，这就形成了鉴赏与批评同步的"双重阅读"。这种现象为外国小说所未见，中国现当代的小说也没有①。在翻译时，考虑到章回小说中的"入话"部分及"评点"部分不属于文本正文内容之列。因此赛珍珠将金圣叹的这两部分略去不译，符合翻译的客观实际。

从西方读者的角度看，《水浒传》的章回体风格显然"超越了西方读者和文学评论家的传统期待视野，从主题、人物到布局谋篇等等都充满了陌生的异域色彩"②。对于长期浸淫于中国文学的赛珍珠来说，她自然非常了解在赛译中保存这种风格的重要性："西方人刚开始接触这种长篇章回小说，的确会有不适应，但一旦你习惯了，优点就显现出来了。这种形式缺乏本身蕴涵着和生活的极大相似，……这种支离破碎本身是否就是对生活的模仿。生活中并没有仔细安排或组织好的情节，人们生老病死，无从获知等待他们的下一秒会发生什么，又为何有这样的结局。人们登上生活的舞台，又走了下去，没有解释，上场和退场之间也没有明确的因果联系，以后也许会被人说起，也许不会"③。

事实上，为了将原著中的章回体风格完整地再现给西方读者，她采用了"突显差异"的翻译策略，但在展示这种风格特色的具体方法上，她又采取了"有意杂合"的策略，真可谓煞费苦心、孜孜以求。从实际效果看，她的努力已得到西方读者的认可，赛译能从1937年至今被再版10余次本身就是很好的证明。此外，赛译之所以能够成为美国高校中国文学课上的指定教材之一，译者对原

---

① 费鸿根. 中国古典长篇小说的产生及形式特征 [J]. 东疆学刊（哲学社会科学版），1996（1）: 33–36.

② 唐艳芳. 赛珍珠《水浒传》翻译研究：后殖民理论的视角 [D]. 上海：华东师范大学，2009: 160.

③ CONN P J. Pearl S. Buck: A Cultural Biography [M]. Cambridge and New York: Cambridge University Press, 1996: 145.

著章回体风格的刻意保留也是一个重要的原因。在后殖民语境下，赛珍珠在此方面的努力也正获得越来越多的国内评论者的认可。

1. 回目的翻译

为了忠实地再现回目的内容，赛珍珠在翻译时可谓一丝不苟，对方方面面进行了考虑。从章回目录的翻译我们可以看出，尽管限于当时的历史条件，赛珍珠仍然努力通过自己的翻译"让目的语读者从表层到深层去捕捉源语及其文化精髓"[1]。下面我们通过具体例子来体会赛珍珠翻译回目时的一番苦心。

例8　王教头私走延安府　九纹龙大闹史家村（第12回，第42页）

赛译　*Wang The Chief Instructor goes secretly to Yien An Fu. The Nine Dragoned makes a mighty turmoil at the Village of the Shih Family* (1937:17)

沙译　Arms Instructor Wang goes Secretly to Yanan Prefecture
Nine Dragons Shi Jin Wreaks Havoc in Shi Family Village (1993: 20)

例9　及时雨会神行太保　黑旋风斗浪里白条（第37回，第606页）

赛译　*The Opportune Rain meets The Magic Messenger. The Black Whirlwind fights with White Stripe In The Waves* (1937: 651)

沙译　Timely Rain Meets the Marvellous Traveller
Black Whirlwind Fights White Streak in the Waves（1993: 776）

例10　杨雄醉骂潘巧云　石秀智杀裴如海（第44回，第730页）

赛译　*Yang Hsiung in drunkenness curses his wife. Shih Hsiu by his guile kills P'ei Ju Hai* (1937: 796)

沙译　Yang Xiong, Drunk, Berates Clever Cloud
Shi Xiu, Shrewdly, Kills Pei Ruhai (1993: 943)

从例8至例10可以看出，为了尽可能忠实地再现原著回目的对偶形式和内容，赛珍珠可谓煞费苦心。从具体词语的翻译而言，赛译基本上倾向于保持原文语义。例8中，赛译对"延安府"采用了音译，明显优于沙译的"Yanan Prefecture"。就内涵及行政区划而言，宋朝的"府"与英语的"prefecture"并不对应。例9中，原文的对偶形式得到了很好的保留。例10中，"潘巧云"被意译成"his wife"，显然是为了照顾到读者的理解。此处潘巧云的语用意义显然比其语音意义更重要，对于读者而言，将潘巧云意译成"his wife"远比一个

---

① 庄华萍. 赛珍珠的《水浒传》翻译及其对东方主义的叛逆 [D]. 杭州：浙江大学，2006：17.

突然出现且不明身份的"潘巧云"更易于理解。而沙译将潘巧云译成"Clever Cloud"显然不能使读者明白她与杨雄之间的关系。另外，对于看重"姓甚名谁"的中国古人来讲，这一译法确实有待商榷。

2. 开篇及收场的翻译

在赛译中，赛珍珠几乎亦步亦趋地突显章回小说的特别之处，在处理原著中的开篇及收场部分也是如此。由于小说中上一回的收场与下一回的开篇在内容上具有承袭性。因此为了更好地说明问题，我们以第8回的收场及第9回的开篇为例来看赛译：

例11　话不絮烦。时遇**隆冬**将近，忽一日，林冲巳牌时分，偶出营前闲走。正行之间，听得背后有人叫道："林教头，如何却在这里？"林冲回过头来看时，见了那人。有分教林冲：火烟堆里，争些断送余生，风雪途中，几被**伤残性命**。毕竟林冲见了的是甚人，**且听下回分解**。（第8回，第175页）

赛译　But it need not be told in detail of all this. It was about the time for **mid-winter** to come, and one day suddenly Ling Ch'ung went out in the forenoon to walk about a little in front of the gaol. As he walked he heard someone call behind his back, saying, "Captain Ling, why are you here?"

Ling Ch'ung turned his head to see, and he saw a certain person. From this it came about that he must pass through the midst of flames so that it seemed he would die there, and on a stormy snowy road he almost **had his life taken from him**.

Who was this whom Ling Ch'ung saw? **Pray hear it told in the next chapter.** (1937: 166)

沙译　To make a long story short, one day around noon as **winter** was drawing near, Lin Chong was strolling outside the garrison gates.

Suddenly, he heard someone behind him call: "Arms Instructor Lin, what are you doing here?"

Lin Chong turned around and looked.

And as a result of seeing the man who hailed him: Fire and flames nearly put an end to his life. In the wind and snow he narrowly escaped **suffering mortal wounds**.

Who was the man whom Lin Chong saw? **Read our next chapter if you would know.** (1993: 206)

例12 **话说**当日林冲正闲走间，忽然背后人叫，回头看时却认得是酒生儿李小二。当初在东京时，多得林冲**看顾**。……（第9回，第177页）

赛译 IT IS SAID:

On that day as Ling Ch'ung walked idly along and as he suddenly heard someone call from behind him, when he turned to see who it was he recognized Li The Second, a serving man in a wine shop who had lived in the eastern capital and one who had received much help from Ling Ch'ung. ... (1937: 167)

沙译 Lin Chong was strolling along, when someone behind him called his name. He turned around and saw the tavern waiter Li Xiao-er. When they first became acquainted in the Eastern Capital, Lin **had helped him financially** several times. ... (1993: 207)

从例11和例12可以看出，赛译完全保留了原著中的开篇和收场内容。例11中，赛译将收场套语"且听下回分解"译成"Pray hear it told in the next chapter."，这一译法忠实于原文，保留了原著的说书体风格；而沙译将其译为"Read our next chapter if you would know."，已将原文的听觉变成视觉，原著的说书体风格因而遭到破坏。在例12中，赛珍珠将开篇的套话"话说"译成"IT IS SAID"，保留了原味，而沙译嫌其累赘，干脆省略不译，原著体裁的完整性遭到了破坏。此外，从例11中的"隆冬"及"伤残性命"、例12中的"看顾"等的翻译来看，赛珍珠对原著的把握和理解能力，远非沙博里可比，这一点一直为评论界所忽视。

据唐艳芳统计，赛译将金批《水浒传》中的套话全部保留，其中将"话说"（98次）都不厌其烦地译成"IT IS SAID"，其他表述如"只说"(70次)、"且说"(177次)、"却说"(124次)等大都译为"Let it be told of ..."及其各种变体(如"Let it now/then be told/said of ...""Let it be further told/said of ..."等)，由此不难看出赛珍珠为保留源语形式所做的努力。而赛珍珠之所以不厌其烦地保留原文这些篇章形式的特征，是"希望读者了解中国小说的话本特征，即小说在中国原本就是由说书人'说'给观众'听'，而不是由作者'写'给读者'读'的。通过这种在读者阅读过程中不时'跳'出来提醒后者意识到自己是在'听'一部小说的做法"，赛译一方面"得以完成对译入语文学形式规范的'越界'"①，而另一方面却在引领读者改变对中国人及其文化的"刻板"印象，实现其文化和合主义的理想诉求。

3. 原文文体的刻意保留

与一百回、一百二十回等《水浒传》版本相比，金批《水浒传》进行了文体革新，主要表现在三个方面：第一，删除了绝大多数"有诗(词)为证"或"但见"等韵文套语，只保留了极少数能与正文融为一体的韵文套语，"趋近于供人案头阅读而具有近代小说形式特征的小说文体"；第二，加强了叙事的客观性，主要表现在"对限知叙事的刻意追求"和"对叙事者插入议论的删削"两方面；第三，使"文法"融入文本。按照金圣叹自己的说法，所谓"文法"，即是"章有章法，句有句法，字有字法"，而从实情来看，金批《水浒传》似乎更倾向于"句法"与"字法"②。然而，虽然金圣叹对以往《水浒传》版本进行了大量削删，但金批《水浒传》仍包括诗、词、偈、歌、文书、榜文、书信、诏书、告示、谚语、俗语等众文体，具有文备众体的特点。为方便举证，笔者将诗、词、偈、歌等归为韵文类文体；文书、榜文、书信、诏书、告示等归为应用类文体；谚语、俗语等归为民俗类文体。囿于篇幅，笔者在举例时韵文类仅以诗、词翻译为例，应用类以告示翻译为例，民俗类以俗语翻译为例，来探究赛珍珠为保留原文文体而做出的努力。

例13　吴用口歌四句道："芦花滩上有扁舟，俊杰黄昏独自游。义到尽头原是命，反躬逃难必无忧。"（第60回，第979页）

赛译　... and Wu Yung spoke the four lines and he said,

"A nobleman stands in a boat on the lake,

Turns he here or there his fear to slake?

Turns he here, turns he there, none comes to help or save,

Robbers, darkness, storm and winds—all he can but brave!" (1937: 1092)

沙译　Wu Yong sang these four lines and Lu wrote them on the white calcimined wall:

A boat sails through the reeds,

At dusk a hero wanders by,

---

① 唐艳芳. 赛珍珠《水浒传》翻译研究：后殖民理论的视角 [D]. 上海：华东师范大学，2009：165.

② 李金松. 论金本《水浒传》的文体革新 [J]. 江西师范大学学报：哲学社会科学版，2004，37 (1)：61-65.

Righteous to the very end,

Out of trouble you must fly. (1993: 1292)

例14　明月几时有，把酒问青天。不知天上宫阙，今夕是何年？我欲乘风归去，只恐琼楼玉宇，高处不胜寒。起舞弄清影，何似在人间。高卷珠帘，低绮户，照无眠。不应有恨，何事常向别时圆？人有悲欢离合，月有阴晴圆缺，此事古难全。但愿人长久，千里共婵娟。（第29回，第486页）

赛译　"When does the clear moon shine?

Wine bowl in hand I ask the cloudless sky.

In the imperial halls of Heaven

What year is it there now?

I would ride there on the wheels of the wind

Save that I fear those jade halls are too chill—

I cannot endure them,

Therefore here I await the moon,

The pointed shadows on the ground.

No longer like the world of men

I draw the jeweled curtains high

So that the windows are higher than the flowery doors,

The moon shines in now so bright that none can sleep.

Ah, hatred should not exist on such an earth as this!

… Moon, why, when friends are separated far,

Do you shine the rounder and more bright?

On earth we each must suffer and rejoice, separate and meet again.

So the moon changes also, round or narrowed, waxing but to wane.

Thus life has been from ancient ages

Until this very moonlit night.

Would that life might last on forever,

So that, though separate, you and I

Could look forever on this selfsame moon!" （1937: 510）

沙译　*When is there a bright moon?*

Ask the sky, cup in hand.

Who knows what year it is

In the palaces of heaven.

I long to go there，riding the wind，

But the cold I cannot stand

In that lofty jade firmament；

I dance alone with my shadow，

As if in another world.

With the beaded curtains rolled high，

The moonlight，streaming through the open window，

Drives away sleep.

I should not be resentful，but why

Is the moon always roundest at parting？

As people have their sorrows and joys，

Separating and returning，

So has the moon its bright and dark，

Waxing and waning.

Since ancient times，it has always been thus！

If we cannot for long be heart to heart，

Let us enjoy the same moon，far apart！ (1993: 615)

从例13和例14不难看出译者为保留原文韵文类文体所做的努力。例13是首藏头诗，每句第一个字组合一起成为"卢俊义反"，即"卢俊义造反"之意。在赛译中，译者可谓挖空心思，使译文每一句的第一个词叠加在一起构成"A nobleman turns robbers"来还原原文的藏头诗，力图使读者获得同样的感受及审美移情，虽逊于原诗，与之也有异曲同工之妙，优于沙译的翻译。例14中，《水调歌头·中秋》(引苏轼词)烘托了中秋月夜张都监设宴款待武松的热闹场景，既怀感慨宇宙流转、厌弃宦海沉浮之情，也同时隐喻武松将遭遇不测。在无法复制原文韵律的情况下，赛译及沙译均以释义为主，其中赛译的"On earth we each must suffer and rejoice，separate and meet again. So the moon changes also，round or narrowed，waxing but to wane."可谓不凡，沙译的"If we cannot for long be heart to heart，Let us enjoy the same moon，far apart！"也堪称妙笔。

例15　阳谷县示：为景阳冈上，新有一只大虫，伤害人命。**见今杖限各乡里正**

并猎户人等行捕，**未获**。如有过往客商人等，可于**巳、午、未三个时辰**结伴过冈；其余时分及单身客人，**不许过冈**，恐被伤害性命。各宜知悉。**正和年月日**。（第22回，第369页）

赛译　"A proclamation from the town of Yang Ku: Since there is a great tiger on the ridge and it takes the lives of men, all heads of villagers and all hunters and the like **are to search for** the beast everywhere. If there are travelers passing they may pass **in the daytime from mid-morning to mid-afternoon** and cross in a group together. As for other times or if there are single travelers alone **they are not to cross the ridge**, lest they lose their lives. **Each man must know this. Proclaimed in the reign period Cheng-ho.**" (1937: 383)

沙译　Yanggu County Notice: Lately, a big tiger has been killing people on Jingyang Ridge. Although all township leaders, village chiefs and hunters **have been ordered to** capture the beast or be beaten, **they have so far failed.** Travelers are permitted to cross the ridge **only between late morning and early afternoon**, and only in bands. At other times, and to single travelers at any time, **the ridge is closed**, lest the tiger take their lives. **Let this be known to all.** (1993: 465)

　　例15中的"阳谷县示"及其内容是明显的地方行政告示，具有法律约束力。在例15中，两位译者都较好地将原文内容表达出来。很多评论者认为沙译翻译得更出色，似乎显得语法规范、语句正式，更加符合书面语。但是，如果仔细比对，从法律公文的角度而言，赛译绝对要胜沙译一筹。其一，作为告示的一部分，赛译将"正和年月日"译成"Proclaimed in the reign period Cheng-ho."，保持了原文的完整性，而沙译干脆将此删去未译；其二，从行文角度而言，赛译将"见今杖限"及"不许过冈"分别译为"are to search for"和"they are not to cross the ridge"，看似不如沙译的翻译正式，但"be to do"和"be not to do"实乃标准的法律用语。其三，沙译将"不许过冈"译为"the ridge is closed"明显与原文的上下情节有出入。当然，赛译也有瑕疵。其一，文中的时态用法没有沙译准确；其二，将"未获"一词的意思融在上下文之中，未单独译出，削弱了原文的强调效果；其三，将"各宜知悉"译成"Each man must know this"，相比沙译的"Let this be known to all"明显要逊一筹。此外，仅从赛译对原文内容的翻译就可以看出，赛珍珠在翻译时形式上是异化，但在具体表达上是明显的有意杂合。

例16　A: **饥餐渴饮，夜住晓行**（第1回，第50~51页）

B: 帽儿光光，今夜做个新郎，衣衫窄窄，今夜做个娇客（第4回，第112页）

C: 三十六计，走为上计（第17回，第290页）

D: 没酒没浆，做甚么道场（第20回，第336页）

E: 花木瓜，空好看（第23回，第387页）

F: 但得一片橘皮吃，莫便忘了洞庭湖（第23回，第400页）

G: 好事不出门，恶事传千里（第23回，第408页）

H: 天有不测风云，人有暂时祸福（第25回，第428页）

I: 十五个吊桶打水，七上八下（第25回，第438页）

J: **一佛出世，二佛涅槃**（第38回，第633页）

K: 卖卜卖卦，转回说话（第60回，第981页）

L: 贪观天上中秋月，失却盘中照殿珠（第62回，第1022页）

赛译　A: ... they **ate and drank and they slept at inns when night came** ... (1937: 26)

B: "Glory shines upon your head! Tonight you are to be a bridegroom. Your garments fit supple to your body. Tonight you are the honored guest." (1937: 95)

C: Of the thirty-six ways of escape the best is to run away. (1937: 291)

D: "Without wine, without food, how can songs be sung? ..." (1937: 343)

E: "... a quince that looks full ripe, but is empty within. ..." (1937: 402)

F: "If I taste but the skin of an orange from the Tung T'ing Lake, I do not forget the lake. ..." (1937: 416)

G: "A good deed does not go out of the door, but an evil deed travels a thousand miles." (1937: 426)

H: "... 'Heaven sends an unexpected wind or cloud, and immediately a curse falls upon man,' ..." (1937: 448)

I: ... like a well in which seven buckets are drawn up and eight dropped down, ... (1937: 459)

J: They beat him then so that he was **breathless and half dead.** (1937: 685)

K: "... 'Fortune tellers sell their ware—true or false, what do they care!' ..." (1937: 1094)

L: Because he coveted the full autumn moon

He lost the shining gem he had in his own room. (1937: 1145)

沙译 A: They **ate and drank only when hunger and thirst compelled them**, **stopping at night** and **travelling on again at dawn**. (1993: 33)

B: "In a shiny new hat, tonight you'll be a bridegroom. In well-fitting clothes, tonight you'll be a son-in-law." (1993: 112)

C: "... 'Of all the thirty-six possible solutions, the best one is—leave.' ..." (1993:360)

D: " 'Without wine and soysauce how can you lay a feast?' " (1993: 420)

E: " 'The prettiest papayas are emptiest inside.' " (1993: 488)

F: " 'Can one forget Dongting Lake while eating its fragrant tangerine peel?' ..." (1993: 504)

G: "News of good behavior never gets past the door, but a scandal is heard of a thousand *li* away." (1993: 516)

H: " 'The winds and clouds in the sky are unfathomable. A man's luck changes in an instant' ?" (1993: 544)

I: Hu's heart clanged like fifteen buckets in a single well. (1993: 557)

J: Song Jiang was pounded till he was **more dead than alive**. (1993: 814)

K: "Everybody knows fortune tellers are slick talkers. ..." (1993: 1297)

L: ... while gazing longingly at the autumn moon one can easily lose the flowing jewel in its casket. (1993: 1357)

　　准确、生动、形象地运用宋元时期的大量方言俗语，既是《水浒传》的重要艺术特色之一，也是《水浒传》语言艺术成功的一个重要标志。《水浒传》中的大量俗语可根据用途分为十二类，既"出行"类、"逃亡"类、"婚丧"类、"家庭、伦理及宗族"类、"交际"类、"酒"类、"衣、食"类、"财宝"类、"岁时、天象"类、"鬼神、禁忌"类、"情场、赌场、占卜"类及"职事、生产、经营"类[①]。囿于篇幅，在例16中，笔者将以上提及的十二类俗语各举一例。从例16中不难看出，两位译者译法各有千秋。赛译以异化为主，尽力展示源语特点及文化特色，同时将自己的审美感受融入其中，但在不得已的情况下也运用归化；沙译简洁明了、惜金如墨，异化归化平分秋色。但两位译者也有照顾不到的地方，如赛译

---

① 瞿建波.《水浒传》民俗类俗语析释[J]. 广西师范学院学报（哲学社会科学版），2006，27（4）：56-65.

漏译"夜宿晓行"中的"晓行"，而沙译将"十五个吊桶打水，七上八下"译成
"like fifteen buckets in a single well"，明显漏译了"七上八下"。

3.2.4　句法层面：源语风格的尽可能再现

作为一部优秀的白话章回体小说，《水浒传》根植于民间文学成长的沃土之
中，其成书过程先后经历了"街谈巷语""说唱艺术""元明杂剧"及"英雄传
奇小说"这四个彼此关联而又相互承袭的阶段。因此在语言风格上成就非凡，
对后世的文学创作产生了深远的影响。经过金圣叹的润笔，七十回本《水浒传》
更可谓妙笔生花，在语言风格上具有通俗化、简明快、生动形象及诙谐幽默等
特点。而深谙中国古典文学创作之道的赛珍珠，当然对此心领神会，在翻译时
尽可能再现原作高超的艺术风格，与此同时，考虑到读者的接受能力及译文的
流畅性，她又不得不使其语言风格在一定程度上符合目的语的行文习惯。因此
两种语言风格的兼而有之使其译文形成"有意杂合"的特点。

1. 赛译的行文风格

为了展示源语的行文风格，在可能的情况下，赛珍珠宁愿"硬译"以保持
汉语的原汁原味，但在其他情况下赛译在行文方面所体现的是汉语风格与英语
风格的杂合。

| 例17 | 不论**归迟归早**，那妇人**顿羹顿饭，欢天喜地，服侍武松，武松倒过意不去**。（第23回，第383页） |

赛译　Whether he **came back early or late** the woman had **prepared soups and rice and was happy to Heaven and joyful to earth in caring for Wu Sung**. But **Wu Sung could not be at ease**，... (1937:397~398)

沙译　Whenever he returned home，**whether early or late**，Golden Lotus **had food ready. She served him with obvious pleasure. It rather embarrassed him.** (1993: 483)

| 例18 | 话说当时薛霸双手举起棍来，**望林冲脑袋上劈下来**。说时迟，那时快，薛霸的棍恰举起来，**只见松林背后雷鸣也似一声**，那条铁杖飞将来，把这水火棍一隔，丢去九霄云外，跳出一个胖大和尚来，喝道："**洒家在林子里听你多时！**"（第8回，第162页） |

赛译　Even as Hsieh Pa had lifted up his club with both hands to **bring it down** upon the crown of Ling Ch'ung's head, even as he had raised it high, and slow it is to tell, but swift in the doing, he saw someone behind the pine trees, and suddenly a man came forth **roaring like thunder**, and **an iron staff flew out** and **stretching forth** it met the club as it came down and in the impact with the iron the club flew off into space. A great fat priest leaped forward and he gave a shout and said, "**I have been in the wood and listening all this time!**"（1937: 151）

沙译　Xue Ba raised his staff with both hands to **bring it down on Lin Chong's head**. But quicker than words can tell, **from behind the pine tree came a thunderous roar** as **a solid iron rod shot forward**, intercepted the staff and sent it flying into the sky. Then out leaped a big fat monk. "**I've been listening quite a while,**" he yelled. (1993: 185)

　　在例17中，赛译尽可能地按汉语的行文习惯翻译，不但亦步亦趋，而且基本上在词汇层面也忠实于原作；而沙译的行文明显符合目的语习惯，但译文的翻译已与源语意思产生了背离。在例18中，赛译在行文方面糅杂了自己对源语的理解。因此形成了明显的双语杂合。相比之下，沙译不但简洁明快，而且较好地保留了源语的语序，但对源语的一些省略显得美中不足。

2. 汉语句法结构的模仿

　　就赛译的句法结构而言，赛珍珠刻意对汉语的句法特征如并列句式、句内顺序、主体变换等进行模仿，创造了大量汉语色彩浓厚的英语句子，"在传达原文语义的同时，也将陌生的异域语言思维潜移默化地植入英语读者的阅读行为中，从而完成对英语语言传统规范的颠覆"[①]，力图使西方读者领略到汉语语言的思维模式。由于句内顺序与前文所及的行文风格基本相同。因此笔者将这部分举证略去不谈。

例19　那时西岳华山，有个陈传处士，是个道高有德之人，能辨风云气色。（楔子，第29页）

赛译　Now at the great Western Mountain Hua **there was a certain Ch'en T'uan, who was a Taoist hermit. He was a man of deep religion and of great virtue and he could divine the winds and the clouds.** (1937: 2)

---

① 唐艳芳. 赛珍珠《水浒传》翻译研究：后殖民理论的视角 [D]. 上海：华东师范大学，2009：152.

沙译 At that time on Huashan, the West Sacred Mountain, **lived a Taoist hermit named Chen Tuan. A virtuous man, he could foretell the future by the weather.** (1993: 2)

例20 众人身边都有火刀、火石，随即发出火来，点起五七个火把。**众人都跟着武松，一同再上冈子来，看见那大虫做一堆儿死在那里**。(第22回，第373页)

赛译 Now every man had on his person flint and iron and immediately they struck out fire and lit some five or seven torches and **they all went with Wu Sung** and **they went together up the ridge** and **there they saw the great beast lying there dead in a great round heap.** (1937: 386)

沙译 They had flint and steel and struck a fire, and lit six or seven torches. **They went with him up the ridge to where the tiger lay dead in a great heap.** (1993: 471)

　　例19中，原文由四个子句构成，其中第一句为修饰限制子句，其他三个子句在形式上虽是并列句，但在语义上后两个子句的功能却是对第二个子句的主体"陈传处士"起到补充说明的作用。就后三个并列子句的翻译而言，除一处断句之外，在语序上赛译和沙译均未作改变，但沙译对后两句采取了符合英文习惯的变动，打破了原来的并列结构。相比之下，赛译的处理可谓"颇得原文之妙，并不越俎代庖，将阐释的权力移交读者"，引导他们从这种句式结构中去感受英汉语言的差异①。例20在句法上可分为由句号分开的两个意群，每个意群各由三个并列子句构成。对于第一个意群的三个并列子句，赛译全部用"and"来衔接，用了两个主语；而沙译只用了一个主语，也用"and"连接。相较而言，赛译突显了源语散列结构的真义，而沙译出现一定程度的背离。对第二个意群中三个子句的处理，赛译仍意在突显原文的并列句式，三个子句统一于一个主语"they"；沙译把"跟着武松"译成"上冈"的方式状语，而将"见虎"译成了宾语从句，这种处理在偏离了源语句法结构的同时，无疑对源语的含义有所损害。从例19和例20不难看出，在翻译过程中，赛珍珠为保留源语的句法特征付出了相当的努力。然而，由于《水浒传》中"并列句式的使用相当频繁"，因而保留源语的并列句式"则必然导致译文中简单句的'泛滥'及连词'and'的'滥用'"。从例19可以看出，赛译一共用了五个"and"将六个子句衔接起来，且

① 唐艳芳. 赛珍珠《水浒传》翻译研究：后殖民理论的视角 [D]. 上海：华东师范大学，2009: 152.

拒绝使用逗号，"大有逼着读者一口气读完的架势"。但是，赛珍珠的这种译法，既不是英语的造句风格，也没有完全反映源语的句法特点，而是一种游离于两种语言之间的杂合风格。但总体而论，赛译为保留汉语并列句式的做法值得褒扬，因为这种译法实际上反映了译者对汉语形式特征的尊重及文化和合主义观影响下的翻译伦理[①]。

例21 这**两个贤臣**，出来辅佐这朝**皇帝**，在位四十二年，改了九个年号。（楔子，第29页）

赛译 These two great statesmen came forth and they supported this Emperor and he reigned for forty and two years, and nine times he changed the names of the years. (1937: 3)

沙译 With the help of these two ministers, Ren Zong ruled as emperor for forty-two years, in the course of which he gave special names to nine periods of his reign. (1993: 3)

例22 武大回到厨下来，问老婆道："**我叫他**又不应，只顾望县前这条路走了去，正是不知怎地了！"（第23回，第386页）

赛译 Wu The Elder went into the kitchen and said to his wife, "I called to him and he did not answer, but he only walked on that street leading to the court. I truly do not know how it is with him." (1937: 401)

沙译 Wu the Elder returned to the kitchen. "He wouldn't talk to me. He just went off down that street to the magistracy," Wu the Elder said to his wife. "What's wrong with him?" (1993: 488)

汉语的句法灵活多变，其中主体位置更具有飘忽不定的特点，与英语有很大不同。对于《水浒传》中的主体变换，汉语读者可能习以为常，但对于译者而言，"这种代表汉语视点流动特征的主体变换却会给他们造成不小的困难：一方面，英语以视点固定为主要特征，一般要求主体相对固定，这就将译者放在了一个两难的位置上，令其不得不在视点固定与否的问题上选择一个立场；另一方面，译者本身的英语背景可能会导致其对原文的主体变换浑然不知，从而造成理解和转换上的错误"[②]。在例21中，原文的主语不经意间由"贤臣"转移

---

① 唐艳芳. 赛珍珠《水浒传》翻译研究：后殖民理论的视角 [D]. 上海：华东师范大学，2009：156-157.
② 唐艳芳. 赛珍珠《水浒传》翻译研究：后殖民理论的视角 [D]. 上海：华东师范大学，2009：144-145.

到"皇帝"上去了，沙译未顾及原文主体的这种变换，选择了"皇帝"作全句主语，虽然通顺晓畅，却改变了原文的信息中枢；而赛译明显注意到源语这种主语的转换，保留了源语的语义重心[1]。在例22中，武大的三句话，主语却由"我"到"他"再回到"我"，转换了两次。赛译按照汉语的行文翻译，对原文这种主语的改变明察秋毫，作了相应调整；沙译行文虽与源语保持一致，但对源语中的主语转换却漠然视之，末尾更是译成了疑问句，将"正是不知"略去不译。显然，沙译保持主体不变的做法符合英语"视点固定"的行文习惯，读起来朗朗上口，但这种翻译对源语行文的背叛却是铁定的事实。此外，沙译将最后一句译成 "What's wrong with him?" 显然不能与后文潘金莲责骂武大"糊突桶"在意义上衔接紧密[2]。

3.2.5　词汇层面：差异与杂合兼而有之

在词汇层面，赛珍珠的"突显差异"策略表现得最为明显，研究者们已多有论及。从多年的赛译研究来看，词汇翻译显然是批评者们诟病赛译的一个主要方面。然而，纵观赛译全文，批评者们对赛译词汇方面的诟病显然有"以讹传讹"之嫌，而赛译的"有意杂合"策略多年来竟然未得到关注。

从赛珍珠的双语能力及双重文化身份来看，她在词汇翻译方面的努力显然是有备而为之。"汉语文字意义的丰富多样及形式上的独立自足，使得其构词原理及搭配机制等与英语相去甚远"，对此赛珍珠有很好的理解，而其译作"试图展示的正是汉语在这些方面与英语的不同之处"，因而不可避免地导致译文在词语层面具有明显的"中国式英语"（China English）倾向[3]。与此同时，考虑到读者的接受能力，在翻译一些特色词汇时，译者又有意地采用了杂合翻译策略，将异化归化并举，并行不悖。我们先来看看赛译在词汇翻译方面的"突显差异"情况。

例23　连打三四顿，打得**皮开肉绽，鲜血迸流**。（第17回，第288页）

赛译　Then he was beaten thirty or forty strokes, so that **his skin was split** and **his flesh protruded** and **the red blood streamed out**. (1937: 286)

---

① 唐艳芳. 赛珍珠《水浒传》翻译研究：后殖民理论的视角 [D]. 上海：华东师范大学，2009：144-145.

② 唐艳芳. 赛珍珠《水浒传》翻译研究：后殖民理论的视角 [D]. 上海：华东师范大学，2009：144-145.

③ 唐艳芳. 赛珍珠《水浒传》翻译研究：后殖民理论的视角 [D]. 上海：华东师范大学，2009：105.

沙译 They beat him three or four times, till **his skin split** and **blood was pouring from his wounds**. (1993: 354)

例24 一连打了两料，打得宋江**皮开肉绽**，鲜血迸流。（第32回，第535页）

赛译 So Sung Chiang was given two rounds of beatings and **his skin was split** and **his flesh broke forth** and **the red blood streamed out**. (1937: 570)

沙译 Song Jiang was flailed severely in two storms of blows. **Blood flowed from his lacerated flesh**. (1993: 677)

例25 ……白胜**面如土色**，就地下取出一包金银……（第17回，第286页）

赛译 Pei Sheng's **face turned the color of clay**, for from the earth they pulled a bundle of gold and silver! (1937: 286)

沙译 Bai Sheng's **face turned the color of clay**. From the hole in the ground, the diggers extracted a bag of gold and silver. (1993: 354)

例26 说罢，新官**面如土色**，心中思忖道：……（第十九回，第325页）

赛译 When he had finished speaking, the new magistrate's **face was the color of clay** and in his heart he thought back and forth thus, ... (1937: 332)

沙译 **The face** of the new prefect **turned the color of clay**. ... he said to himself. (1993: 407)

例27 杨志道："你这般说话，却似**放屁**！……"（第十五回，第256页）

赛译 Yang Chi said, "You two who speak thus are simply **passing forth wind**. ..." (1937: 255)

沙译 "You're **talking farts**, not words! ..." (1993: 316)

例28 婆子笑道："……外人见押司在这里，多少干热的不怯气，**胡言乱语**，**放屁辣臊**。……"（第二十回，第337页）

赛译 And the old woman laughed and said, "... People outside seeing you here, Sir, are mad with envy, and **with wild words** and **curses they speak anything**. They **pass their wind** thus in empty words ..." (1937: 344~345)

沙译 ... The old woman urged with a smile. "... Some people are envious of you. It burns them up to see you here. **They'll say anything that comes into their heads. Just empty farts!** ..." (1993: 421)

　　在例23和例24中，为了突显汉语词组"皮开肉绽"的含义，赛译极尽异化之能事，把"皮""肉""血"等形象直译。据统计，"皮开肉绽"一词在金批本中一共出现6次，赛译均照例23及例24的方式直译，不做任何阐释或改动。对于很多其他词汇的翻译而言，赛译基本上采用了同样的方法。如例25和例26中的"面色如土"，赛珍珠在翻译时将"面""土""色"等形象也照字面译出，不做多余阐释。纵观金批本全文，"面色如土/面如土色"一共出现5次，赛译的处理方法均是直译，与例25和例26的翻译方法基本相同。而对于"放屁"一词的翻译，目前评论界还没有达成共识。其实，从例27及例28中可以看出，赛珍珠将"放屁"译成"pass one's wind"并没有什么不妥。"放屁"一词在原文中一共出现14次，赛珍珠都直译成"pass (forth) one's wind"，其中赛译的否定者紧紧盯着不放的是钱歌川所提及的第三十一回在"放屁！放屁！"上的误译。但平心而论，在例27及例28中，沙译将"放屁"译成"talk farts"或"farts"也是直译，效果未必优于赛译。"试想，如果西方读者在类似的上下文中屡次读到pass one's wind，他们真的会理解成什么'生理现象'么？答案不言自明"[31]125。对于批评者们对"放屁"一词的翻译指责，唐艳芳指出，"赛珍珠对'放屁'一词的字面处理，绝大部分还是说得过去的，也一以贯之地体现了她展示文化差异的翻译观"，而对于第三十一回"放屁！放屁！"的翻译，"其不妥之处仅在于'Pass your wind'因缺乏其他语词的辅助而变成了祈使语气，但这与赛珍珠的直译策略无关，而且只需在这方面作一点小小的修正——例如'You are (simply) passing your wind'——则其同样不失为直译的典范"①。

顺便提及，在拟声的处理上，赛珍珠也最大限度地采用了上述译法，如将语气词"阿呀/也""哎呀（呀）"，赛珍珠将其译成"Ha, Yah！""Ah, Yah！（Ah-Yah！）""Ai, Yah！（Ai-Yah！）""Ai-Yah-Yah！""Ho-Yah！"，将"叫起苦来"译成"Ah, bitter!""Ah, bitter, bitter ..." "Bitterness！""Ah, bitterness!""Bitterness-bitterness！"，将"哈哈大笑"中的"哈哈"译成"ha-ha""ho-ho"等，尽力对原文声音进行模仿，而不顾及英文已有的表达。"她的这种字面对译的目的，显然是希望通过汉语字面形象的移植和反复强化，使英语读者理解和接受他们原本并不熟悉的中文表述方式，或至少对二者之间的差异性特征有所体认"②。

在赛译中，为了突显中西词汇差异而采用的尽可能异化的策略，可谓弥漫全文，如将"好汉"译成"good fellow""goodly fellow"或"goodly fine fellow"，

---

① 唐艳芳.赛珍珠《水浒传》翻译研究：后殖民理论的视角 [D].上海：华东师范大学，2009：126.

② 唐艳芳.赛珍珠《水浒传》翻译研究：后殖民理论的视角 [D].上海：华东师范大学，2009：155-156.

将原文中"鸟人、鸟官、鸟气、鸟公人、鸟强、鸟位、鸟兴、鸟紧、鸟火、鸟大汉、甚么鸟、咬我鸟"等词汇中的"鸟"译成"cursed""accursed"或"filthy"[①]，将"昨夜"译成"yesterday night"等，囿于篇幅，不再赘述。下面我们再来看看赛译中词汇翻译的"有意杂合"。

例29 林冲告道："……小人虽是粗卤军汉，颇识法度，……"（第7回，第150页）

赛译 Ling Ch'ung replied humbly, "... Although **I am but a coarse fellow**, yet I do know something of the law, ..." (1937: 193)

沙译 "... Although I'm only a crude and stupid military man, I'm not exactly ignorant of the law. ..." (1993:169)

例30 林冲道："上下要缚便缚，小人敢道怎的？"（第7回，第158页）

赛译 Then Ling Ch'ung replied, "Sirs, if you want to bind me, then bind me. How can **this humble one** complain?" (1937: 149)

沙译 "It that's what you good officers want, how can **I** refuse?" (1993:181)

例31 林冲慌忙躬身答道："小人是东京禁军教头，姓林，名冲，……"（第8回，第167页）

赛译 Ling Ch'ung hastily bowed himself down and he answered, "**This humble one** is the military instructor in the capital, and I am surnamed Ling and named Ch'ung. ..." (1937: 157)

沙译 Lin quickly bowed and replied: "**Your humble servant** is called Lin Chong, formerly an arms instructor in the Eastern Capital's Imperial Guards. ..." (1993: 193)

例32 林冲告道："小人于路感冒风寒，未曾痊可，……"（第8回，第174页）

赛译 Then Ling Ch'ung said, "Upon the journey hither **this humble one** felt bitterly the wind and the chill and I am not yet wholly well. ..." (1937: 165)

沙译 "**Your humble servant** caught a bad cold during his journey here, and still hasn't recovered," said Lin Chong. (1993: 205)

例33 林冲道："三位头领容复：小人'千里投名，万里投主'……"（第10

[①] 赛译中也有几处将"鸟"字与修饰语融到一起翻译的例外，如第一回中，将"鸟嘴"译成"beak"；第五回中，将"鸟气"译成"...filled with anger"；第二十六回中，将"鸟男女"译成"old beast"；第四十二回中，将"饿出鸟来"译成"have a mighty hunger in my belly"。

回，第196页）

赛译　　Ling Ch'ung replied, "To the three chieftains let me make answer. **This humble one** has come more than three hundred miles to find you and more than three thousand miles to seek your help. ..." (1937: 189)

沙译　　"Permit me to reply, three chieftains，" said Lin Chong. "I have come from afar to place myself under your famed command. ..." (1993: 235)

例34　　……雷横道："东方动了，**小人**告退，好去县中画卯。"（第13回，第228页）

赛译　　Lei Heng said, "The east is broken with light. **I** must depart. I must go and register at the official hall." (1937: 223)

沙译　　"It's brightening in the east，" said Lei Heng. "Your servant must take his leave. I have to sign in at the county office." (1993: 275)

例35　　那汉道："**小人**姓刘，名唐，……"（第13回，第230页）

赛译　　That fellow replied, "**This small man** is surnamed Liu and named T'ang, ..." (1937:225)

沙译　　"Your servant's family name is Liu, my given name is Tang, ..." (1993: 278)

从例29至例35可以看出，对于自谦语"小人"一词，赛译根据不同情况进行了杂合处理。例29和例34中将其译成"I"，其中前者突出为自己申冤的情状，后者突显官高一级的假客气；例35干脆将"小人"译成"this small man"以描绘该词原貌，这种译法类似于将"好汉子"译成"a good Son of Han"，也是赛译受到诟病之处（但评论者似乎站在道德的制高点上一味地否定，并没有探究译者为什么这么处理，也没有去探究读者的真正感受）；而其余几例中的"小人"译成"this humble one"，属于纯粹的自谦，要么委曲求全，要么略显自卑。与赛译相比，沙译对"小人"的翻译相对逊色得多。事实上，就原文的自谦语及称呼语等方面的翻译而言，沙译确实较赛译稍逊一筹。

其实，根据不同情况进行灵活处理而产生的词汇翻译杂合，正是译者对原文理解及表达的匠心所在。以"干娘"一词的翻译为例。潘金莲称隔壁王婆为"干娘"，但一开始潘金莲与武松见面提到"王干娘"的时候，译者用的是"the old mother"，而在其他私下场合，译者则把潘金莲所称的"干娘"译成"foster mother"；西门庆一开始称王婆为"干娘"时，两人没有往来，所以赛珍珠将"干娘"译为"good woman"，随着西门庆与王婆的关系逐渐密切，赛珍珠将"王干娘"译成"good aunt"或"good aunt Wang"，而到最后随着西门庆与潘金莲勾搭成奸，与王婆的关系也越来越亲近，赛珍珠已将西门庆口中的"王干娘"译成"foster mother"，这种称呼与潘金莲称呼王婆已没有区别，西门庆俨然已是王婆的"干女婿"。或许用"foster mother"翻译"干娘"是否完全合适尚待商榷，但译者为此付出的诸多努力理应受到关注并得到肯定。

例36　宋清答道："我只闻**江湖上**人传说沧州横海郡柴大官人名字，……"（第21回，第357页）

赛译　Sung Ch'ing answered, "I asked those people **on rivers and lakes** and they said, 'We have always heard of the good name of the great Ch'ai Chin near Ch'ang Chou.' ..." (1937: 369)

沙译　**In the gallant fraternity** I have often heard the name Lord Chai, of Henghai County in the prefecture of Cangzhou." Song Qing remarked. (1993: 450)

例37　武松道："我从来走**江湖上**，……"（第26回，第450页）

赛译　Wu Sung said, "All my life wandering as I have **by river and lake**, ..." (1937: 472)

沙译　"In my wanderings **among the gallant fraternity** I ..." (1993: 571)

例38　杨林便道："……**江湖上人**都唤他做火眼狻猊……"（第43回，第719-720页）

赛译　Then Yang Ling answered, "... he is called **by men far and wide** The Red Eyed Lion ..." (1937: 783)

沙译　"... he's known **in the gallant fraternity** as the Fiery-Eyed Lion. ..." (1993: 928)

例39　邓飞道："……弃家逃走，在**江湖上绿林中**安身，……"（第43回，第720页）

赛译　Teng Fei replied, "He left his home then and he escaped to **the robbers in the woods and hills** ... " (1937: 783)

沙译　"... He abandoned his family and fled to **the greenwood** where he became a robber. ..." (1993: 928)

例40　石秀道："……如今天下**江湖上**，皆闻山东及时雨宋公明招贤纳士，……"（第45回，第756页）

赛译 Shih Hsiu answered, "... The Opportune Rain, Sung Chiang, is there now and he receives all good fellows who come to him under Heaven. ..." (1937:828)

沙译 "Everyone **in the gallant fraternity** has heard that Song Jiang, the Timely Rain from Shandong, is recruiting bold fellows from all over. ..." (1993: 980)

例41 李应道："**江湖之上**，二位不必推却。"（第46回，第769页）

赛译 Yet Li Yun said, "Nevertheless, pray accept it, Sirs." (1937: 845)

沙译 ... but Li Ying said: "We're all **in the gallant fraternity**. No need for courtesy." (1993: 998)

例42 那汉道："……小人贪赌，流落**在江湖上**……"（第53回，第873页）

赛译 That fellow replied, "... this humble one loves to gamble and I have wandered about **on rivers and lakes**. ..." (1937: 969)

沙译 "... I'm mad about gambling, and I've **knocked about a lot**. ..." (1993: 1142)

例43 宋江答道："不才何足道哉！**江湖上**义士甚称吾师清德；……"（第57回，第935页）

赛译 Sung Chiang answered, saying, "So worthless as I be, how can I make any answer to this? **Among the society** of men I do constantly hear of your great virtues, my teacher. ..." (1937: 1037)

沙译 "I don't deserve such courtesy," Song Jiang protested. "**In the gallant fraternity** your virtue is well known, Reverend. ..." (1993: 1127)

"江湖"一词在金批《水浒传》中共出现87次，是一个重要词汇。根据王学泰的考证，"江湖"一词共有三个意思，一是"大自然中的江湖"，二是"文人士大夫的江湖"，三是"游民的江湖，也是我们现在经常活跃在口头的江湖"，而"明确地把江湖看成是江湖好汉杀人放火、争夺利益的地方，应该说是始自《水浒传》"①。而深谙中国古典文学的赛珍珠，当然知道"江湖"一词在《水浒传》中的真正内涵，所以她在译文中从方方面面对"江湖"进行了诠释，有直译如例36、例37及例42；有释义如例38和例39；有省略如例40和例41；有意译如例43。因此可以说，译者为此已尽了最大努力。多年来评论者对赛珍珠将"江

① 王学泰. 从《水浒传》看江湖文化（一）[J]. 文史知识, 2008（6）: 126.

湖"一词译成 "by/in/on/over the rivers and lakes" 进行了大肆攻击,甚至有批评者认为应将"江湖"译成 "Robin Hood" 以便于外国读者接受。而对于赛珍珠在译文中对这个词的其他译法要么熟视无睹,要么根本未读译文,盲目追风,令人遗憾。事实上,对"江湖"一词的翻译,笔者已经研究了近5年,并未找到能比赛珍珠更好的译法。笔者相信,对其他研究者来说,"江湖"这个蕴含特定中国文化概念的词汇,英语中基本找不到对应词汇。张振玉、张培基没有找到,沙博里也没有找到。沙博里将"江湖"译成 "the gallant fraternity",而英语词汇 "gallant" 虽有"英勇的、勇敢的、豪侠的"意思,但也有"有骑士风度的、(对女子)献殷勤的"之意。因此 "the gallant fraternity" 加到一起体现的是西方中世纪崇尚义勇的游侠精神[1],明显与《水浒传》所崇尚的"江湖"有明显区别。无可奈何之下,1997年著名汉学家闵福德(John Minford)翻译金庸的小说《鹿鼎记》时,把"江湖"译成 "Brotherhood of River and Lake",看来也是无奈之举。

在赛译中,类似处理"江湖"这类词汇的译法可谓不胜枚举。如"剪径"一词,否定赛译者往往盯着 "cut the road in two",却全然不顾译者也将该词译成 "to rob" 及 "to be a robber" 这样的事实[2]。同理,关于"青春"一词,赛珍珠根据不同情况,将其分别译成 "green springtime" "spring and autumn" "young" 及 "your youth",而否定者们也往往抓住 "green springtime" 或 "spring and autumn" 不放,而根本不论及其他。对于"和尚"一词的翻译,由于英文中并没有对应的译法,迫不得已之下,赛珍珠用了杂合译法,时而译成 "priest",时而译成 "monk"。因此,就赛译的词汇翻译而言,否定者们得出赛珍珠的译法使"译文谬误百出""读者不知所云""忽视了读者反应论和读者接受论"等这类的评价也就不足为怪了。

除了以上所述,赛译在翻译词汇方面的有意杂合可谓方方面面。诚如唐艳芳所指出的那样:

> 某些度量语汇的处理存在着不一致的现象,如距离单位"里"和货币单位"两",赛珍珠基本上都转换成了英制单位 "mile" 和 "ounce",其中前者甚至连数字都作了换算,但重量单位"斤"却又未做转换,而是直译为 "catty"。因此,赛译水浒在词语层面实际上表现出一定程度的杂合特征:

---

① 马显慈.《三国》、《水浒》之修辞艺术 [C]// 康全忠,曹先锋,张虹. 水浒争鸣(第九辑):2006年全国《水浒》与明清小说研讨会论文集. 西宁:青海人民出版社,2006:220—234.

② 在赛译第五回,译者将"剪径强人"译成 "highway robber"。

一方面是大量照搬甚至"拆解"汉语表述形式，并不惜动用古体语词及英式英语词汇，使译文充满了"异域"色彩；另一方面在词语的拼写及少数度量语汇上则又采用了译入语取向的方法，使英语读者在领略异域语言风采的过程中还能不时地看到一些自己熟悉的东西。这种看似矛盾的杂糅特征，实际上正是陌生化翻译的真义所在，也说明了赛珍珠试图在两种语言之间搭建一个沟通与对话的平台，从而实现二者"和而不同"、差异共存的美好愿望①。

3.2.6　修辞层面：力图再现原著的修辞效果

"文学美是一个多层级但又是互相渗透的结构"②，就《水浒传》的修辞而言，其艺术表现具有多样性，渗透到文中的措辞、句法、叙事及篇章等不同层次上，且各个层面相辅相成，共同构成一个和谐的审美综合体。《水浒传》中的修辞手法带有明显的民族特色，所涉及的形象通常是具有中华民族文化精神的文化意象，很难在英语文化中找到对应或对等的成分。因此翻译时的难度很大。对于志在翻译中尽可能体现源语特色的赛珍珠来说，她无疑期望通过自己的翻译，把原著的修辞艺术美真实地传递给西方读者，与此同时，为了降低西方读者在阅读时的难度，她又不可避免地以自己的方式对源语的修辞进行诠释。因此就赛译中的修辞翻译而言，赛珍珠一方面尽量异化来突显源语的修辞艺术，同时又不可避免地将自己的审美体验附加在译文之中以便于读者理解，结果是异化归化兼有，构成了一种美学意义上的杂合。囿于篇幅，笔者仅从比喻、对偶、引用（以典故为例）、歧义、移觉五个方面来探究赛译对源语的修辞追求。

例44　(杨志)**左手如托泰山，右手如抱婴孩，弓开如满月，箭去似流星**，说时迟，那时快，一箭正中周谨左肩。（第12回，第216~217页）

赛译　He then **stretched out his left hand with strength enough as though he meant to lift a mountain**, and **his right hand lifted as though he would carry a child**, and he **stretched the bow out like a full moon. The arrow flew forth like a comet across the sky**, more quickly than it takes to tell, and the arrow

---

① 唐艳芳. 赛珍珠《水浒传》翻译研究：后殖民理论的视角 [D]. 上海：华东师范大学，2009：114–115.

② 潘智丹. 淡妆浓抹总相宜：明清传奇的英译 [D]. 苏州：苏州大学，2009：252.

struck into Chou Ching's left shoulder. (1937: 210)

沙译 His **left arm** extended as if holding up Mount Taishan, his **right arm** bent as if cradling a baby, Yang **stretched the bow and string into a full moon**. Quicker than it takes to say, **the arrow** streaked **like a comet** into Zhou's left shoulder. (1993: 258)

例45 武松睁起眼来道："武二是个顶天立地、嚼齿戴发男子汉，不是那等败坏风俗，没人伦的猪狗，……"（第23回，第385页）

赛译 Then Wu Sung made his eyes large and he said, "I, Wu The Second, **am a man able to hold up the heavens, and to support the earth. There are teeth in my mouth and hairs on my head.** I am not a custom-breaking, incestuous fellow. ..." (1937: 400)

沙译 "I'm an upstanding man with teeth and hair who holds his head high, not some wicked immoral animal!..." (1993: 487)

在例44中，源语用明喻手法来描述杨志拉弓射箭的动作及其发箭产生的威力。"'托泰山'表现出左手沉雄的力度，'抱婴孩'刻画右手拉弓的姿态；'满月'写弓与弦线的张开及两者之对称情状，'去似流星'则描述发出之箭的速度"①。两位译者对原文的修辞都有很好地理解，翻译比较到位。但主体介入还是比较明显。为了照顾行文及读者的理解，赛珍珠将"泰山"译成"mountain"，"婴孩"译成"child"，与原文还是略有出入。例45中武松说话中使用的修辞是暗喻，一方面表明自己的正直人格，另一方面斥责潘金莲的行为可耻，有如"猪狗"。赛译在处理这两处暗喻时，翻译前者采用了异化，而翻译后者采用了归化；而沙译基本上是归化。

例46 话说当下武松对四家邻舍道："……小人此一去，**存亡未保，死活不知**。……"（第26回，第445页）

赛译 IT IS SAID:

So Wu Sung told these four neighbors, "... Yet now when I go forth I cannot say whether it is **to death or to life**…" (1937: 466)

沙译 Wu Song said to the four neighbors: "... I'm going to give myself up now. I don't know whether I'll **live or die**. ..." (1993: 564)

---

① 李林波. 差异，对翻译意味着什么？[J]. 解放军外国语学院学报，2004，27（6）：64-68.

例47 此时正是七月间天气，**炎署未消，金风乍起。**（第28回，第475页）

赛译 Now it was just in the seventh moon and **the heat of summer had scarcely waned and yet the autumn wind blew out of the golden west.** (1937: 499)

沙译 Although **the golden autumn breezes had started**, it was still **the heat of summer**, ... (1993: 599)

　　例46和例47中源语的黑体字部分是两组对偶句。从翻译的效果来看，赛译采用异化的手法基本上传译了源语的修辞，而沙译采用归化，基本上舍弃了原文的对偶句法，如果说例46沙译中还能看见源语修辞的一点影子，那么在例47中连这种影子也看不到了，读者当然也就无从领略源语修辞的精妙。

例48 朱武哭道："……当初发愿道：'不求同日生，只愿同日死。'**虽不及关、张、刘的义气，其心则同。……**"（第1回，第61页）

赛译 Chu Wu, weeping, replied, "... In the past we vowed a vow that we would not ask to have been born on the same day, but only that we should die together on the same day. **Although our brotherhood cannot indeed compare to that bond between the famous Three in 'The Three Kingdoms,' yet are our hearts the same as the hearts of those ancient ones.**" (1937: 40)

沙译 Weeping, Zhu Wu replied: "... We swore that 'although not born on the same day we would no the dame day die.' **Perhaps ours cannot be compared to the brotherhood between Guan Gong, Zhang Fei and Liu Bei of antiquity, but our hearts are equally sincere.** ..." (1993: 49)

例49 西门庆笑起来道："干娘，你端的**智赛隋何，机强陆贾**！……"（第23回，第396页）

赛译 Hsi Men Ch'ing laughed and said, "Good aunt, your cleverness is **as great as that of the two in the beginning of the Han Dynasty who helped the Emperor to his throne.** ..." (1937: 412)

沙译 Ximen smiled. "Godmother, you're **a shrewd woman.** ..." (1993: 500)

　　在例48和例49中，源语在修辞方面用了引用手法。例48中，朱武所提及的"关、张、刘的义气"，是指东汉末年关羽、张飞、刘备"桃园三结义"的故事，在中国可谓家喻户晓，但对于西方读者来说却很陌生。在翻译时，赛珍珠采用了异化归化相结合的诠释法，将原典故中的"结义"译为带有盟约性质的

"bond"，同时指出该典故出自中国历史上的三国时期"The Three Kingdoms"，并未提及刘关张三人的姓名。"这种处理有详有略，侧重点是典故的出处'三国'，以及典故的主要内容'结义'，至于人物姓名、人物背景等信息就不出现在译文中，否则信息量过于冗长，将影响到译文的句式结构"①。相比赛译，沙译也毫不逊色，但文中的"Guan Gong"略显美中不足，既然后面是"Zhang Fei and Liu Bei"，所以"Guan Gong"不如用"Guan Yu"为好。例49中，西门庆夸赞王婆有洞察力，引用了历史典故，将她比作汉初刘邦手下的舌辩名臣隋何及谋士陆贾。在翻译这两个人物典故时，赛珍珠考虑到西方读者的接受能力，她有意略去人物的具体姓名，集中突显了他们在汉初帮助皇帝（刘邦）"登基建立汉朝帝业"的历史贡献。相比之下，沙译抹杀了原文的修辞意境，读来如同嚼蜡。

例50　话说鲁智深回到丛林选佛场中禅床上，扑倒头便睡。上下肩两个禅和子推他起来，说道："使不得，既要出家，如何不学坐禅？"智深道："洒家自睡，干你什事？"禅和子道："**善哉！**"智深喝道："**团鱼洒家也吃，什么'鳝哉'？**"禅和子道："**却是苦也！**"智深便道："**团鱼大腹，又肥甜了好吃，那得'苦也'？**"上下间禅和子都不睬他，由他自睡了。（第3回，第90页）

赛译　Let it be told further of Lu Chi Shen. He went into the temple again and into the great hall and then he went to the long seat and threw himself down and fell asleep. The two monks next him pulled him up and said, "You may not do thus. If you renounce the world then why do you not learn to sit the night through?"

But Lu Chi Shen said, "I will sleep my sleep, and what has it to do with you!"

The two priests, unwilling to speak an evil word, only stammered, "We-ll—We-ll—"

Lu Chi Shen gave a great grunt and he muttered, "**Turtle meat I can eat too, and why do you speak of eels?**"

The two priests then said, "**This is too bad—it is too bitter to bear!**"

Lu Chi Shen said, "**Turtle's meat is sweet and good to eat and fat and why**

---

① CONN P J. Pearl S. Buck: A Cultural Biography[M]. Cambridge and New York: Cambridge University Press, 1996: 145.

do you talk of bitterness?"

But the two priests on either side of him would not talk with him longer, and so they let him go to sleep. (1937: 74)

沙译 When Lu got back to the meditation room, he threw himself down on his bed and went to sleep. The monks meditation on either side shook him into wakefulness.

"You can't do that," they said. "Now that you're a monk, you're supposed to learn how to sit and meditate."

"If I want to sleep, what's it to you?" Lu demanded.

"Evil!" exclaimed the monks.

"What's this talk about eels?" "It's turtles I like to eat."

"Oh, bitter!"

"There's nothing bitter about them. Turtle belly is fat and sweet. They make very good eating."

The monks gave up. They let him sleep. (1993: 88)

　　作为一种重要的修辞手法，歧义又称"错会"，"指在对话中巧妙利用词语的意义要素去造就一种临时的误解，而这种误解所产生的歧义会制造一种反讽的效果。由于歧义会使人'错会'，制造悬念，因误解而产生风趣幽默的情味，它可以打破单调和平淡的描述，发挥引人入胜的文艺效果"[1]。在例50中，源语作者通过描述"鲁智深对'善哉'的谐音误解，从侧面描述他初入空门仍未了断俗念的酒肉和尚形象"；接着通过他"对'苦也'的错会回应，进一步把歧义修辞深化"，通过这种看似"荒唐、无稽的误会"，将"鲁智深粗豪憨直、无所避隐"的性格淋漓尽致地表现出来[2]。从例中对源语歧义修辞的处理可以看出，两位译者都煞费苦心，力求在英语中还原源语的这一修辞手段。平心而论，两位译者完成得都比较出色，但相比之下，沙译要略逊一筹。主要表现在三点：第一，中国佛教和尚在正规场合，经常口出的评价是"善哉！"或"阿弥陀佛！"这类，他们嘴里怎么会叫出"evil"这样的评语呢？第二，将鲁智深推起来并劝其坐禅的"上下肩两个禅和子"，沙译中译成"the monks meditation on either side"指代并不明确，没有说明几个禅和子。第三，源语中的"扑倒头便睡"未必马上就

① 李林波. 差异，对翻译意味着什么？[J]. 解放军外国语学院学报，2004，27（6）：64-68.
② 李林波. 差异，对翻译意味着什么？[J]. 解放军外国语学院学报，2004，27（6）：64-68.

睡着了，沙译将此译成"he threw himself down on his bed and went to sleep"实为不妥。

例51 郑屠右手拿刀，左手便来要揪鲁达，被这鲁提辖就势按住左手，赶将入去，望小腹上只一脚，腾地踢倒在当街上，鲁达再入一步，踏住胸脯，提着那醋钵儿大小拳头，看着这郑屠……扑的只一拳，正打在鼻子上，打得鲜血迸流，鼻子歪在半边，**却便似开了个油酱铺：咸的、酸的、辣的、一发都滚出来**……提起拳头来，就眼眶际眉稍只一拳，打得眼棱缝裂，乌珠进出，**也似开了个彩帛铺：红的、黑的、紫的，都绽将出来**……又只一拳，太阳上正着，**却似做了一个全堂水陆的道场：磬儿、钹儿、铙儿，一齐响**。鲁达看时，只见郑屠挺在地下，口里只有出的气，没了入的气，动弹不得。（第2回，第78~79页）

赛译 Cheng The Butcher raised his knife in his hand and stretched out his left hand to grasp Lu Ta's throat, but Lu grasped Cheng's left hand as he rushed forward and Lu ran forward first and he kicked Cheng in the lower belly and knocked him down on the street. Then Lu Ta went forward another step and as Cheng sprawled there, Lu put one foot on his breast. Lu Ta's fists, each as big as a coarse earthen bowl, were outstretched and his eyes glared down at Cheng ...

And as he spoke he lifted his fist and with a dull thud he hit Cheng on the bridge of the nose and the fresh blood flowed out. Cheng's nose was broken and bent to the side and **of a sudden he smelled as many smells as though he opened a condiment shop—soy bean sauce, salt, sour, sweet, hot—all in a second he smelled them all.** ...

And he lifted his great fist and hit Cheng on the eye socket and split open the corner of his eye so that his eyeball burst out. **It was now to Cheng as though he had opened a silk shop wherein were silks of many colors, for he saw black and purple and red from the bursting of his eyeball** ... .

... And he gave him another hit on the temple with his clenched fist.

By now it seemed to Cheng that he was in an assembly of priests in great mass and he heard in his head the reverberations of the great musical instruments, and **the clanging of cymbals great and small, all going on**

together. Lu Ta, taking a look, only saw Cheng lying very straight on the ground and stiff, and from his mouth the breath came out but did not go in and he did not move. (1937: 59~60)

沙译　The knife in his right hand, Zheng reached for Lu Da with his left. Lu Da seized the outstretched hand, closed in and sent the butcher sprawling with a swift kick in the groin. Another step forward and he put his foot on Zheng's chest. Raising a fist like a vinegar keg, ...

He landed a punch on Zheng's nose that flattened it to one side and **brought the blood flowing like the sauces in a condiments shop—salty, sour** and **spicy.** ...

... He punched the butcher on the eyebrow, splitting the lid so that the eyeball protruded. **Fed, black and purple gore flowed like swatches of cloth in a draper's shop.** ...

... He struck the butcher a heavy blow on the temple. **Zheng's head rang like the clanging of gongs, bells and cymbals in a big memorial service.** The butcher lay stretched on the ground. Breath was coming out of his mouth, but none was going in. He didn't move. (1993: 71~72)

作为一种重要的修辞方法，移觉也称"通感"，"是一种运用具体而生动的文学语言，通过更换人的感受角度来描述事物的性质、状态与情貌的修辞技巧"[①]。在例51中，源语使用了移觉的修辞手段，充分调动读者的嗅觉、味觉、视觉、听觉及幻觉，将鲁达三拳打死郑屠的场面和过程呈现给读者，用语简洁生动，又不乏滑稽、幽默和风趣，将鲁达爱憎分明、救人救彻、杀人见血的果敢性格等栩栩如生地展现出来。在翻译例51中的移觉手段时，赛珍珠无疑充分发挥了译者主体性，将自己对源语的审美融入译文之中，产生了一定的效果，如将源语"咸的、酸的、辣的"译成"salt, sour, sweet, hot"，虽在字面意思上与原文有一定背离，描述却更为贴切。然而，赛译中主体介入产生的负面影响也不可小视。脱胎于说书体风格，源语中的移觉主要是描述给听众。因此富有感染力。赛珍珠翻译时是从郑屠自己体验的视角来展示这种移觉修辞。因此不免有牵强之处，如"It was now to Cheng as though he had opened a silk shop wherein were silks of many colors, for **he saw** black and purple and red from the bursting of his eyeball"。

① 李林波. 差异，对翻译意味着什么？[J]. 解放军外国语学院学报，2004，27（6）：64-68.

试想，郑屠的一只眼睛都被打冒了，从生理学的角度讲，他另一只眼睛还能看见东西吗？因此，赛译对源语移觉的翻译虽有不妥之处，但从总体效果来看，译文仍然较为成功地再现了原文的修辞手法。反观沙译，虽然对移觉手法的处理看似瑕疵不多，但源语行文那种滑稽、幽默及风趣的风格已荡然无存，凝重有余而灵动不足，在此表述下，源语的移觉妙笔当然也在很大程度上失去了生命力。

　　本节笔者从赛译的封面设计、文本内容、篇章形式、句法、词汇及修辞等方面来论证笔者对赛译翻译策略的描述。从前文的举证不难看出，在翻译过程中赛珍珠考虑到了方方面面，为了突显中国古典小说《水浒传》的"异"，她将异化手段运用到了极致，甚至到了不惜"硬译"的地步，与此同时，为了展示原著的"美"及顾及西方读者的接受能力，她在尽可能异化的同时，又采用了异化归化并举的手段。需要指出的是，笔者在举证过程中，对篇章形式、句法、词汇及修辞等方面的划分不一定完全科学，各个层面的内容肯定有交叉甚至重叠之处，有待在今后的研究中进一步将其合理化。

3.3　赛译翻译策略研究的意义与启示

　　作为一部跨时代的译作，赛译不断再版，历经70余载不衰，在当下其翻译策略则更凸显出难能可贵之处，诚如唐艳芳所指出的那样："处于殖民时代且身为强势文化译者的珍珠，其对文化霸权问题的体认及翻译过程中对强势译入语的自觉'侵越'，昭示了一位'后殖民'翻译先驱者的难能可贵的主体精神。其翻译策略在当时虽非绝无仅有，却也是为数不多的"[①]。赛珍珠在翻译过程中所采用的"突显差异、有意杂合"的翻译策略，对当下的翻译理论研究具有十分重要的启示意义，其价值不仅在于赛译本身所展示的跨文化交际的意义和指向，"更在于译者赛珍珠作为两种权力关系不平等的文化桥梁而自觉选择打破这种权力关系的一种文化与历史责任感，亦即译者的翻译伦理"[②]。因此，揭示及探

---

① 唐艳芳. 赛珍珠《水浒传》翻译研究：后殖民理论的视角 [D]. 上海：华东师范大学，2009：76.
② 唐艳芳. 赛珍珠《水浒传》翻译研究：后殖民理论的视角 [D]. 上海：华东师范大学，2009：169.

究赛译的翻译策略，既有利于我们体察赛珍珠为传播中国文学和文化所做的贡献，更好地理解其的文化和合主义诉求的重要意义，从而对赛译的历史价值有更深层次的了解，也有利于我们体认赛译中异化归化的对立统一，重新体察两者间的辩证关系，这对于当下及将来如何更好地译介中国文学作品乃至中国文化，无疑极具借鉴及启示意义。

3.3.1　对赛译研究起促进作用

随着翻译研究的"文化转向"，国内译界开始将研究的目光聚焦于以往一直忽略的译者主体研究，力图从方方面面对译者的主体行为进行描述与探究。就赛译研究而言，研究者们似乎更倾向于以某种热门翻译理论去揭示赛译的某些现象，甚至通过少数的例证就对译者盖棺论定。在这样的风气之下，似乎以往语言学派所主张的文本研究已完全失去了意义。然而，正如以往的翻译研究一味强调绝对忠实于原文及原作者所产生的弊端一样，忽视对赛译文本进行系统的探究也必然会使赛译研究走向僵化，甚至走进死胡同。客观而言，虽然当下运用热门翻译理论探究赛译无可厚非，但如果无视赛珍珠为实现中西文化平等交流而付出的努力及其文化和合主义价值观对翻译策略选择的决定作用，忽视对文本进行细致而全面的体察，仅凭人云亦云的例证来支撑自己的观点，那么得出的结论难免建立在空中楼阁的基础上，沦为伪论。因此，对赛译进行全面探究，必须体察译者为实现中西文化平等交流所做出的努力，以高度的责任感对赛译文本进行认真探究，将文本研究与其他领域的研究并举。从当下赛译研究的实情来看，对文本进行全方位的探究甚至比其他方面的研究更为紧迫。多年来由于赛译的整体特色没有得以挖掘和呈现，赛译研究一直存在误区，使得赛译研究也很难获得实质性突破。以往很多评论者之所以轻易地将赛译盖棺论定，原因固然是多方面的，但没有仔细探究赛译文本（甚至没有读过赛译文本），则肯定是其中一个重要原因。

因此，把握赛珍珠向西方世界推介及传播中国文学及文化，进而实现中西方文化平等交流及其文化和合主义诉求而进行翻译的主旋律，结合翻译研究的最新成果，经过全面而深入的文本探究来揭示赛译的翻译策略，必将进一步推进赛译研究切实向前发展。"翻译因差异而生，翻译的作用就是在差异间建立理解和沟通的渠道，它的长远目标在于差异被理解，而不是也不能消灭差异，因为语言文化之间的差异不会因译者的权益遮盖而在客观上消失。文化间平等交流的深入发展，关键在于对各种文化的尊重和对差异的理解、包容和欣赏。"①不难看出，揭示赛译的翻译策略，必将有助于体察赛珍珠在其文化和合主义价值观指导下为传播中国文化所做的努力。在赛珍珠眼中，"各个民族的文化都有其独特的美，只不过以不同的方式流露出来。因此将西方的美的标准强加于全世界，否认其他民族的美的做法是错误而且愚蠢的。人类的智慧产生于差异性和多样性，文化上也不应区分孰优孰劣。无论是东方，还是西方，都应该以宽容的心态和平等博大胸怀接受异质文化，容许并且尊重文化间的差异"②。虽然赛珍珠倡导中西文化间的平等交流，但在20世纪20年代末，"平等"的概念在赛译中则体现为对处于弱势中的中国文学及文化的体认和尊重。

在赛珍珠开始译介《水浒传》的时候，正逢中西交往处于极不平等的年代，"一方面是西方对中国的蔑视和贬低，另一方面则是中国本身的内忧外患及自我否定，因而文化交流领域呈现'一边倒'的局面，西方话语成为时尚和主流，年轻的知识分子极力批判和否定自己的语言、文化及文学等传统"，而"文化交流上的不对等不仅体现在翻译数量的不对等，更体现在翻译策略上的'一边倒'，即译入中文时通行的'欧化'策略和由中文译出时的'通顺'策略形成鲜明对照"③。在此背景下，赛译所采用的"突显差异"的翻译策略其价值可见一斑。通过异质文学语言、风格及文化的凸显，赛译给西方"读者带来了全新的阅读体验和心理冲击"，促使他们"通过'他者'语言文化样式的参照来反观'自我'，从而认识自身可能存在的不足并产生吸收和借鉴的强烈愿望"。而这种体验和冲击，既有助于培养他们对异质文化的接受和体认，"使之'具有对差异的接受能力、对变革的开放心态、追求平等的激情和在其他人的生疏感面前承认熟悉的自我的能力'"，也有助于他们"放弃文化上的我族中心主义思想，认识到'没有任何一种文化比其他文化更为优秀，也不存在一种超然的标准可以证明这样一种正当性：可以把自己的标准强加于其他文化'"④，而这正是赛译"突显差异"策略的真正价值与魅力之所在。但是，凸显"差异"只是赛译的目的之一，赛珍珠的更高追求在于通过异质文化间的交流，实现她文化和合主义的理想诉求。她衷心希望"中西方能抛开以往的成见，看到彼此共享的人类情感，也看到彼

---

① 李林波. 差异，对翻译意味着什么？[J]. 解放军外国语学院学报，2004，27（6）：64-68.

② CONN P J. Pearl S. Buck：A Cultural Biography[M]. Cambridge and New York：Cambridge University Press，1996：140.

③ 唐艳芳. 赛珍珠《水浒传》翻译研究：后殖民理论的视角[D]. 上海：华东师范大学，2009：91.

④ 唐艳芳. 赛珍珠《水浒传》翻译研究：后殖民理论的视角[D]. 上海：华东师范大学，2009：160.

此的异质文化美，互相取长补短，达到丰富自己文化的目的。她坚信只要消除双方的隔阂与误解，建立起真诚的信任和理解，东方和西方能够超越种族和文化的界线，达到'天下一家'的境界"①。因此也就不难理解，在尽可能运用异化手段凸显中国文学及文化的"差异"之外，她还要异化归化并举、采用"有意杂合"的手段以便于西方读者对中国文学及文化的接纳及理解。正是在这个意义上，站在跨文化传播的高度，把握了赛译"突显差异、有意杂合"的翻译策略的价值，也就体会了赛珍珠的用心，同时也有利于进一步体认赛译研究在当下的巨大价值与意义，促进赛译研究及赛珍珠研究向前发展。

3.3.2　对重新认识异化归化关系的启示

　　长期以来，译界对异化归化的认识始终停留在非此即彼的二元对立层面，虽然近年来已有研究者在这一领域不断突破瓶颈，开始尝试对这对概念进行重新阐释，但从严格意义上讲，异化归化二元对立的体认并未破除，仍然在束缚着译界的思维。其中译界所谓的"异化为主、归化为辅"的体认就有待商榷。究其实质，这种体认仍然视异化归化为一种"线段型"存在，即认为"在理论上，归化异化两极之间也许存在着一个黄金点，居于这个点上的译本会将原文本各方面的信息、价值损失减至最少，照顾得最周全"②。姜秋霞等虽然在对《红楼梦》的翻译研究中发现异化归化的短板，提出"同化"与"淡化"两个概念来对其进行补充，但并没有摆脱异化归化乃"线段型"模式的束缚。③张保红等虽然意识到由于译者的主体作用，异化归化两极之间能够互相演变和互相转化，但并没有就此对异化归化的关系做出进一步探究，实为遗憾。④

　　在《语际翻译与文化翻译》一文中，古龙指出，异化归化可以互补。中国传统文化的"中庸"思想已为此做了很好的诠释。在中国传统典籍的翻译实践中，译者应将异化归化有机结合，找到两者间的契合⑤。通过前文对赛译翻译策略的概括与分析，我们不难看出，赛珍珠为实现中西文化间和合共生、美美与共、

① CONN P J. Pearl S. Buck: A Cultural Biography[M]. Cambridge and New York: Cambridge University Press, 1996: 143.

② 顾钧. 论赛珍珠建构中国形象的写作策略[J]. 江苏大学学报: 社会科学版, 2002, 4（2）: 41-45.

③ 姜秋霞, 郭来福, 杨正军. 文学翻译中的文化意识差异: 对《红楼梦》两个英译本的描述性对比研究[J]. 中国外语, 2009, 6（4）: 90-97.

④ 张保红. 译者与文化翻译[J]. 天津外国语学院学报, 2004, 11（3）: 15-21.

⑤ 古龙. 语际翻译与文化翻译. 2009-07-04. http://www.scientrans.com.

平等交流及相互取长补短的文化和合主义理想诉求，她的翻译策略必然为此服务，因而在赛译中异化归化不但并行不悖，而且相辅相成，形成一种互补优势，既在保持中国文学及文化纯洁性的前提下实现了推介及传播中国文化的目的，也同时照顾到了西方读者的"期待视野"及接受能力。笔者从网上所收集到的读者反馈及董琇在美国访学所获得的第一手资料都可以很好地证明这一点。以赛译的翻译策略为理据，笔者认为异化归化其实并不是一种"线段型"的存在，更不是非此即彼的两极对立，而是一种既对立统一而又相互转化的切实存在。对于异化归化这对概念的准确描述应该是类似于阴阳转化的太极图案，见下图所示。

　　笔者相信，在跨文化交流及传播中，对于任何翻译而言，异化归化两者间的互补甚至转化都会存在。只有达到译界公认的翻译效果（圆满调和），异化归化间的调和或转化才会进行下去。如果一部翻译短作完全是异化，则必然会出现与之对峙的归化作品，反之亦然。对于类似于赛译这样的长篇译作，如果一部作品的翻译以异化为主，但异化归化两者间的调和存在矛盾，不能获得评论界的完全认可，则必然有其他译者采用归化为主的翻译来进行调和，如果这种调和不能获得认同，其他的译者还会继续进行调和，直到功德圆满为止。从多年来《水浒传》的英译来看，赛译是对以往节译本的调和，杰译是对赛译的调和，由于这种调和没有获得认同。因此沙译继续进行调和。本来沙译基本上在国内获得了认同，但由于其本身就是金批七十回本与一百回本的杂合，这种调和不彻底。因此又有登特-杨译本对其进行调和。但鉴于登特-杨译本没有获得译界的完全认同。因此将来必然出现新的译本来对登特-杨译本进行调和。客观而论，在这种调和的过程中，开山译作的功劳最大，其他译作对其进行的调和已有参照，有助于对原著的更好理解及译作中的表达。因此后面的译作水平如果高于开山译作，呈现出一种螺旋式上升的态势，绝对属于情理之中。有鉴于此，就《水浒传》的英译而言，赛译的开山译作功不可没。当然，笔者通过对赛译的翻译策略进行探究，从而提出异化归化两者间的对立统一关系及阴阳互补说，只是研究赛译过程中的一点心得，能否成立则有赖于译界对此进行进一步探究。

　　总体而言，我们必须认识到这样的事实，赛珍珠翻译《水浒传》有着崇高的翻译目的，绝非为翻译而翻译。通过赛译这一媒介，我们可以清晰地体察到赛珍珠为实现其文化和合主义的理想诉求，向西方世界大力推介及传播中国文化的可贵用心，这种用心既来自其丰富的人生经历、其所接受的双重文化教育及其对文化边缘人身份的深刻体认，同时也是中西文化交往中一直存在的不平等对她产生的触动所致。对于视中国为祖国的赛珍珠而言，向西方宣传和推介中国文化成为其终身的使命和诉求。理解这一点，也就不难理解她为何会站在中国人的立场上，抛开当时主流意识形态及诗学的束缚，在赛译中将异化归化并举、采用了"突显差异、有意杂合"的翻译策略。事实上，透过赛译的这种翻译策略，我们可以感受到赛珍珠对中国文化精髓的了解和洞见及其作为人道主义者的人文关怀。因此，赛译的"突显差异、有意杂合"翻译策略所展示的不仅是译者的良苦用心，在其背后，我们可以看到赛珍珠"四海之内皆兄弟"，视"天下为一家"的博大胸襟和气度，而这种胸襟和气度已超越了时代的藩篱，在当下则更具警示意义。以此观之，赛译的"突显差异、有意杂合"翻译策略无疑对我们从事跨文化交流和传播具有重要的借鉴意义。

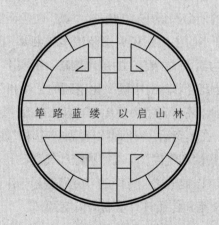

筚路蓝缕 以启山林

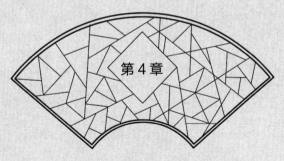

第 4 章

白玉有瑕
瑕不掩瑜

合作翻译之得失

在谈到林纾翻译时，李宗刚曾指出，评论界"一直存在着一个误区"，即把"林译小说当作了林纾翻译的小说，而没有把林译小说看成是林纾和口译者合作翻译的小说"[①]。这个发现很有见地，对赛译研究也具有重要启示意义。为了更好地将《水浒传》呈现在西方读者面前，向西方世界推介和传播中国文化，进而实现其文化和合主义的理想诉求，赛珍珠有目的地选择了与龙墨芗先生进行合作；而龙墨芗先生为使中国古典名著《水浒传》走向世界，不辞辛苦，甘当赛珍珠的助译。从以上实情不难看出，赛译堪称为了实现崇高的理想而开展的合作翻译。

长期以来，评论界基本忽视了赛译的合作翻译实质，而把赛译看作是赛珍珠本人完成的译作。虽有评论者曾论及龙墨芗先生辅助赛珍珠翻译《水浒传》的情况，但并没有研究者从合作翻译的角度对赛译进行深入探究，使得赛译中的一些现象，尤其是涉及对原作的理解、阐释及译作中不可避免出现的一些误译问题，一直无法做出合情合理的解释。毋庸讳言，对赛译进行全面探究，绝不能忽视对其合作翻译的性质、过程及最终影响进行探究。由于赛珍珠与龙墨芗先生的合作事实上贯穿了赛译的整个过程。因此揭示赛译合作翻译的实质也就等于把握了赛译的整个流程。近些年来从方方面面试图对赛译进行探究之作可谓不少，但似乎大都止于对赛译的翻译策略或方法进行探讨这一层面，对赛译的翻译过程虽有论及，却还没有上升到合作翻译这一高度来审视赛译的本质特色及由此带来的利弊得失，对赛译合作翻译之实质进行深入探究之作更是几近于无，这不能不说是个十足的遗憾。有鉴于此，本章旨在重点探究赛译合作翻译之实质的基础上，进一步剖析其所带来的利弊得失，既总结合作双方的成功经验，也吸取他们的经验教训，尤其是厘清合作翻译过程中一些误译现象产生的根源，为客观而公允地评价赛译创造条件。

4.1　赛译合作翻译探源

所谓合作翻译，是指"由两个或两个以上的译者共同承担一个翻译任务"[②]，

---

① 李宗刚.对新式教育视野下的林译小说的再解读[J].扬州大学学报：人文社科版，2007，11（4）：35-40.
② 唐丽蓉，黄霓.合译新论[J].考试周刊，2009（4）：43-44.

"既包括分别以源语和目的语为母语的译者进行口头或笔头合作,也包括数名具有相同母语的译者之间对同一作品的翻译分工合作,还可以是上述两者之间的混合态"①。就翻译实践而言,在具体的操作过程中,由于各种原因,某些翻译任务单靠一己之力恐难完成,需要与别人进行通力合作。因此,从古至今,合作翻译便在翻译领域占有一席之地,成为不可或缺的重要组成部分。西方翻译史上最早的《圣经》译本《七十子希腊文本》,便是七十二位译者合作翻译的结晶。在中国,从古代的佛经翻译、明清时期的科技翻译,一直到近代的文学翻译,到处可见合作翻译的重要成果及影响。译界所熟悉的利马窦、汤若望等人的科技翻译及林纾的文学翻译,正是合作翻译所展示的巨大潜能及魅力。总体而言,在外语人才极度匮乏的古代乃至近代,口述加笔受的合作翻译模式逐渐发展起来并走向成熟,形成了一整套完备的体系,具有很高的实用价值。近几十年来,中外专家通过充分合作,优势互补,不断推出佳作,使合作翻译又迈上了一个新台阶,如杨宪益同夫人戴乃迭珠联璧合,合作翻译了《红楼梦》《儒林外史》及鲁迅作品等大量上乘之作;刘士聪和美籍教师柯力诗等外籍专家合作,在散文翻译方面成果非凡,推出了大量优秀的译作;而《毛泽东选集》《邓小平文选》等重要文献的成功问世,更是众多中外译者合作翻译的典范②。

对于上述提及的合作翻译现象,尤其是古代的佛经翻译、明清时期的科技翻译及清末民初的林纾翻译,都有方家进行探讨,研究成果不断涌现。相比之下,而对于在国外产生重大影响的赛译,虽然近些年来评论界开始给予重视,但至今未见研究者对其合作翻译之发端、过程及影响等进行深入探究,导致赛译中的很多现象,尤其是确实存在的一些误译,一直无法获得符合情理的解释。因此对赛译进行全方位的探讨,必须对赛译的合作翻译实情及其利弊得失进行探究。

4.1.1 赛珍珠的合作者龙墨芗先生

鸦片战争以来,在很长的历史时期内,中西文化交流基本呈现一边倒趋势,西方文化通过各种途径源源不断地传播到中国来,"西学东渐"成为中西交往的主流。在这种大背景下,虽然一些来华传教士向西方世界介绍了一些中国文化

---

① 王正. 翻译中的合作模式研究[D]. 上海:上海外国语大学,2005:5.
② 王正. 翻译中的合作模式研究[D]. 上海:上海外国语大学,2005:6.

现象，但基本都是以西方文化为轴，戴着有色眼镜来评价中国人及其文化。因此长期以来，在西方人心目中形成的是愚昧落后、麻木不仁，甚至是妖魔化的中国人印象。这种情况的出现与当时中西国力间的巨大落差有关。西方列强在经济、军事、科技等领域都占有绝对的优势，而中国却是一个日渐没落的老大帝国，虽经洋务运动、戊戌变法、辛亥革命等一系列政治变革，却无法改变半殖民地半封建社会的历史现状，陷入军阀混战的泥沼中不能自拔。这一切构成了赛珍珠和龙墨芗先生合作翻译《水浒传》，向西方世界阐释中国文学及文化的历史背景。对于赛译这种有目的、有意识地向西方推介中国文学及其文化的合作翻译，在当时可谓凤毛麟角，令人赞叹。

其实，在赛译的译序中，赛珍珠曾提及赛译是自己与龙墨芗先生合作的成果：

> 说到感谢，我不能不提及我长期以来的师长及合作者龙先生。他虽然是一位受教于旧式私塾的学者，然而他对《水浒传》却毫无偏见，与自古以来旧式私塾教育出来的老学究们全然不同。在这本小说的翻译过程中龙老师始终与我合作，在解释中国古传统、服饰、武器及现已不用的古汉语用词方面给我提供了巨大的帮助。因为如同大多数的中国小说一样，《水浒传》的撰写用的也是方言而非官话，且书中有许多现已弃之不用的方言及旧表达法[①]。

毋庸讳言，仅凭以上对龙墨芗先生寥寥数语的描述，实在无法厘清赛珍珠与龙先生如何合作翻译《水浒传》的实情。幸好当代学者刘龙曾拜访过龙墨芗先生之子龙荫绪、女儿龙艾文，写下《赛珍珠失信龙墨芗之谜》一文，使得我们可以对龙先生与赛珍珠夫妻之交往，以及其后来如何与赛珍珠合作翻译《水浒传》之细节有所了解。

据刘龙《赛珍珠失信龙墨芗之谜》一文，龙墨芗先生原籍安徽当涂，生于1887年，其父为前清秀才。龙先生受家庭熏陶，自幼好读书，写得一手好字，未及弱冠便秉承父业，终身教书为生。由于笃信基督教，在南京金陵女子神学院成立不久，即受聘到该院当秘书。1919年下半年，赛珍珠的丈夫布克应聘为金陵大学教授，由于实际需要，经人推荐，拜龙先生为师学习中文。对当时的赛珍珠而言，虽然她幼时曾师从孔先生，学习过《论语》《孟子》等儒学及其他

---

① BUCK P S. All Men Are Brothers (Shui Hu Chuan) [M]. New York: The John Day Company, 1937: ix.

一些道家经典著作并打下牢固基础，但她自己在研读时仍觉力不从心，故常随丈夫一起求教于龙先生，这是赛珍珠与龙先生相识之因。由于赛珍珠与丈夫的学习动机不同，加之其中文功底远胜丈夫。因此龙先生安排赛珍珠及其丈夫的课程有别。赛珍珠跟随龙先生学习中文，虽然在时间安排上基本固定，但灵活性很强，并非每课必至，中后期则为一人独学，授课方式也变为针对具体问题而进行解惑释疑。赛珍珠与龙先生的师生关系一直持续到1933年，且顺延至其养女，达两代人之久。正是龙先生将赛珍珠领进中国文学的神圣领地，使她能够成功走进艺术殿堂，最终获得诺贝尔文学奖。而赛珍珠后来能在中国题材小说创作方面取得如此建树，龙先生功不可没。赛珍珠之所以能够对中国小说史及《天雨花》《笔生花》《金瓶梅》《太平广记》《野叟曝言》《镜花缘》《红楼梦》等中国古典文学名著了如指掌，均拜龙先生辅导所赐。由于龙先生十分理解赛珍珠当时艰难的生活处境，又非常赞赏她为写作而读书学习的高尚动机。因此辅导赛珍珠基本上分文不取，虽然他自己家庭的生活也十分拮据[①]。

由于赛译关乎中国小说走向世界。因此在赛译的翻译过程中，龙先生深感荣耀，不计个人得失，一直全力以赴、舍命拼搏。根据龙荫绪、龙艾文兄妹所述，龙墨芗协助赛珍珠翻译《水浒传》所做主要工作如下：

（1）提供多种直排线装《水浒传》，版本大约七十回、一百回、一百十回、一百二十回等四种以上。

（2）考辨不同版本之真伪优劣，提出采择译本建议。

（3）撰写序言，对《水浒传》做出适当评价。

（4）口述《水浒传》内容，将诗词、俚语改换成现代西方人易懂的口语、向赛珍珠当面分段讲述以便及时英译。

（5）提供赛珍珠所需其他有关资料。[②]

从1929—1933年的几年时光里，龙先生既未"有过宽余时日"，也未"享受过闲情逸致"，一直舍己忘命助译，最终带病完成使命。家庭重负、翻译之事重压、长期超负荷工作及营养不良，使龙先生的健康每况愈下。一次，在合作翻译时，龙先生心脏发病，晕倒在地。事后，赛珍珠主动向龙先生承诺："俟此

---

① 刘龙.赛珍珠失信龙墨芗之谜[M]//许晓霞，赵珏任.赛珍珠纪念文集：第二辑.桂林：广西师范大学出版社，2006：108.

② 刘龙.赛珍珠失信龙墨芗之谜[M]//许晓霞，赵珏任.赛珍珠纪念文集：第二辑.桂林：广西师范大学出版社，2006：109.

英译书在海外出版，发行看好，有钱可赚，一定支付酬劳"。龙先生听罢，反安慰赛珍珠："出一本书，谈何容易，如发行不好，分文不取，西人若能读到我中华此本优秀小说，即可引为自豪和欣喜，乃一大幸事也！"①

1937年12月日寇侵占南京，龙先生举家逃难至汉口，穷困潦倒，终日饥肠辘辘。次年夏巧遇南京神学院曾相识的美国教会来华工作的麦斐德小姐。麦小姐得悉龙先生及其家人之惨状，遂致函赛珍珠。1938年底，麦小姐将赛珍珠寄给龙先生的100美元兑换成500元法币转寄位于重庆的龙先生。贫困交加的龙先生有了赛珍珠的确切地址，从重庆给她去过两次信。第一封对赛珍珠所寄100美元表示感谢。在第二封信中，阐明由于生活难以维持，买了一批邮票寄上，请赛珍珠在美国代售，欲赚些钱补贴家用，结果赛珍珠既未回信，也未退还邮票。龙先生自然心情沮丧。1937—1940年逃难期间，龙先生一直将《水浒传》翻译文稿资料精心收好，带在身边，视若珍宝。后见赛珍珠如此绝情，遂在这包材料上写下"白费了的心血"字样，借以表达其无助、苦闷、失望及郁愤之情。1940年10月，龙先生积劳成疾，身患绝症，在重庆溘然长逝，享年53岁②。

笔者无意在此对赛珍珠失信于龙墨芗先生而将其诟病，只是本着还原历史真相的初衷，揭示赛译合作翻译之繁复艰巨及龙先生为此付出的巨大牺牲。其实，在中国人民抗日战争期间，赛珍珠为中华民族的抗战事业做出了杰出的贡献，无疑是中华民族的友人。与其一生成就与贡献相比，赛珍珠失信于龙墨芗先生乃白玉微瑕，况且在兵荒马乱的年代，龙先生寄给赛珍珠的第二封信是否寄到赛珍珠手中还不得而知；即便这封信的确寄到了赛珍珠手中，赛珍珠当时为什么对此无动于衷，甚至连龙先生委托她代卖的邮票也不归还，尚需进一步考证。因此绝不宜由此而否定其光辉灿烂的一生。

4.1.2　赛译合作翻译之特殊性

赛译巨大的海外影响充分彰显了赛译研究的独特价值。1964年钱锺书在《林纾的翻译》一文中曾指出，"最近，偶尔翻开一本林译小说，出于意外，它居然还有些吸引力。……可以看出，译品的生命力，应该是区别译品好坏的标准

① 刘龙.赛珍珠失信龙墨芗之谜 [M]//许晓霞，赵珏任.赛珍珠纪念文集：第二辑.桂林：广西师范大学出版社，2006：110.

② 刘龙.赛珍珠失信龙墨芗之谜 [M]//许晓霞，赵珏任.赛珍珠纪念文集：第二辑.桂林：广西师范大学出版社，2006：102-111.

之一。尽管译品有这样那样的错误，但它拥有一代又一代的读者，这样的译品就算得上是珍品"①。钱锺书的评价无疑对赛译研究具有启示意义。如果"译品的生命力"能够成为"区别译品好坏的标准之一"的话，那么赛译就"算得上是珍品"，认真探究其合作翻译过程就显得更为重要。在赛译的译序中，赛珍珠曾这样提及赛译的合作翻译过程：

> 在此透露一点儿我所使用的翻译方法也许会很有趣。我先独自仔细研读原著。然后在龙老师向我朗读的同时，我尽力逐字逐句准确翻译。我发现跟随他的朗读我可以翻译得更快一些。与此同时，我将自己的一本原著打开放在身边，以备不时参照之用。译文全部完成之后，我与龙老师又通阅全书，将译本与原著进行逐字逐句的比较。为了确保准确无误，我与另一位中国朋友重又进行了校对②。

从以上赛珍珠对赛译过程的描述，我们相信可以了解到以下信息：

（1）在合作翻译中，两位合作者分工明确：龙先生负责向赛珍珠解释中国古传统、服饰、武器及当时已不用的古汉语用词等，赛珍珠主要负责笔译工作。

（2）具体翻译过程是赛珍珠先研读原著，看看有没有什么地方需要龙先生解释。如果没有，那么龙先生向赛珍珠朗读，赛珍珠尽力逐字逐句进行翻译。这样合作可以提高翻译速度。从耗时四年多才完成译作这一点来看，赛珍珠在翻译时需要龙先生解释之处恐怕不少。

（3）只有在认为需要的情况下，赛珍珠在翻译过程中才会参考放在身边的原著。赛译是一种"听、看、释、译"相结合的两人合作式翻译。

（4）赛译完成之后，两位合作者又通过"读、听、看"的形式对译文进行了校对。为确保准确无误，赛珍珠又与一位中国朋友重新对译作进行了上述形式的校对。

（5）赛珍珠翻译《水浒传》的态度是严肃认真的，可谓一丝不苟。

以上的信息可以具体分成三个步骤，即阅读及理解原著过程，具体翻译过程及实际校对过程。这几个步骤可以用图4-1至图4-3表示：

---

① 叶公平.《大地》背后的中国人：邵德馨[J].新文学史料，2009（4）：137.

② BUCK P S. All Men Are Brothers（Shui Hu Chuan）[M]. New York：The John Day Company, 1937: ix.

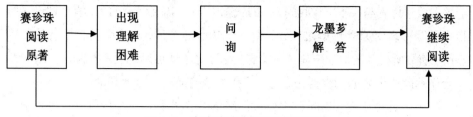

图4-1　赛珍珠阅读及理解原著过程

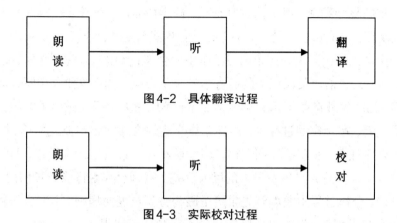

图4-2　具体翻译过程

图4-3　实际校对过程

　　从以上分析不难看出，赛译的翻译过程具有绝对的特殊性，对译本的生成产生了重要影响。一些评论者指责赛珍珠在翻译过程中存在着一些对原文的理解偏差，笔者认为这是实情。但现今一些看似简单的理解问题，对当时的赛珍珠来说却并非易事。为了更好地向西方推介和传播中国文化，让西方读者欣赏到《水浒传》的原汁原味，在无法获得工具书来帮助自己准确地理解原著的情况下，赛珍珠邀请龙墨芗先生来助译，帮助其解释原作的难点和疑点，无疑是一种理想的选择。需要强调的是，由于赛译这种独特的合作式翻译过程，一些学者在解释赛译的某些现象时所依据的理论可能站不住脚，其中阐释学所指陈译者之"前理解"，在赛译分析中就缺乏足够的解释力。赛译中所存在的若干对原文理解的不足，已不完全是赛珍珠之过，恐怕与龙先生的解释有一定关系。然而，就当时的条件而言，如果赛译的两位合作者对原作的理解及把握存有些许偏颇与不足，其实不但在情理之中，而且在所难免。此中的甘苦，也许只有两位合作者才能深知其中之味。因此，"用传统的方法来分析赛译是否准确忠实有失偏颇，评价的时间坐标轴必须回溯到其进行翻译的20世纪30年代，评价的空间坐标轴应该置放于译者与文本'物我同一'的状态中"①。需要澄清的是,有些评论者所指出的赛珍珠对原著理解之错误,据一些学者的考证,却恰恰是对原著的正确理解,前文所提及的对扈三娘"一丈青"绰号之考证足以说明一些问题。对于赛译合作翻译所带来的利弊得失,笔者将在本章的最后一节展开论述。

在中国翻译史上,提起产生巨大影响的合作式翻译,人们马上会想到中国近代史上的王韬与理雅各合作翻译中国古代经典(以下简称王理合作模式)及清末民初的林纾翻译(以下简称林译)。按实情而论,赛译合作模式与王理合作模式及林译确有可比之处。先看赛译合作模式与王理合作模式的共性与差异。两种合作模式的相同之处在于两者都是中西合作,其中一人为满腹经纶的中国学者,另一人为精通英汉双语的西方学者。从影响上看,两种合作模式可谓旗鼓相当,均在国外产生了重大影响,在特定年代为中学西渐做出了贡献。从合作效果上看,在合作的过程中,两种合作模式的合作双方均彼此信赖,圆满地完成了合作任务,实现了预期目标。但就两种合作模式的区别而论,两者还是不可同日而语。首先是经费投入的巨大反差。赛译合作翻译没有赞助商,没有经费支持,合作过程中龙墨芗先生更是因为劳累过度而病倒,不但合作翻译过程中没有获得酬劳,在成果出版后也没有得到任何回报,令人唏嘘;而王理合作模式不但有赞助商资助,经费充足,而且从合作开始到最后,王韬获得了丰厚的物质回报,对合作双方来讲可谓实现了双赢。其次是合作过程中的分工不同。在赛译合作模式中,龙墨芗先生不但参与了对原作版本的取舍,在翻译过程中向译者朗读原文、帮助解释涉及源语语言及文化的疑难问题,而且最后还以朗读原文的形式帮助译者进行校对;而在王理合作模式中,"王韬主要负责繁重的翻译前期工作。理雅各确定要翻译一部作品之后,他便围绕着这部作品广搜博集,详加考订,然后集各代注疏之长,加上自己的研究心得,写成笔记,以供翻译之用"②。再次是翻译过程的不同。在赛译合作模式中,龙墨芗先生从始至终都参与了翻译;而在王理合作模式中,王韬并没有参与实际的翻译过程。而对于赛译合作模式与林译的相似之处,似乎更值得译界关注。其实,对于赛译与林译的共同之处,林语堂早有评论。林语堂在晚年回忆录中这样评价赛译:"赛珍珠把《水浒传》翻成英文时,并不是看着原书英译,而是听别人读给她,而边听边译的,这种译法我很佩服。就像林琴南不通英文,译司哥德的《撒

---

① 董琇.译者风格形成的立体多元辩证观:赛珍珠翻译风格探源[D].上海:上海外国语大学,2009:139.

② 张庆善,胡适 鲁迅解读《水浒传》[M].沈阳:辽海出版社,2001:1.

克逊劫后英雄传》和《天方夜谭》时的情形一样"①。笔者认为，将赛译与林译进行对比分析，将是一件极有意义的事情。两者都是"听—译"模式，在影响力、受评论者诟病等方面确有很多相似之处，与此同时，两者又有明显差异。就译者的知识结构而言，赛珍珠可谓精通英汉双语，而林纾对外语则可谓一窍不通；在翻译方法的运用上，赛译"尽可能地直译"，而林译尽可能地意译；从双语转换的角度看，赛译是汉译英，而林译是英译汉；从合作者的身份看，赛译乃中外合作，而林译则属国内学者间的合作。可见，赛译合作模式与林译虽有一定的共性，但差别仍然较大，其中在归属问题上，林译是典型的"口述加笔译的合作翻译模式"，而赛译合作模式目前在归属问题上还是一个空白，有待译界对此进行探讨。

目前之所以对赛译这种特殊的翻译合作模式无法归类，主要在于两点：一是国内外专门研究合作翻译理论方面的成果不多，二是现有的研究成果囿于局限，还无法解释赛译这类特殊的合作翻译模式。中国翻译史上常见的合作翻译模式，主要包括"口述加笔译的合作翻译模式、主译加辅译的合作翻译模式及集体分工协作的翻译模式"这三类②。张德让发表在《中国翻译》1999年第4期的论文《合译，"合一"》被认为是这一研究领域的权威之作。在文中张德让先生将合作翻译分为四类：主译加润色的主配角式；口述加笔译的互存式；"化整为零"的承包式及大规模合作的立体式。除了以上这几种划分之外，王正又补充了其他的合作翻译模式，如"个别阅读，共同讨论，专人执笔，集体审校"模式、"转译和根据原作的解释性笔记进行翻译"模式及人与机器合作模式等③。从以上关于合作翻译模式的划分来看，赛译似乎应归属于张德让所提及的"口述加笔译的互存式"（以下简称口述加笔译模式），但仔细探究之下，不难发现赛译与这种口述加笔译模式的重大区别。首先，口述加笔译模式是指"由通晓译出语的译者进行口述，由通晓译入语的译者进行笔受"④，相比之下，不难发现其与赛译的巨大差别。在赛译的翻译过程中，龙墨芗先生负责向赛珍珠朗读原文及解释赛珍珠不能准确理解之处，如中国古传统、服饰、武器及当时已不用的古汉语用词等，但他并不懂英文；而赛珍珠负责将原文译成英文，可她既精通汉语又精通英语，赛译合作模式与这种口述加笔译模式的差别由此可见一

① 李法白，刘镜芙.水浒语词词典[M].上海：上海辞书出版社，1989：38-39.
② 贺祥麟.我看赛珍珠[J].河南师范大学学报：哲学社会科学版，1993，20（2）：71-72.
③ 王正.翻译中的合作模式研究[D].上海：上海外国语大学，2005：26-28.
④ 王正.翻译中的合作模式研究[D].上海：上海外国语大学，2005：11.

斑。其次，在口述加笔译模式中，"由于口述者自身往往兼任口译的角色，从而导致所有笔受者都完全依赖口述者，只能在口述的基础上根据自己的理解进行润色和适当的调整，因而在翻译质量上很难进行有效的控制"[①]，而反观赛译之合作模式，由于赛珍珠精通汉语及英语。因此她对原文有很好的理解，可以有效地控制自己的翻译质量。再次，在口述加笔译模式中，"理解是双重的，既有口译者对原文的理解，又有笔受者对合作者口述的理解"[②]，而对赛译而言，这种双重理解是不存在的。虽然在翻译的过程中赛珍珠肯定会遇到一些理解难题，但这些难题主要是通过向龙墨芗先生求助并得到解答而解决的。最后，从翻译的操作层面来看，在口述加笔译模式中，"口述者以口语体的形式讲述，而笔受者以书面的形式记录，这个转换过程中必然包含着从口语文体向书面的正式文体的转换"[③]，甚至对原文实施叛逆，而赛译翻译过程中明显不用担心这方面的缺陷。

那么，赛译是否可归入"主译加辅译的合作翻译模式"或"主译加润色的主配角式"呢？答案显然是否定的。所谓"主译加辅译的合作翻译模式"或"主译加润色的主配角式"合作翻译，是指"其中一人精于原语和翻译，为主译，另外一人长于译语，负责文字润色工作，目的是为了增强译语的可读性"[④]。在具体实践中，译文通常由主译者独立完成初稿，而辅译者则通过对译文初稿进行校对、讨论、修改、润色等手段，对译文质量进行有效监督，保障理解及表达的准确性。将赛译的具体翻译过程与之相比，虽然都是两人合作模式，也有主译辅译之分，但两者在其他方面差别甚大，实不能同类而语。

有鉴于此，不难发现赛译合作翻译模式虽非新现象，却一直未受关注，为译界所忽视，成为憾事。诚如图里（Gideon Toury）所言："如果理论不能解释翻译活动中发生的每一种现象，那么，有缺陷的、必须改正的，是理论而不是'有问题'的现象"[⑤]。

---

① 王正. 翻译中的合作模式研究 [D]. 上海：上海外国语大学，2005：14-15.
② 刘杰辉. 中国传统合作翻译模式描述及分析 [J]. 长春理工大学学报：社会科学版，2009，22（2）：269-271.
③ 王正. 翻译中的合作模式研究 [D]. 上海：上海外国语大学，2005：16.
④ 刘杰辉. 中国传统合作翻译模式描述及分析 [J]. 长春理工大学学报：社会科学版，2009，22（2）：269-271.
⑤ TOURY G. In Search of a Theory of Translation[M]. Jerusalem：Academic Press，1980：62.

4.2　赛译合作翻译之利弊得失

在赛译的翻译过程中，赛珍珠与龙墨芗先生分工明确、各司其职、配合默契，可谓出色地发挥了合作翻译的优势，顺利地完成了翻译任务。然而，囿于当时的条件限制及合作时所采用的方式，在成功地完成了翻译任务的同时，也不可避免地造成一些失误，留下些许遗憾。

4.2.1　赛译合作翻译产生的优势

对于赛珍珠而言，在翻译《水浒传》方面她可谓具有相当的优势。她自幼便在中英双语环境中长大，中英文纯熟，十岁时更拜清朝宿儒孔先生为师，开始接触和学习中国古代文学经典、儒家伦理及数千年的中国文明史。在孔先生的指导和帮助下，小赛珍珠阅读了大量的中国古代典籍及文学作品，对中国传统文化有了一定的了解和体会，同时打下了坚实的中文功底。在赛珍珠的成长过程中，通过其他途径了解和学习中国文化也为她后来选择和翻译《水浒传》创造了条件，其中与中国古典小说的接触成为她了解中国文化的一个重要窗口和平台。据赛珍珠在其自传《我的中国世界》一书中的回忆，童年时，家中的厨师经常给她讲《三国演义》《水浒传》和《红楼梦》中的故事[1]，而乳母王阿妈则经常讲一些神话故事给她听，那些神奇莫测的宝剑、修炼成精的妖怪、藏身于山野老林中的鬼魂、呼风唤雨的神龙等常使她听得如痴如醉[2]。除此之外，赛珍珠还喜欢听周游四方的说书艺人说书、看江湖戏班唱戏，从中了解了中国的历史及历史上的英雄豪杰[3]。等到她自己能够阅读中国小说的时候，她曾饶有兴趣地读过包括《水浒传》在内的一些中国古典小说。在长期的生活实践中，尤其是与各阶层中国百姓的广泛接触，使得赛珍珠对中国文化及社会习俗等有了更加深入的了解。1919年下半年来南京生活后，更是同丈夫布克一起拜龙墨芗

---

① 赛珍珠. 我的中国世界 [M]. 尚营林，张志强，李文中等，译. 长沙：湖南文艺出版社，1991：58.

② BUCK P S. The Old Chinese Nurse [J]. Fortnightly Review: New Series, 1932: CXXXI.

③ 赛珍珠. 我的中国世界 [M]. 尚营林，张志强，李文中等，译. 长沙：湖南文艺出版社，1991：26.

先生为师，系统学习中国古代文学经典及中国小说史，中文修养和中国文学功底因而又取得了长足的进步。而对于出生在美国传教士家庭和后来接受美国正规高等教育的赛珍珠而言，她的英文功底之深更无须赘言。她自幼便接受母亲凯丽给她讲解的有关英语语言及西方文化知识方面的启蒙教育，10 岁时则按照美国中小学课程开始系统学习欧美及古希腊、古罗马的文史课程及自然科学科目，打下了坚实的英语语言及文化知识基础。此外，她自童年时便喜欢阅读狄更斯的作品，这给她后来创作和翻译带来的好处自不待言。而后来赛珍珠到上海薇拉女校学习（1909—1910）、回美国伦道夫－梅肯女子学院接受高等教育（1910—1914）及在康奈尔大学攻读硕士学位（1925）等，使她的英文水平及写作功底更上一层楼。正是她在中英文功底方面的深厚基础及对中国社会生活及文化传统等方面的深入了解，使她成为翻译《水浒传》的不二人选，正如彼德康所言："赛珍珠精通汉语，对中国古典文学所知甚多，生命的大半辈子在中国度过，且与新文化运动中的一些人物也有接触，……事实上，她在美国文学史上的地位极其独特，在同样具有影响力和非凡文学成就的美国作家之中，实在无法找到另一个像她这样浸淫于异国文化生活的人"[①]。

　　赛珍珠选择同龙墨芗先生合作翻译《水浒传》，既充分体现了赛珍珠为传播中国文学及文化、实现其文化和合主义诉求而努力的崇高用心，也从另一个侧面折射出她为把《水浒传》原原本本地介绍给西方读者而表现出来的求真务实精神。从前文对赛译合作翻译过程的剖析，我们不难体察赛珍珠在翻译过程中那种严肃认真、一丝不苟的翻译态度。笔者认为，在这种态度的背后既体现了译者赛珍珠的责任感和使命感，同时也是一种历史必然。

　　客观而言，赛珍珠对《水浒传》的理解和认识还有一定的欠缺，需要一位《水浒传》研究方面造诣非凡的学者来合作。《水浒传》的语言继承了宋元话本之传统，以北方方言为基础，锤炼出异常丰富多彩的文学语言，虽然谈不上深奥晦涩，但在没有适合的工具书来参阅的情况下，仅对各种方言俗语的理解本身就是一个大问题。此外，素有"封建社会百科全书"之称的《水浒传》，从宗教的儒释道到北宋时期的官名地名、服饰食物、医卜星相、勾栏瓦舍及吹拉弹唱等各种社会情状可谓无所不包，文化内涵极为丰富，凭赛珍珠个人之力将其译成英文几乎是一件可望而不可企及的事。事实上，赛珍珠之后的译者如杰克逊也选择七十回本《水浒传》、沙博里的前七十回也选用金圣叹版本，其中一个

---

① 董琦.译者风格形成的立体多元辩证观：赛珍珠翻译风格探源 [D].上海：上海外国语大学，2009：149.

重要原因在于可以从赛译中找到参照和借鉴，尤其是理解原作方面的难题。此外，在 20 世纪初，梁启超等人发起了"小说界革命"，小说担负起唤起民众、改良政治的重任，《水浒传》的地位因而得以空前提高。在此背景下，一些五四运动的精英如鲁迅、胡适、陈独秀等纷纷参与了《水浒传》研究，"他们的学术背景比起前辈们更为复杂，既可以从传统的考据入手，研究《水浒传》的成书、版本等问题，也可以从进化论、辩证法等新的政治学、社会学、历史学、文学、哲学等审视角度入手，来诠释《水浒传》。因此，他们的研究非常全面，成绩斐然"①。然而，到 20 世纪 20 年代末，虽然上述学者对《水浒传》进行了卓有成效的研究，但由于研究主要倾向于探讨《水浒传》的主题、版本及成书过程等宏观领域，而后来出现的如李法白、刘镜芙的《水浒语词词典》(上海辞书出版社，1989 年)或胡竹安的《水浒词典》(汉语大词典出版社，1989 年)等对微观领域进行探讨及详解的工具书并未出现。因此对当时的赛珍珠而言，选择与古典小说造诣高深的龙墨芗先生来合作翻译《水浒传》，实属情理之中。主观而言，从多年求教于龙墨芗先生的经验中，赛珍珠已深谙龙先生之学识及人品。因此在主观上倾向于同其进行合作。而对于满腔爱国之心的龙墨芗先生而言，能够协助赛珍珠翻译《水浒传》从而使中国小说走向世界，深感无比荣耀，故不计个人得失欣然助译，最终完成使命②。

就赛译的合作而言，从最初的文本选择、翻译过程中的互动到最后的校对，合作几乎贯穿于赛译的整个流程(只有最后一次校对龙墨芗先生没有参与)，合作者也可谓倾尽了全力，发挥了各自的优势。对龙墨芗先生而言，他的巨大优势在于对中国古典小说的浸研和理解。他是一位既有深厚国学造诣，又痴迷于研究中国古代小说的学者。他早年曾有过编写中国小说史的打算。1924 年读过鲁迅的《中国小说史略》之后，在欣赏文中若干精辟论断及深邃见解的同时，对文中并未论及或未详论的若干小说深表遗憾。因此即着手撰写自己的书稿，对鲁迅文中未详论的《西游记》《封神榜》等中国古典小说的相关情节及人物，均给予详细评价，对相关作者生平仔细考证，用力可谓至深至勤③。从以上可见龙墨芗先生对包括《水浒传》在内的中国古典小说研究之深。更为难能可

---

① 钱锺书. 七缀集 [M]. 修订版. 上海：上海古籍出版社，1994：80.
② 刘龙. 赛珍珠失信龙墨芗之谜 [M]//许晓霞，赵珏任. 赛珍珠纪念文集：第二辑. 桂林：广西师范大学出版社，2006：110.
③ 刘龙. 赛珍珠失信龙墨芗之谜 [M]//许晓霞，赵珏任. 赛珍珠纪念文集：第二辑. 桂林：广西师范大学出版社，2006：107.

贵的是他的拳拳爱国之心。为使中国古典名著《水浒传》走向世界，在合作翻译的过程中，他不计报酬、劳神费力，甚至不顾自己及家人生活之窘境，不断以"君子故穷""君子安贫，达人知命""老当益壮，宁移白首之心""穷且益坚，不堕青云之志"等古训君子美德来激励自己，可谓兢兢业业，全力以赴①。笔者曾花费半年左右的时间，在积极借鉴其他研究者的成果基础上，将赛译与《水浒传》原著（金圣叹《第五才子书施耐庵〈水浒传〉》）逐句进行比对来探究赛译中误译产生的根源，发现由于纯粹理解问题而导致的误译数量其实微乎其微，几乎可以忽略不计，这完全是拜龙墨芗先生对《水浒传》的恰当把握所赐。对于当时的赛珍珠而言，如果没有龙墨芗先生在解释疑难等方面的辅助，若想顺利完成翻译初衷，实现向西方读者推介及传播中国文化、从而实现其文化和合主义诉求之用心，几近于不能。事实上，赛珍珠自己并不能全部读懂《水浒传》的每个字词，需要龙墨芗先生的帮助，尤其是将某些较难的词汇和文化专属语解释给她听②。在一篇文章中，赛珍珠曾坦承翻译的局限性，并实事求是地指出，"几乎没有哪个西方人能够完全读懂用亚洲语言写成的原著"③。这样的实情，恐怕是她在翻译《水浒传》时寻求与龙墨芗先生进行合作之真实心态的一种写照。

　　而合作双方在翻译过程中采用的"看（阅读）→（问）→读（朗读）→听→译"模式，则在中国古典文学外译的模式中揭开了新的一页。这种模式一方面提高了对原作理解的准确度及翻译速度，而另一方面则充分发挥了赛珍珠的双语优势。她本人曾坦承："在描写中国人的时候，纯用中文来织成，那在我脑海中形成的故事，我不得不把它们再逐句译成英文"④，而赛译的"看（阅读）→（问）→读（朗读）→听→译"则恰好符合赛珍珠的思维过程，"按照先反应中文的习惯，她就不用组织中文了，中文已在，逐句译为英文即可，她翻译中文小说与创作小说的过程只相差一个步骤"⑤。赛译这种特殊的翻译模式既发挥了合作双方的优势，丰富了中国古典文学外译的模式，在服务于以"尽可能地直译"为主的翻译策略的同时，也为译文的优化创造了条件。下面让我们通过一些具体实例来体察赛译这种"看（阅读）→（问）→读（朗读）→听→译"模式所产

① 刘龙.赛珍珠失信龙墨芗之谜[M]//许晓霞,赵珏任.赛珍珠纪念文集:第二辑.桂林:广西师范大学出版社,2006:110.
② 董琇.译者风格形成的立体多元辩证观:赛珍珠翻译风格探源[D].上海:上海外国语大学,2009:149.
③ CONN P J. Pearl S. Buck: A Cultural Biography[M]. Cambridge and New York: Cambridge University Press, 1996:199.
④ 董琇.译者风格形成的立体多元辩证观:赛珍珠翻译风格探源[D].上海:上海外国语大学,2009:149.
⑤ 董琇.译者风格形成的立体多元辩证观:赛珍珠翻译风格探源[D].上海:上海外国语大学,2009:149.

生的妙译：

例1　那后生**看了一看**，拿条棒**滚将入来**，**径奔**王进。王进**托地**拖了棒便走。那后生**抢着**棒又**赶入来**。（第1回，第55页）

赛译　The young man **saw** this and he **took** his staff and **twirled** it and **rushed** toward Wang Ching. Wang Ching suddenly **pulled** his own staff **back** behind himself, and the young man, staff in hand, **dashed on.** (1937: 30)

例2　鲁达大怒，**揸开五指，去那小二脸上只一掌**，打得那店小二口中吐血；再复一拳，打落两个当门牙齿。小二扒将起来，一道烟跑向店里去躲了。（第2回，第76页）

赛译　Then Lu Ta grew mightily angry. He **opened his five fingers** and **flung wide his arm** and **slapped the serving man full in the face** so that blood burst out of his mouth. Then Lu Ta lifted up his fist and slapped the man again and knocked out his two front teeth. The serving man crawled up and swift as a streak of smoke, he ran to hide in the inn. (1937: 57)

例3　鲁智深**离了**铁匠人家，**行不到**三二十步，**见**一个酒望子**挑出**在房檐上。鲁智深**掀起**帘子，**入到**里面**坐下**，**敲着**桌子**叫道**："将酒来。"（第3回，第97页）

赛译　Lu Chi Shen then **left** the ironsmith's shop and he **had not gone** more than twenty or thirty paces when he **saw** a wine flag **hanging on** a bamboo on a shop roof. He **pushed aside** the door curtain and he **went in** and **sat down** and **knocked on** the table and he **shouted out,** "Bring wine here!" (1937: 81)

作为中国历史上著名的古典武侠小说之一，《水浒传》的武打场面可谓比比皆是，原著中对这些武打场面的描写主要是通过一系列动词的运用来进行点睛的。因此在翻译时能否在把握原意的基础上传神地翻译出来，对译者绝对是个考验。此外，在描写英雄人物性格特点的情节中，动词的巧妙运用也是原著妙笔生花的一个重要组成部分。例1和例2是打斗场面描写，在例1中，"滚将入来"用"twirl"和"rush"来体现，而后面的"赶入来"译成"dash on"，可谓前后呼应，神形兼备。在例2中，在仔细体会原文的基础上，译者不再拘泥于原文的字面束缚，将"揸开五指，去那小二脸上只一掌"译成"opened his five fingers and flung wide his arm and slapped the serving man full in the face"，既忠实于原文，又与当时的动作描述相符合，体现出协调一致的美学效果。在例3中，译文中一系列动词的准确运用与原文相一致，将鲁达做事果断、望酒欲穿、急不可耐的性格生动而形象地展示出来。

例4 （那大王）出得庄门，大骂刘太公："老驴休慌。不怕你飞了去！"把马打上两柳条，**不喇喇**地驮了大王上山去。（第4回，第112页）

赛译 As he passed through the village gate he cursed in a great voice, saying, "Old Liu, you old donkey, do not be impatient! I am not afraid of your flying away!" He gave his horse a couple of blows, and **clap-clapping**, the horse galloped away, bearing the robber chief to the mountain.（1937：97）

例5 先把戒刀和包裹拴了，望下丢落去，又把禅杖也撺落去。却把身望下只一滚，**骨碌碌**直滚到山脚边，并无伤损。（第4回，第118页）

赛译 So he tied his dagger into his bundle and threw it down and his staff he sent down also and then he rolled himself down **ku-lu-lu**—and so he rolled straight down to the bottom of the mountain nor was his body anywhere hurt.（1937：104）

例6 智深**呵呵大笑**道："兀那蠢物！你且去菜园池子里洗了来，和你众人说话。"（第6回，第136页）

赛译 Lu Chi Shen roared out a great **ho-ho of laughter** and he cried, "Ha, you stupid things! Go and wash yourselves in the garden pond! I have something to say to you all."（1937：123）

在赛译中，赛珍珠对汉英两种语言的把握火候在拟声词的翻译上得到了突出体现。从以上几例中她对拟声词的处理上，可以看出她在此领域的高超匠心。在笔者看来，这种匠心可谓余音绕梁、三日不绝，达到了炉火纯青的地步，对我们在翻译实践中如何更好地翻译拟声词极具借鉴意义。

例7 看那妇人，虽无十分的容貌，**也有些动人的颜色**。拭着泪眼，向前来深深的道了三个万福。那老儿也都相见了。（第2回，第73页）

赛译 When the two had come into their presence, the three saw that the girl, although she was not very pretty, **was still comely enough to move a man somewhat**. She wiped her eyes with the back of her hand as she came before them. Then she put her hands into her sleeves and bowed deeply three times. The old man came also and made obeisances. (1937: 54)

例8　主人家**连声应道**："提辖只顾自去，但吃不妨，只怕提辖不来赊。"（第 2 回，第 75 页）

赛译　The innkeeper replied hastily, "**Yes—yes—yes**—do not trouble! Just come and drink wine—never mind! We are only afraid you will not come and so will not owe us anything!" (1937: 56)

例9　不到半载之间，史进父亲太公染病患症，数日不起。史进使人远近请医士看治，不能愈可。**呜呼哀哉**，太公殁了。（第 1 回，第 55 页）

赛译　One day, before half a year had passed, the old lord fell ill and in a few days he could not rise from his bed. Shih Chin sent men to a great distance to find doctors, but the illness could not be cured so that, **alas and alack**, the old lord died.（1937: 31）

在例7至例9中，将"也有些动人的颜色"译成"was still comely enough to move a man somewhat""连声应道"译成"yes—yes—yes—""呜呼哀哉"译成"alas and alack"堪称经典，不仅体现了令人仰止的美学艺术效果，译者深厚的中英文造诣也由此可见一斑。不难看出，以往一些批评者认为赛珍珠对中文及中国文化缺乏了解，实属无稽之谈。

例10　话说当时吴学究道："我寻思起来，有三个人，义胆包身，武艺出众，敢**赴汤蹈火**，同死同生。只除非得这三个人，方才完得这件事。"（第 14 回，第 236 页）

赛译　At that time Wu Yung said, "Thinking to myself I have thus thought. There are three men by the surname of Juan, who are all of great heart and brave spirit. Their fighting skill is far above that of common men, and their courage is great enough **to leap into a boiling cauldron, into a blazing fire**. Together they will live, together die. Unless we can secure these three men this matter cannot be carried through to the end."（1937: 233）

例11　晁盖等慌忙施礼，王伦答礼道："小可王伦，久闻晁天王大名，**如雷贯耳**。今日且喜光临草寨。"（第 18 回，第 307~308 页）

赛译　Ch'ao Kai and his fellows hastened to make obeisance. Then Wang Lun returned the obeisance and he said, "I, this humble one, Wang Lun, have only heard of the great name of The Heavenly King, Ch'ao, but it has come to my ears **like the roar of thunder**. Today we are pleased that the light of your glory falls upon our humble straw-thatched lair." (1937: 310)

例12 两个斗不到十合，林冲卖个破绽，放一丈青两口刀看入来，林冲把蛇矛逼个住，两口刀逼斜了，赶拢去，**轻舒猿臂，款扭狼腰**，把一丈青只一拽，活挟过马来。（第48回，第788页）

赛译 ... and the two fought less than ten rounds when suddenly Ling Ch'ung pretended to make a feint and he let The Green Snake come at him with her two swords. Then he stayed them fast with his spear held crosswise. The two swords glanced aside and Ling Ch'ung seized the opportunity and **stretched out his ape-like arm silently** and he **bent his wolf-like back** and laying hold on The Green Snake he dragged her over upon his own horse. (1937: 867)

在例10至例12中，将"赴汤蹈火""如雷贯耳"及"轻舒猿臂，款扭狼腰"分别直译成"to leap into a boiling cauldron, into a blazing fire""like the roar of thunder"及"stretched out his ape-like arm silently, bent his wolf-like back"，既体现了原文的修辞艺术，又展示了匠心独具的美学效果。

例13 正是**严冬天气，彤云密布，朔风渐起**，却早**纷纷扬扬卷下一天大雪来**。（第10回，第182页）

赛译 It was just at **the season of the great cold and the dark smooth clouds of coming snow spread over the sky and the north wind rose in gusts and the snow blew the whole day long in great waves.** (1937: 172)

例14 大虫见掀他不着，吼一声，**却似半天里起个霹雳**，振得那山岗也动，把这铁棒也似虎尾，**倒竖起来只一剪**。（第22回，第370页）

赛译 The tiger seeing it could not catch him by springing or kicking gave a roar and it was **as though there was a crack of thunder in the near air**. And the very mountain trembled. Then the tiger made its tail, that was like a bar of iron, **to stand erect**, and **then it beat its tail suddenly down**. (1937: 384)

例15 武松在轿上看时，只见**亚肩叠背，闹闹穰穰，屯街塞巷**，都来看迎大虫。（第22回，第374页）

赛译 Wu Sung, looking out from the sedan, could only see **shoulder against shoulder, chest against back, pushing and yelling**, and the streets were so pressed full that the alleys were stopped and people could not come out.

They had all come to see the great tiger and to give welcome.（1937: 388）

例 13、例 14 分别描述的是自然景象和动物动作，所用的叙事方式是全知全能视角；例 15 描述的是人文景观，叙事方式是第三人称叙述视角。例 13 中，译者并没有拘泥于原文，在充分体会原文精髓的基础上，将"严冬天气"译成"the season of the great cold"、将"彤云密布，朔风渐起"与后文的"纷纷扬扬大雪"融到一处，译成"the dark smooth clouds of coming snow spread over the sky, the north wind rose in gusts, the snow blew the whole day long in great waves"，既忠实于原意，又产生了很好的感官效果，尤其是"in great waves"与前文的"blow"相映衬，将大雪纷纷扬扬的场景很好地展现出来。例 14 中，"却似半天里起个霹雳"译成"as though there was a crack of thunder in the near air"堪称绝笔，尤其是把"半天里"译成"in the near air"，起到了画龙点睛的作用。此外，例 14 中的"倒竖起来只一剪"译为"to stand erect, and then it beat its tail suddenly down"，例 15 中对"亚肩叠背，闹闹穰穰，屯街塞巷"几个四字格的翻译也是妙笔生花、令人赞叹。

例16　"……**打不死、拷不杀的顽囚！你这把贼骨头**，好歹落在我手里，教你粉骨碎身。少间叫你便见功效。"（第 8 回，第 173 页）

赛译　"... **You beaten, yet not beaten to death, you tortured and yet unyielding, you handful of thieving bones**, you are in the power of my hand now! I will make your bones into powder and your flesh into shreds—in a little while you shall see!"（1937: 163~164）

例17　阎婆道："**放你娘狗屁！老娘一双眼，却是琉璃葫芦儿一般**，却才见押司努嘴过来，叫你发科，……"（第 20 回，第 339 页）

赛译　But the old woman cursed him, saying, "**Let your mother pass her dog's wind! I have two eyes that are keen as crystal.** I just now saw him purse up his lips and tell you to do all this! ..."（1937: 347）

例18　那妇人看了这般，心内焦躁，指着武大脸上骂道："**混沌浊物**，我倒不曾见日头在半天里，便把着**丧门**关了，也须吃别人道，我家怎地禁鬼！听你那兄弟**鸟嘴**，也不怕别人笑耻！"（第 23 回，第 390~391 页）

赛译　That woman seeing him like this felt the storm rise in her heart and she pointed at Wu The Elder's face and cursed him, saying, "You **filthy stupid thing**! I did but see the sun half way up the sky and now you have already closed **the cursed gate!** Yes, and others will say how afraid we are even of devils. You are listening to that **filthy mouth** of your brother's, and you do not fear others' jokes at us!" (1937: 406)

　　《水浒传》原文中有大量的谩骂语言，如何把握和翻译对译者来说是一个挑战。在翻译时，赛珍珠在听龙墨芗先生朗读的同时，思维缜密，尽可能地采用直译，将这类民间言语翻译得如骂在耳、惟妙惟肖，以上几例就是很好的体现。与此同时，当骂人者语句中出现直译过来有碍读者接受的语句时，又采用了意译，如例17中，将"老娘一双眼，却是琉璃葫芦儿一般"译成"I have two eyes that are keen as crystal"，简洁明了、通俗易懂。顺便提及，如能将句中"老娘"一词也译成合适的骂语，那就瑕疵俱无了。

例19　……请僧**修设好事**，追斋理七，荐拔太公。又请道士**建立斋醮**，**超度升天**，整做了十数坛好事功果道场；选了**吉日良时**，出丧安葬。（第1回，第56页）

赛译　... and he asked priests to come and **to chant the books for the seven times seven days of mourning.** And he **prepared the foods of the rites and the sacrifices to the old lord** and he asked Taoists **to pray for his father's soul to redeem it from hell and send it straightway to Heaven.** From beginning to end the young man had the priests in some ten-odd times, and he found **a lucky day and a lucky hour** in which to carry out his father's coffin to be buried. (1937: 33)

例20　宋江白着眼，却乱打将来，口里乱道："我是**玉皇大帝**的女婿。丈人教我领十万天兵来杀你江州人，**阎罗大王**做先锋，**五道将军**做合后。与我一颗金印，重八百余斤，杀你这般鸟人。"（第38回，第632页）

赛译　And Sung Chiang rolled the whites of his eyes and began to strike out wildly and he spoke at random, saying, "I am the son-in-law of **the Emperor Of Heaven!** My father-in-law commanded me to lead ten thousand heavenly soldiers hither and kill all of you Chiang Chou people! **The King Of The Devils** is to lead us out, and **the Prince Of Evil** is to follow behind. The Emperor Of Heaven has given me a great golden seal! It is more than eight hundred pounds in weight. I shall kill you cursed people!" (1937: 684)

例19和例20的黑体字部分包含大量与佛教及道教有关的民族文化习俗或典故，纵观例中的原文，不难体会翻译的难度。在充分理解的基础上，文中采用直译或释义的方法，使这些文化信息得到了完整再现。需要强调的是，力图完整再现原作文化信息给读者，既是合作双方努力实现的初衷，也是赛珍珠为实现其文化合作主义理想诉求而翻译的表现。

例21　那婆子吃了许多酒，口里只管夹七带八嘈。正在那里**张家长，李家短，说白道绿**。（第20回，第338页）

赛译　The old woman had drunk much wine by now and could only speak to interrupt and make incoherent remarks and just as she was there **talking every which way of this one good and that one ill and this and that of everyone**, ...（1937: 346）

例22　那婆子坐在横头桌子边，口里**七十三八十四只顾嘈**。（第20回，第339页）

赛译　The old woman was sitting opposite to the partition and **was chattering this and that and everything.**（1937: 347）

例23　"……奴家平生快性，看不得**这般三答不回头，四答和身转的人**。"（第23回，第380页）

赛译　"... As for me, my nature has been swift since I was born, and I cannot bear to look on **this sort of slow man who thrice called does not so much as move his head and even the fourth time scarcely turns himself about somewhat.**"（1937: 394）

例21至例23中的"张家长，李家短，说白道绿""七十三八十四只顾嘈"及"这三答不回头，四答和身转的人"这类夹带数字的民间用语，均属翻译的难点。从翻译效果来看，译者的翻译可谓神形兼备，很好地传达了原意。此外，从以上例子我们可以再次体会到赛译的翻译策略绝不局限于异化，正是异化归化并举、相辅相成，使赛译产生了很好的艺术效果，受到了西方读者的欢迎。

例24　打鱼一世蓼儿洼，不种青苗不种麻。酷吏赃官都杀尽，忠心报答赵官家。（第18回，第302页）

赛译　"Ever I fish in the Lake Of Reed,

Wheat and the hemp I plant not nor seed,

Cruel and greedy officials I kill

So am I loyal to the Emperor still." (1937: 303)

例25　……"甘罗发早子牙迟，彭祖、颜回寿不齐；范丹贫穷石崇富，八字生来各有时。……"（第60回，第976页）

赛译　Kan Lo early became great,

Chi Ya was so very late.

Yien Huei died at thirty-two,

P'eng Chu lived eight centuries through.

Fan Tan dwelled in poverty sore,

Shih Ch'ung had all he wanted and more.

Thus life is never the same for all,

Some are great and some are small.

The year, the month, the day, the hour—

When men are born, I know their dower. (1937: 1088)

　　例24和例25将原文的打油诗都译成了符合英文习惯的诗歌，不但保留了原文的内容，而且朗朗上口，颇具功底。就实际效果看，以上两例中的诗歌翻译，基本上做到了许渊冲所提到的"音美、形美、意美"，其艺术效果甚至已超过原打油诗，令人回味无穷。

　　以上所示无非是赛译妙笔生花的一小部分而已。就赛译而言，由于两位合作者的努力，精彩之处层出不穷，给研究者及学习者留下了很大的研究空间。而多年来赛译的批评者仅凭少数几个存在争议的例子就将赛译彻底否定，大加鞭挞，实在令人嘘唏。凡此种种，不再赘述。需要补充的是，赛珍珠在译序中曾提及龙墨芗先生"在解释中国古传统、服饰、武器及现已不用的古汉语用词方面"给她"提供了巨大的帮助"，且指出《水浒传》中"有许多现已弃之不用的方言和旧表达法"①。可见龙墨芗先生在赛译过程中除了向赛珍珠朗读原文之外，最主要的工作是负责解释原著中所涉及的古传统、服饰、武器、方言及旧表达法。遗憾的是，在赛译的翻译过程中，到底有哪些古传统、方言及当时已弃之不用的旧表达法使赛珍珠费解，通过龙墨芗先生的解释之后才豁然开朗，这些已无法考证。由于赛珍珠本人的中文基础和中国文学功底深厚。因此如果我们凭主观臆断去猜测不利于厘清事实。但我们仍然可以通过赛译中关于武器、

---

① BUCK P S. All Men Are Brothers (Shui Hu Chuan) [M]. New York: The John Day Company, 1937: ix.

服饰等方面的实例，从另外的角度来体察赛珍珠与龙墨芗先生在翻译过程中的精彩合作。我们先来看赛译中关于武器方面的翻译：

例26 不觉荏苒光阴，早过半年之上。**史进十八般武艺，——矛、鎚、弓、弩、铳、鞭、铜、剑、链、挝，斧、钺并戈、戟，牌、棒与枪、扒，一一学得精熟。多得王进尽心**……（第1回，第55页）

赛译 Imperceptibly the days passed and soon more than half a year had gone. **The young man Shih learned well each of the instruments of war. The long spear, the hammer, the repeating bow which can let fly one arrow after another, the rocket, the club, the square club, the double-edged sword, the chain, the whip, the battle axe, the long-handled battle axe, the small sword, the hooked spear, the shield, the staff, the long sword, the rake-like hook,** each kind he learned and Wang Ching put his heart into teaching the young man ... (1937: 32)

例27 看了史进：头戴一字巾，身披朱红甲，上穿青锦袄，下着抹绿靴，腰系皮搭膊，前后铁掩心，**一张弓，一壶箭，手里拿一把三尖两刃四窍八环刀。**……（第1回，第59页）

赛译 There they saw Shih Chin wearing a wide gold cap on his head and on his body a war garment of vermilion and over this a blue wadded silk robe and on his feet a pair of green boots and around his waist a leather belt. Front and back he had iron plates for shields. **On his person he had hung a bow and a quiver of arrows and in his hand was a three-pointed, double-edged, four-holed sword with four links of chain for rattles.** ... (1937: 37)

例28 西边那个扈家庄，庄主扈太公，有个儿子唤做飞天虎扈成，也十分了得。唯有一个女儿最英雄，名唤一丈青扈三娘，**使两口日月双刀**，马上如法了得。这里东村庄上，却是杜兴的主人，姓李，名应，**能使一条浑铁点钢枪，背藏飞刀五口**，百步取人，神出鬼没。（第46回，第561页）

赛译 In the village to the west belonging to the Hu family the head is the old lord Hu. He has a son called Hu Ch'en, and he is also exceedingly fearsome. He has besides a daughter most heroic of all, and her name is The Ten Foot Green Snake The Goodwife Hu. **She uses double knives that are like sun**

and moon in her hands. **On horseback in battle she is a terror to see. In the village to the east is my lord. His surname is Li and his name is Yun and he can wield a staff of pure iron. On his shoulders he wears five flying knives**, and even at a hundred paces away these knives are dreadful. (1937: 838)

从例26至例28中，不难看出在龙墨芗先生的帮助下，赛珍珠对武器的翻译是比较准确的。在例26中，虽然十八般武器中没有翻译"弓"，但其他十七种武器或直译或释译（如弩），均比较准确。但此处没有翻译"弓"并非漏译，因为前文已有"The young man Shih learned well each of the instruments of war."做铺垫，且把"弓"单独作为一种武器本身有待商榷，因为一般而言"弓"与"箭"不分家，两者应"合二为一"。在例27中，采用直译来译兵器，将史进所使的"三尖两刃四窍八环刀"译得栩栩如生。在例28中，用解释法翻译扈三娘的"日月双刀"比较形象，而翻译李应的"浑铁点钢枪"时用了"staff"一词，该词在古英语中指"矛杆"，一般英语读者可能联想到的是"拐杖、棍棒"之类，略显美中不足，不如在后文第12回中将杨志所使用的同一种武器"浑铁点钢枪"译成"a steel spear"更加直接。中国冷兵器时代所用的"枪、矛"在英语中都是"spear"，通常而言，"spear"的杆一般是木质的，而李应及杨志等人用的枪却是混铁打制的，在西方的冷兵器中应该是没有的。用"five flying knives"来译李应的五把飞刀，应该说比较传神。

囿于篇幅，笔者不再列举赛译中关于武器翻译的例子。据笔者考查，赛译中关于武器方面的翻译总体来说是比较到位的。如果说有所瑕疵的话，如经常用"weapon"一词来代替好汉们的武器，或者将一些好汉们所使用的武器翻译得前后略有出入等，乃是赛译的特殊翻译方式造成的，笔者将在后文做进一步分析，此处不赘述。

在《水浒传》林林总总的各色人物中，他们不同的服饰既具有鲜明特色，也体现了他们不同的社会身份及性格特点，如不能准确理解原文，翻译的难度可想而知。在赛译过程中，两位合作者各司其职，克服了此领域的文化障碍，取得了较好的效果。让我们来看赛译中关于服饰翻译的具体例子：

例29 高俅看时，见端王**头戴软纱唐巾**；**身穿紫绣龙袍，腰系文武双穗条**，把绣龙袍前襟拽扎起，揣在绦儿边；**足穿一双嵌金线飞凤靴**。（第1回，第46页）

赛译 ... Kao Ch'iu looked in and he saw Prince Tuan, **wearing on his head a**

soft cloth hat and on his person a robe embroidered in purple dragons and girdled with the girdles of both a civil and military official. He had tucked up the edge of this purple robe under his girdle. **On his feet he wore boots on which were sewn phoenixes in gold thread.** (1937: 20)

例30 那太公年近六旬之上，须发皆白，**头戴遮尘暖帽，身穿直缝宽衫，腰系皂丝绦，足穿熟皮靴。**（第1回，第51页）

赛译 This old lord was over sixty years of age, and his whiskers and hair were all white. **On his head was a warm wadded cap, on his person a loose, straightly cut garment, and girdled about this was a black silk girdle. On his feet were boots of tanned leather.** (1937: 27).

例31 武松**穿了一领新衲红绸袄，戴着个白范阳毡笠儿，**背上包裹，提了杆棒，相辞了便行。（第22回，第364页）

赛译 ... and Wu Sung **wore a new red silk, quilted, padded coat** and he **wore a hat of sheepskin** and he shouldered his bundle and took up his club and thought to say farewell and go on his way. (1937: 377)

例32 门前窗槛边坐着一个妇人，**露出绿纱衫儿来，头上黄烘烘的插着一头钗环，鬓边插着些野花。**见武松同两个公人来到门前，那妇人便走起身来迎接（原著此处无标点）**下面系一条鲜红生绢裙，搭一脸胭脂铅粉，敞开胸脯，露出桃红纱主腰，上面一色金钮。**（第26回，第449页）

赛译 ... there on a bench beneath the window and beside the door sat a woman and **she was robed in a green robe** and **on her head were many yellow glittering ornaments of gold. Over her ears she had thrust wild flowers.** When she saw Wu Sung and the two guards there at the door the woman rose to meet them. **She wore girdled about her a thin silk skirt of a deep red color. All over her face she had spread powder and paint, and her gown was open at the bosom so that her inner garment showed a pale peach hue. Across the top of this garment was a row of gold buttons, each like to the other.** (1937: 471~472)

在例29至例32中，出场的人物身份不同，年龄不一，男女有别，或静或动，每个人的衣着打扮具有各自的特点。例29中的"软纱唐巾"和"文武双穗条"，例30中的"遮尘暖帽""直缝宽衫"和"皂丝绦"，例31中的"白范阳毡笠儿"

等，都是理解中的难点。在赛译中，译者在充分了解了宋人服饰习惯的情况下，或直译或释义，译得比较准确、形象。例32的情况有些特别。描写孙二娘的服饰打扮有个叙事视角转换即由远及近的过程。孙二娘"露出绿纱衫儿来，头上黄烘烘的插着一头钗环，鬓边插着些野花"这种打扮是从武松及两个公人的目力所及来描述的，是从远处看；而后孙二娘"便走起身来迎接"，她"下面系一条鲜红生绢裙，搽一脸胭脂铅粉，敞开胸脯，露出桃红纱主腰，上面一色金钮"，这时的打扮是从近处看，叙事视角已从武松及两个公人变成了作者。从翻译的效果上看，将"头上黄烘烘的插着一头钗环"译成"on her head were many yellow glittering ornaments of gold"，"搽一脸胭脂铅粉"译成"All over her face she had spread powder and paint"，"敞开胸脯"译成"her gown was open at the bosom"等，可谓将江湖女子孙二娘粗犷泼辣的个性很好地再现出来，跃然纸上。

例33 史进看时，见**陈达头戴乾红凹面巾，身披裹金生铁甲，上穿一领红衲袄，脚穿一对吊墩靴，腰系七尺攒线搭膊，**坐骑一匹高头白马，手中横着丈八点钢矛，小喽啰两势下呐喊，两员将就马上相见。（第1回，第59~60页）

赛译 Then Shih Chin saw him. He saw that **Ch'en Ta wore a red cap and on his body a suit of iron armor plated in gold. On his upper body he wore a red wadded coat and on his feet heeled boots. Around his waist was a woven girdle seven feet long.** He rode a high-headed horse that rolled the whites of its eyes. In his hand he held horizontally a steel-pointed spear eighteen feet long. Ch'en Ta's fighting men took this opportunity to send up a battle cry also. The two leaders on their horses now approached each other to talk. (1937: 37)

例34 但见**头戴一顶铺霜耀日镔铁盔，上撒着一把青缨；身穿一幅钩嵌梅花榆叶甲，系一条红绒打就勒甲绦，前后兽面掩心；上笼着一领白罗生色花袍，垂着条紫绒飞带；脚登一双黄皮衬底靴；**一张皮靶弓，数根凿子箭；手中挺着浑铁点钢枪；骑的是梁中书那匹火块赤千里嘶风马，两边军将暗暗地喝彩，虽不知武艺如何，先见威风出众。（第12回，第219页）

赛译 Looking on him one saw **on his head a frost-white gleaming helmet of the finest metal. From the top of it floated a mass of sky-blue horse-tail hair.**

On his person was a coat of mail of small brass plates hooked to each other. About his waist was a plaited girdle of red wool thread. His breast plate and back plate were made in the likeness of a wild beast's face. Over all he wore a robe of white-spotted silk. He wore streamers of purple wool from his helmet and on his feet a pair of lined yellow-leather double-soled boots. He carried a leather-handled bow and a quiver full of chisel-shaped arrows. In his hand was a steel spear. He rode Liang's war horse red as coals, swift as wind, that could run three hundred miles a day. From both sides came a subdued murmur of praise from the crowds. Although they did not know the full extent of Yang Chi's ability, they saw his mighty strength appeared superior to all. (1937: 213)

例35 那边阵内，鼓声响处，转出一员将来：**戴一顶浑铁打就四方铁帽，顶上撒一颗斗来大小黑缨，披一付熊皮砌就嵌沿边乌油铠甲，穿一领皂罗绣就点翠团花秃袖征袍，着一双斜皮镫嵌线云跟靴，系一条碧犀钉就叠胜狮蛮带**；一张弓，一壶箭；骑一匹深乌马，使一条黑杆枪；前面打一把引军按北方皂囊旗，上书七个银字"圣水将军单廷珪"。(第66回，第1071页)

赛译 ... and from out the other ranks there came the sound of a drum beaten and there came forth a warrior also and **he wore a square helmet of wrought iron, and on his head was a great black cockade as large as a bushel basket and made of the long hair of a certain kind of ox. He wore a robe of war made of seamed bear skin bound about the edges and oiled with a black oil and over it he wore a black silken short-sleeved jacket embroidered in a round pattern of green, and on his feet were boots diagonally marked, the treads tufted, and the heels were shaped like clouds. About his waist was bound a green leather studded girdle, and with the head of a lion in the front, invincible.** He had a bow also and a quiver full of arrows. He rode a very black horse and he had a black-handled spear. In front of him one carried a banner and it was black, the hue of the watery north, and it was made of silk. Upon the banner were written seven letters and they were "Swift In Water Shang T'ing Kuei." (1937: 1207)

例33至例35描述的是战场上战马上武将的打扮，与例29至例32的打扮有较大区别；除此之外，例33中陈达的打扮与例34中的杨志和例35中单廷珪的打扮相比，显得略微不正规，这种区别乃是一般绿林好汉与正规军官的区别。在例33中，"身披裹金生铁甲""上穿一领红衲袄""脚穿一对吊墩靴"及"腰系七尺攒钱搭膊"都译得比较到位；而"乾红凹面巾"译成"a red cap"则有待商榷。例34中，"一顶铺霜耀日镔铁盔"译成"a frost-white gleaming helmet of the finest metal"，"一幅钩嵌梅花榆叶甲"译成"a coat of mail of small brass plates hooked to each other"，"一领白罗生色花袍"译成"a robe of white-spotted silk"及"一双黄皮衬底靴"译成"a pair of lined yellow-leather double-soled boots"，虽然在气势上与原文相比略有不如，但仍然不失为妙译。例35中，将"四方铁帽"译成"square helmet"，"一颗斗来大小黑缨"译成"a great black cockade as large as a bushel basket and made of the long hair of a certain kind of ox"，"斜皮镫嵌线云跟靴"译成"boots diagonally marked, the treads tufted, and the heels were shaped like clouds"，都是准确理解原文基础上的妙译，相比之下，将"系一条碧鞓钉就叠胜狮蛮带"译成"About his waist was bound a green leather studded girdle, and with the head of a lion in the front, invincible"略有些不妥，主要是译文中的"invincible"的位置似乎有些问题。但总体而言，译文中单廷珪的虎虎神威得到了很好的再现。

事实上，在赛译中，包括翻译武器及服饰等在内，赛珍珠之所以不辞辛劳地将细节内容不厌其烦地译出，主要在于她深知这些内容虽然翻译起来难度颇大，"但却是《水浒传》作为一部文学经典的语言艺术的精华部分。因此必须予以传达"，这一点充分地体现了"她对汉语语言及原作文本高度负责的翻译态度"[①]，也是她在实现其文化和合主义诉求时求真务实精神的最好体现。

4.2.2　赛译合作翻译所带来的一些失误

长期以来，评论界之所以对赛译存在褒贬不一的评价，固然与以往翻译研究视野的局限有关，但也与译文中存在的一些误译不无干系。对于赛译中的一些误译现象，否定赛译者往往抓住几个有限的"事实"将其无限放大，对赛译甚至译者本人进行上纲上线的大肆攻击；而肯定赛译者似乎不愿在文本上做更

---

① 唐艳芳.赛珍珠《水浒传》翻译研究：后殖民理论的视角[D].上海：华东师范大学，2009：149.

多辩解，力图主要通过外部研究（如论及译者的翻译目的、译本为文化交流所做的贡献等角度）来为赛译辩解，寻找更多的支撑；与此同时，一些评论者看似中立，实则"为理论而论理"，从局部一隅对赛译做了一些以偏概全甚至无关痛痒的评论，对赛译的研究并未产生多大的推动作用。因此，对赛译进行全面探讨，对误译现象进行探究是一个不能回避的问题。

其实，对任何一个译本而言，无论研究界评价有多高，它都会存在瑕疵，且从不同的研究视阈去探究，可能得出不同甚至完全相反的结论，这是一种看似令人费解、其实完全正常的现象。近代严复、林纾等大家的翻译如此，现代傅雷等名家的翻译也是一样。翻译不是在真空中进行的，在翻译的过程中译者可能受到各种条件的限制和制约，完美无瑕的译本只能是一种表象。如很多评论者对杨译《红楼梦》不吝褒奖之词，其实译者对自己的译作并不满意，原因在于所采用的翻译策略主要受制于特定时期的意识形态影响及赞助人（或出版社）的要求所致。在感怀翻译之不易时，钱锺书曾明确指出，对翻译而言，从源语到目的语是个"很艰辛的历程"，可谓"一路上颠顿风尘，遭遇风险，不免有所遗失或受些损伤"，译文难免"总有失真和走样的地方，在意义或口吻上违背或不很贴切原文"，出现误译，即他所说的"讹"。在分析"讹"产生的根源时，钱锺书更进一步阐明这样的观点："一国文字和另一国文字之间必然有距离，译者的理解和文风跟原作品的内容和形式之间也不会没有距离，而且译者的体会和自己的表达能力之间还时常有距离"[①]。除了以上所及，译者在翻译中为了实现特定的翻译目的而采用的翻译策略和技术手段等，都可能造成误译的产生，从而出现不尽人意之处。因此，对于近 60 万字、长达 1279 页的赛译来说，存在一些误译实属正常。如果仅凭赛译存在少量误译便将其视为误译，则必定有失公允。而对于赛译中存在的误译，笔者认为应该从两个角度来进行探讨——赛译到底在哪些方面存在误译？产生这些误译现象的根源又是什么？这样不但可以厘清赛译的误译之源，有利于对译本及译者做出全面而公允的评价，同时对今后的翻译研究和翻译实践也极具启示作用。

谈及误译，评论界将其划分为两种——有意误译与无意误译。有意误译也被一些学者称为积极误译，其界定为"译者为了某种目的或适应一定的需要，包括读者接受的需要、文化判断与表达的需要等故意对原文的语言内涵、表达

---

① 钱锺书.七缀集[M].修订版.上海：上海古籍出版社，1994：80.

方式等作清醒、理智的选择、增删、改换形式等"①。这一概念界定与谢天振在《译介学》②中所谈及的有意误译宗旨相吻合，代表了目前研究界对误译研究的基本共识。从上面的概念界定可以看出，有意误译实则取决于译者的翻译目的与翻译策略，并未被译界认定为真正的"误译"。而言及赛译的有意误译，许多研究者如张齐颜、马轶、唐艳芳等已在近几年多有论及，此处不赘述。笔者的探究重心是赛译的无意误译，借以厘清赛译误译产生的根源。

就无意误译而言，吴家荣将其界定为"因为译者知识、水平等的欠缺，对原文的语言内涵或文化背景缺少足够的了解与把握，将有的内容译错"③。谢天振虽没有明确提出无意误译的概念，但他把产生无意误译的根源归为三种，即译者翻译时的疏忽大意；译者外语语言功底不足；译者对于源语和目的语中所含文化内涵理解不当④。近些年也有其他研究者或对无意误译进行概念界定或对其产生根源进行分析，所得结论与上文相比差别不大。然而，如将上述概念界定或归因分析用于探究赛译之无意误译，虽有一定借鉴作用，却不能说明问题。毋庸赘言，赛译之实质是合作翻译，译者赛珍珠中英文功底深厚自不必说，对目的语文化更是了如指掌；助译者龙墨芗先生不但中文功底深厚，对《水浒传》原文及其文化内涵更是理解透彻，且在翻译过程中两位合作者紧密配合、态度极为认真，那么译本中的无意误译何来？笔者经过认真探究发现，赛译令人费解的无意误译主要来自合作翻译过程中采用的"看（阅读）→（问）→读（朗读）→听→译"模式。简而言之，赛译无意误译产生之源可基本概括为六种：中文方言造成的影响；同音异义字（词）（音同，但声调不同）造成的影响；断句不当造成的影响；理解有误造成的影响；读错、漏译、张冠李戴及前后逻辑矛盾；校对模式产生的影响。

1. 中文方言造成的影响

赛珍珠出生3个多月即被传教士父母带到中国，自幼便讲一口流利的汉语，在与中国小朋友玩耍、嬉戏中长大，在江苏镇江生活18年，在安徽宿州生活5年，在南京生活10余年，熟悉所生活地区的风土人情，这一切都为她后来在南京翻译《水浒传》创造了良好的条件。然而笔者在研究赛译时发现，译者在音译原文的中文人名及地名时，出现了较有规律的无意误译。这种无意音误可分

---

① 吴家荣.比较文学新编[M].合肥：安徽教育出版社，2004：149.

② 谢天振.译介学[M].上海：上海外语教育出版社，1999：195-196.

③ 吴家荣.比较文学新编[M].合肥：安徽教育出版社，2004：149.

④ 谢天振.译介学[M].上海：上海外语教育出版社，1999：195-196.

为两种：一种是汉语读音二号鼻音 [n] 与三号鼻音 [ŋ] 不分造成的失误；另一种是汉语读音 [n] 与 [l] 不分造成的失误。细究起来，这种无意音误与合作双方所讲的中文方言有关。其实，新中国成立前国语既不普及也不成熟，很多人说国语地方音浓重，因而赛珍珠用当时威妥玛拼写汉语人名时难免会受自己方言发音的影响①。据镇江学者裴伟考证，赛珍珠所讲汉语应该是"下江官话"，为九江、南京、镇江等地口音②，而龙墨芗先生为南京人，恰巧讲的也是这种"下江官话"。时至今日，这些地方的发音中仍然或多或少具有这样的特点。以下是笔者从赛译中归纳出来的具体例子（已基本涵盖此类误译的全部）：

人名（[n] 与 [ŋ] 不分）：

王**晋**卿（第 1 回，第 44 页）------Wang **Ching** Ch'ing (1937: 19)

王**进**（第 1 回，第 48 页）------Wang **Ching** (1937: 23)

王升（第 1 回，第 48 页）------Wang **Shen** (1937: 23)

林冲（第 6 回，第 139 页）------**Ling** Ch'ung (1937: 126)

时文**斌**（第 12 回，第 222 页）------Shi Wen **Ping** (1937: 217)

胡**正**卿（第 25 回，第 437 页）------Hu **Chen** Ch'ing 1937: 458)

孙（二娘）（第 27 回，第 453 页）------**Sheng** (1937: 477)

郑天寿（第 31 回，第 525 页）------**Chen** T'ien Shou (1937: 555)

秦明（第 33 回，第 547 页）------**Ch'ing** Ming (1937: 584)

金大坚（第 38 回，第 640 页）------**Ching** Ta Chien (1937: 694)

马**麟**（第 40 回，第 640 页）------ Ma **Ling** (1937: 730)

孟**康**（第 43 回，第 720 页）------ Meng **K'an** (1937: 783)

李**应**（第 46 回，第 769 页）------ Li **Yun** (1937: 838)

孙新（第 48 回，第 797 页）------ **Sheng Sing** (1937: 879)

扈成（第 49 回，第 807 页）------ **Hu Ch'en** (1937: 890)

人名（[n] 与 [l] 不分）：

牛二（第 11 回，第 206 页）------**Liu** The Second (1937: 199)

唐**牛**儿（第 20 回，第 338 页）------T'ang **Liu** Er (1937: 346)

赵**能**（第 35 回，第 575 页）------Chao **Len** (1937: 618)

① 叶公平.《大地》背后的中国人：邵德馨 [J]. 新文学史料, 2009（4）: 137.

② 裴伟. 赛珍珠与中国官话及方言 [EB/OL].（2005-11-02）[2020-05-05]. http://www. pearlsbcn. org/tgxt/ answer/389. htm.

徐**宁**（第 55 回，第 900 页）------Chun **Ling** (1937: 618)

地名：

郓**城**（第 12 回，第 222 页）------Yu **Ch'en** (1937: 217)

光**州**（第 40 回，第 640 页）------ **Kuan** Chou (1937: 730)

沂**岭**（第 42 回，第 709 页）------ **I Ning** (1937: 771)

在赛译的翻译过程中，这种"下江官话"之 [n] 与 [ŋ] 不分和 [n] 与 [l] 不分，除了给人名及地名翻译造成了一些影响之外，还给一些句子的准确表达形成障碍，笔者在赛译中一共发现七处由于以上原因而产生的误译：

例36　一**连**过了几日，史进寻思：……（第 2 回，第 49 页）

赛译　After **a year** and a few days had passed Shih Chin thought to himself, ... (1937: 49)

例37　"……这李都头**一身**好本事，有三五十人近他不得。"（第 42 回，第 710 页）

赛译　"This Captain Li has had the skill of **a whole lifetime** and even though there were thirty or fifty persons they could not come near him." (1937: 771)

例38　"亡命狂徒，冒犯虎威，**望乞**恕罪！"（第 63 回，第 1032 页）

赛译　"We reckless fools who have had to escape for out lives, have in our heedlessness injured the great warrior who is noble as the lordly tiger, and for this we **beg a thousand times** forgiveness!" (1937: 1159)

例39　"哥哥阴魂到此，**望说**真实。"（第 64 回，第 1037 页）

赛译　"Elder Brother, here your spirit is in this place and I hope **ten thousand times** you will speak forth the truth." (1937: 1164)

例40　……恰好唐牛儿托一盘子洗净的糟姜来县前**赶趁**，……（第 20 回，第 348 页）

赛译　... T'ang Liu Er came by carrying a plate of freshly dipped lees of rice wine and he came there to **weigh it** before the court gates for an early sale ... (1937: 358)

洞悉了"下江官话"的发音特点，也就明白了以上误译的原因。例36中，"连"与"年"混淆；例37中，"身"与"生"混淆；例38和例39中，"望"与"万"混淆；例40中，"赶趁"与"赶秤"发生混淆，才产生了令人"费解"的译文。除了以上列举的五处此类误译，另有两处"星月"被当成"新月"而译成"a new moon"的情况。

2. 同音异义字（词）（音同，但声调不同）造成的影响

虽然赛珍珠在翻译过程中手边放了原著以备时不时查询，但一般只是出现理解困难时才会翻看原著。由于赛译特殊的"看（阅读）→（问）→读（朗读）→听→译"模式，使得一些同音异义字（词）（音同，但声调不同）影响了她对原文的理解，催生了一些无意误译的产生。对此，美国汉学家欧文曾指出，赛珍珠由于同音异义字（词）的影响而产生了误译，如将"愿"误解为"远"。因此将"those who wanted to go"误译为"those who would go far"；将"使"误解为"是"。因此将"for it was not that Sung Chiang wished of his own desire to go to Hua Yung"，而原意是"so as to keep (not to cause) Sung Chiang from wanting to join Commander Hua"[①]。除了以上这两个例子，笔者在赛译中还发现了其他一些由于同音异义字（词）的影响译者产生的无意误译：

例41　"……古人有言：'**惺惺惜惺惺**，好汉惜好汉。'……"（第18回，第311页）

赛译　"... The ancients have a saying, '**Apes love apes** and good fellows love good fellows.' ..." (1937: 314)

例42　宋江心里气闷，如何睡得着？**自古道**："欢娱嫌夜短，寂寞恨更长。"（第20回，第341页）

赛译　Sung Chiang felt dumb anger rise in his heart and how could he sleep? **He could only say**, "In happiness the night is all too short; where there is no happiness every watch drags and three watches seem four." (1937: 349)

例43　施恩当时打点了，教两个仆人，先挑**食箩酒担**，拿了些铜钱去了。（第28回，第475页）

赛译　Shih En then straightway prepared everything and he told two serving men to bring first **ten jars of wine** and some copper money. (1937: 498)

例44　……腰悬**利剑**，手执长枪，……（第33回，第544页）

赛译　On their girdles were hung **bows and the swiftest sharp arrows**, and in their hands were long swords. (1937: 581)

---

① IRWIN R G. The Evolution of a Chinese Novel: Shui hu chuan[M]. Cambridge, MA: Harvard University Press, 1953: 97.

例45　……拽开脚步，**登程**去了。（第38回，第642页）

赛译　Then he let his strides out freely and **hastened to the city.** (1937: 697)

例46　黄文炳道："相公高见**极明**。……"（第39回，第648页）

赛译　Huang Wen Ping said, "The magistrate's foresight is great and **his name is mighty ...** " (1937: 704)

例47　"一直往百丈村去，便是**董店东**。"（第42回，第697页）

赛译　"... and then go straight to The Village Of A Thousand Feet, and that is the region called **East Of The East.**" (1937: 757)

例48　"……大哥归来见了，必然**不赶来**。"（第42回，第703页）

赛译　"... and when my elder brother returns and sees it, he will **not dare to come after me.**" (1937: 763)

例49　石秀一日早起五更，出外县**买猪**，三日了，方回家来，……（第43回，第729页）

赛译　One morning Shih Hsiu rose early in the fifth watch and he went to another city to **sell** pigs, and he did not return home for three days. (1937: 794)

例50　杨雄见他来除巾帻，一时蓦上心来，**自古道**："醉是醒时言。"指着那淫妇骂道……

（第44回，第745页）

赛译　Yang Hsiung, seeing her thus come to untie it, suddenly remembered what he had been told and **to himself he thought,** "Whatever a man says when he is drunken is what he would not say when he is sober." And pointing at the adulteress he began to curse... (1937: 814)

　　在例41至例50中，"惺惺"与"猩猩"、"自古"与"自咕"、"食笋"与"十笋"、"利剑"与"利箭"、"登程"与"登城"、"极明"与"极名"、"董店东"与"东店东"、"不赶"与"不敢"、"买"与"卖"、"自古"与"自估"在别人朗读时听起来难以分辨，容易产生混淆。因此在龙墨芗先生朗读的同时，赛珍珠边听边译，难免产生差错，类似误译就此产生。

例51　……便叫火家牵过马，请孙立入到里面来坐下。**良久**，孙新道……（第48回，第800页）

赛译　... and he told one clerk to lead aside the horse. Then he invited Sheng Li within and to seat himself, and he **poured wine** and Sheng Sing said ... (1937:

882)

例52　这个唤做**枕边灵**。（第48回，第800页）

赛译　Now was this indeed listening to the female's words, and it is called **listening to the bell by the pillow**, for if a woman may not speak to a man in the day yet at night by the pillow **the bell** rings continuously. (1937: 912)

例53　"……晁、宋两位哥哥将令，**干我屁事**！"（第51回，第838页）

赛译　"My elder brothers bade me do what I did, and **what has it to do with my hide**?" (1937: 926)

例54　"哥哥稍歇，看我**力斩此贼**！"（第51回，第847页）

赛译　"Elder Brother, rest yourself a little! Watch me **kill this thief at once as I stand here**!" (1937: 939)

例55　戴宗答道："是小可**义弟**，姓李，名逵。"（第52回，第865页）

赛译　Tai Chung answered, saying, "It is **a younger brother of mine on my mother's side**, and his surname is Li and his name K'ui." (1937: 885)

例56　"……这两个知府都是我**哥哥**抬举的人，教星夜起兵来救应。"（第53回，第877页）

赛译　"... The magistrates of these two places are both men that I raised up, and I will bid them send men this very night to save me." (1937: 972)

例57　**次日**，高太尉带领众人，都往御教场中操演武艺。（第54回，第885页）

赛译　**That day** the Commander Kao led out his whole company and they went to the imperial reviewing grounds to drill and review. (1937: 981)

例58　"……我常听得俺**军师**说：'一盘星辰，只有飞来，没有飞去。'……"（第60回，第987页）

赛译　"... I have often heard **our fighting men** tell of this way of telling fortunes, and they say you can fly hither but never fly away again ... " (1937: 1101)

例59　"如今将何计策，用何良将，可退贼兵，以保**城郭**？"（第62回，第1020页）

赛译　"What guile can we use now and what good warriors shall we use so that we can drive away these robbers and so save **the city and the state**?" (1937: 1041~1042)

例60　"量你这个寡将，怎当我手下雄兵十万，猛将千员；汝但**蚤来就降**，可以免汝一死！"（第68回，第1001页）

赛译 "There is only this little accursed warrior. How can you withstand these who are beneath my hand, ten thousand brave fighting men and a thousand doughty chieftains? If you **had come long ago and followed me**, then might we have spared you your death!" (1937: 1246)

从例51至例60，正是"良久"与"量酒"、"枕边灵"与"枕边铃"、"干我屁事"与"干我皮事"、"力斩此贼"与"力站此贼"、"义弟"与"姨弟"、"哥哥"与"各各"、"次日"与"此日"、"军师"与"军士"、"城郭"与"城国"、"蚤来就降"与"早来就降"这些同音异义词的影响，因而产生误译。值得一提的是例52，此例中赛珍珠误将"枕边灵"理解为"枕边铃"而将其误译。为便于读者理解汉语文化概念"枕边铃"，在直译这一概念的同时，她还对其进行了诠释。虽然从原作的角度看此举成了无用功，但她为传播中国文化所做的努力由此可见一斑。

在赛译中，还有几处"次日"被听成"此日"因而译成"on that day"的情况。值得一提的是，笔者在赛译中还发现另两处由于汉语读音问题而产生的误译如下：

例61 "……我的一个表兄，直拿在家里，强扭做贼，**好欺负人**，明日和你说话！"（第32回，第537页）

赛译 "... and what do you mean therefore by taking my cousin and imprisoning him in your house for a robber? **You deceive men often.** Tomorrow I will settle with you!" (1937: 571)

例62 ……不到**半山里**时，药力透来，那大虫当不住，……（第48回，第791页）

赛译 ... and in less than **the sixth of a mile** the position had worked through the tiger's whole body and the beast could no longer endure it. (1937: 872)

在例61中，汉字"好"在原文中应该读第三声调，不知是龙墨芗先生将其读成第四音调，还是龙墨芗先生读成第三音调却被赛珍珠听成第四音调，总之，译者在翻译时把该词当成第四音调来翻译，因而造成误译。例62中，"半山里"被听成"半三里"而误译成"the sixth of a mile"，显然换算得也并不精确，但误译之源乃音误却毋庸置疑。

3. 断句不恰当造成的影响

胡适在1920年出版的《〈水浒传〉考证》一文中曾提及："我的朋友汪原放用新式标点符号把《水浒传》重新点读一遍，由上海亚东图书馆排印出版。这是用新标点来翻印旧书的第一次。我可预料汪君这部书将来一定要成为新式标点符号的实用教本，他在教育上的效能一定比教育部颁行的新式标点符号原案还要大得多"[1]。从胡适的话中我们可以推断出给《水浒传》标注新式标点到1920年才出现，而当时龙墨芗先生与赛珍珠合作翻译《水浒传》时所依据的贯华堂七十回本是否为标注过新式标点符号的版本，我们还不得而知。从赛译文本的实际情况来看，估计赛译所采用的并不是这种版本，否则不会出现以下这些由于断句不当造成的误译。

例63 鲁达道："**先打四角酒来。**"一面铺下菜蔬、果品按酒，……（第2回，第72页）

赛译 Lu answered, "First bring four measures of wine and then place fruits and meats and things suitable for drinking down with the wine." (1937: 53)

例64 "……又把火工道人都打走了，**口出喊声？如何这般所为？**"（第3回，第94页）

赛译 "... and beat the servants, too, until they ran away, **shouting to know why you behave like this**?" (1937: 79)

例65 "……他又不瞎，如何自不上来，只等我来迎接他。**没了当絮絮聒聒地！**"阎婆道："这贼人真个望不见押司来，……"（第20回，第355页）

赛译 "... Nor is he blind! Why does he not come up himself? There he sits waiting for me to come and welcome him!" And **with much more of this clatter and noise** the old woman answered her, "This trollop of mine has been longing for you, Sir Scribe, until her anger is too bitter for her, ..." (1937: 342)

例66 "……大名危在累卵，破在旦夕；**倘或失陷，河北县郡**，如之奈何？……"（第62回，第1020页）

赛译 "... the city is now in as precarious a situation as a pile of eggs heaped upon each other. By morning or night it must fall. **If that whole province of Hopei be lost**, then indeed what will come of it? ..." (1937: 1141)

例67 只见败残军马一齐奔入城来，**说道："闻大刀吃劫了寨也！梁山泊贼寇**

---

① 张庆善.胡适 鲁迅解读《水浒传》[M].沈阳：辽海出版社，2001：1.

引军都到城下也！"李成正在城上巡逻，听见说了，飞马来到留守司前，教点军兵，吩咐闭上城门，守护本州。（第65回，第1056页）

赛译 When he reached the court he saw the vanquished soldiers all come rushing into the city and **they said, "The robbers have seized the camp of the general Wen Tah by stealth and those robbers have all come into the city, men and horsemen, and Li Ch'eng is even now upon the city wall watching it!"** When this was said there came Li Ch'eng on a swift horse to the court ... (1937: 1188~1189)

从例63至例67中的粗体部分所示不难看出，断句不当使得译文与原文在意义上出现了一些偏差。在赛译中，这种由于断句有误而产生的误译还有一些，在一定程度上影响了译本的翻译质量。究其根源，这种断句不当既可能与所用原著没有采用新式标点符号有关，也可能与赛译的"读（朗读）→听→译"翻译模式有关。当然，这种误译在校对时没有被发现，则必定与赛译的校对模式不当有所关联。

4. 理解有误造成的影响

译的主要步骤包括理解、表达、核校三部分，其中理解无疑是准确翻译的前提。在赛译中，对于理解方面的失误而言，主要体现在两个方面：一是由于当时的条件所限，没有适合的参考资料来辅助理解。因此理解方面的问题全靠龙墨芗先生对《水浒传》中语言及其涵盖文化概念的熟稔程度；二是由于合作中所采用的"看（阅读）→（问）→读（朗读）→听→译"模式，使得译者在"听→译"时难免出现偏差。对于理解原文失误而引起的误译，译文中虽有一定表现，但数量不多且主要集中在有限的几个章节；倒是由于技术原因（"听→译"模式）产生的误译相对来说数量较多，也比较分散。

例68 ……**东京开封府汴梁宣武军**便有一个浮浪破落户子弟，姓高，排行第二，……（第1回，第43页）

赛译 ... there lived in **the eastern capital of K'ai Feng Fu**, Honan, in **P'ien Liang** county, an idling, noisy, bragging fellow surnamed Kao, a second son, ... (1937: 17)

例69 院公道："殿下在庭心里和**小黄门**踢气毬，你自过去。"（第1回，第46页）

赛译 The gateman said, "The Prince is now in the middle garden playing ball with **the little princes**. Pray go in alone." (1937: 20)

例70　端王道："这是'齐云社'，名为'天下圆'，但踢何伤？"（第1回，第47页）

赛译　"Here is a man whose name is Ch'i Yuin She，" answered Prince Tuan. "**His nickname is The Prime Kicker.** Now you kick the ball with **him**! It does not matter." (1937: 37~38)

例71　史进喝道："汝等杀人放火，打家劫舍，犯着弥天大罪，都是该死的人！你也须有耳朵，好大胆，直来**太岁头上动土**！"（第1回，第60页）

赛译　But Shih Chin reproved him loudly, saying, "You kill men and burn their houses and you rob people of their possessions! Your crimes are as wide and high as the heavens and you ought to be killed! You have ears and you ought to have heard of me! How mad then is your courage that you dare to **leap on an earth god's head to make trouble**!" (1937: 37~38)

例72　……恰好唐牛儿托一盘子洗净的**糟姜**来县前赶趁，……（第20回，第348页）

赛译　... T'ang Liu Er came by carrying a plate of **freshly dipped lees of rice wine** and he came there to weigh it before the court gates for an early sale ... (1937: 358)

例68至例72中的误译是由于对源语文化现象的理解不足造成的。在例68中，东京、开封府、汴梁及宣武军在原著中都指同一个地方，即当时北宋的都城。在例69中，"小黄门"乃指"小太监"，并不是"the little princes"。在例70中，"齐云社"是一个民间社团，而"天下圆"是指对公众开放，赛译的合作双方显然对此理解不足。在例71中，由于对"太岁"的理解不足产生偏差，因而将"太岁头上动土"误译。《水浒词语词典》这样解释："太岁，星名，即木星。旧时说法，太岁所在的方位是凶方，忌掘土建筑，否则就要惹起祸殃，所以后来用'太岁头上动土'比喻触犯凶恶或强有力的人"[1]。而在例72中，"糟姜"作为一种食品，绝不是一种米酒（freshly dipped lees of rice wine）。根据互联网上百度百科的解释，其制作过程是先把"鲜姜洗净去皮，放入缸中"，然后"把食盐加入清水烧沸，冷却后加入红糟搅匀，然后倒入生姜缸中，糟汁以淹没姜体为度"，再

---

① 李法白，刘镜芙. 水浒语词词典[M]. 上海：上海辞书出版社，1989：38–39.

"密封腌制30天后，即可食用"①。

例73　……宣请嗣汉天师张真人**星夜来朝**，祈禳瘟疫。（楔子，第31页）

赛译　... and there invite the Taoist Chang Chen Jen, who was descended from the times of Han, **to come that same night** to beseech Heaven to drive out the plague. (1937: 5)

例74　高殿帅一一点过，于内只欠**一名八十万禁军教头**王进，……（第1回，第48页）

赛译　Kao Ch'iu counted off each one. Among these only one name was lacking, that of **the First Instructor of the Guard.** (1937: 22)

例75　两个商量了，径望沧州路上来。途中免不了登山涉水，过府冲州。**但凡客商在路，早晚安歇**，有两件事不好……（第21回，第357页）

赛译　The two having thus taken counsel together they went straight on the road to Ch'ang Chou. On such a journey of necessity they must go over mountains and across streams, and they passed through cities large and small, and **they slept by day while travelling merchants were on the road.** But there were two things that were evil ... (1937: 369)

例76　呼延灼道："禀明恩相：小人**观探**梁山泊，**兵粗将广，马劣枪长，不可轻敌小觑**。……"（第53回，第883页）

赛译　... and Hu Yien Shu said, "Humbly do I say to the most gracious, this humble one **is to attack** the robbers' lair. **But my soldiers are poor, although my captains are good; my horses are weak, although the weapons are well enough. Yet I pray you will not despise them ... "** (1937: 980)

例77　彭玘见了，便起身禀道："**若得一人到颍州取得小弟家眷上山，实拜成全之德**。"（第55回，第901页）

赛译　Now when P'eng Ch'i heard this he rose and said, "**If there are those who go into the soldiers' camp to find my brother's household and bring them here, the whole city will know of it!**" (1937: 999)

例78　……把宣赞拖下马来。步军向前，**一齐捉住，解投大寨**。（第62回，第1022页）

---

① 鲜红糟姜 [EB/OL]. [2020-05-05]. http://baike. baidu. com/ view/710838. htm.

赛译 ... and dragged him from his horse. The foot soldiers dashed forward **but they were taken captive every one and they were led to the great camp where Sung Chiang was**. (1937: 1158)

例79 ……又把粮车一百有余，**装载芦苇干柴，藏在中军**。（第67回，第1081页）

赛译 ... and then he took a hundred carts and **hid them in the reeds near the central camp**. (1937: 1219)

例73至例79中，译文的误译部分并不存在什么难以理解的文化内涵。之所以产生误译，其根源主要在于赛译的"读→听→译"模式产生的影响。译者无疑在"听"的过程中出现了"理解"偏差，因而导致了上述误译的产生。就整个译本而言，这样的误译还有一些，囿于篇幅，不再赘述。

5. 读错、漏译、张冠李戴及前后逻辑矛盾

除了前面所提及的误译之外，赛译的特殊合作翻译模式令人遗憾地出现龙墨芗先生读错、赛珍珠漏译、将人名混淆及将前后文译得不合逻辑这样的失误。

例80 那人道："他们只在前面**乌林**里厮打。"（第18回，第304页）

赛译 The man said, "They are there ahead in **the Wood Of Birds**, fighting." (1937: 306)

例81 军官队里转出一个统制官，**姓于，名直**，拍马轮刀，竟出阵前。（第51回，第847页）

赛译 Then out of the midst of the soldiers charged the captain of a company, **whose surname was Kan and his name Chi**, and he came out whipping his horse, his weapon held aloft, and he came out in front of the ranks. (1937: 938)

例82 梁山泊吴用举戴宗 **揭阳岭**宋江逢李俊（第35回，第575页）

赛译 Wu Yung of the robbers' lair introduces Tai Chung. Sung Chiang comes upon Li Chun at **Ching Yang Ridge** (1937: 618)

例83 "……真有**伯乐**之才。……"（第69回，第1111页）

赛译 "... and truly was he skilled like that one of old, **Pei Yo** ..." (1937: 1261)

笔者在赛译中一共发现以上四处由于龙墨芗先生在朗读时读错所致的误译。例80中，"乌林"与"鸟林"发生混淆；例81中，"于"与"干"发生混淆；例82

中，笔者推断龙墨芗先生将汉字词语"揭阳"（Jie Yang）读成了"Jin Yang"或"Jing Yang"，导致赛珍珠将"揭阳岭"译成了"Ching Yang Ridge"，而在赛译的第22回，武松打虎之地景阳冈也恰好译成"Ching Yang Ridge"。对于不熟悉中国地名的西方读者来讲，此处难免引起误解；例83中，龙墨芗先生显然将"伯乐"读成了"Po Yue"，因而赛译中才会出现"Pei Yo"。

例84　"我在东京教军时，常常听得军中人传说柴大官人名字，**却原来在这里**。我们何不同去投奔他。"（第8回，第166页）

赛译　"When I was in the eastern capital teaching military tactics I ever did hear them speak this lord Ch'ai's name. Why not let us go to him from here?" (1937: 155)

例85　武松自从三月初头杀了人，坐了两个月监房，**如今来到孟州路上**，正是六月前后。（第26回，第448页）

赛译　Now Wu Sung had killed the two in the third moon and having been prisoner for two months or so, it was the sixth moon of the year. (1937: 471)

例86　潘公说道："叔叔**且住！老汉已知叔叔的意了**。叔叔两夜不曾回家，……"（第44回，第731页）

赛译　... when the old man P'an said, "Brother-in-law, you have not returned for two nights. ..." (1937: 796)

例87　……却教凌振扮作道童跟着，**将带风火轰天等炮数百个**，……（第65回，第1050页）

赛译　... and he bade Ling Chen follow him as attendant, and he was to **take with him every kind of wind and fire and thunder to set forth in the heavens** ... (1937: 1181)

在合作翻译时，赛珍珠在"听→译"过程中不可避免地出现一些漏译现象（或许是译者有意省略也不好说）。笔者经过探究发现，绝大部分漏译基本不会影响读者理解原文。但在例87中，译文没有将"炮"作为武器译出来，这样的漏译显然会丧失原文中的一些重要信息，令读者费解。

例88　晁盖再与吴用道："俺们兄弟七人的性命，皆出于宋押司、**朱都头**两个。……"（第19回，第324页）

赛译　Ch'ao Kai then said to Wu Yung, "The lives of the seven of us are here because of Sung Chiang and **Chu Kuei**. ..." (1937: 330)

例89 "……**薛永**扮作使枪棒卖药的，往东京取凌统领老小；**李云**扮作客商，同往东京，收买烟火、药料等物……"（第55回，第901页）

赛译 "... Let **Shih Yung** go also and buy such materials and powder as are needed for the fireballs, and then go to the eastern capital and bring out the household of Ling Chen." (1937: 999)

例90 却说济州府太守见黄安手下逃回的军人，备说**梁山泊**杀死官军，生擒黄安一事；……（第55回，第901页）

赛译 He saw the remaining soldiers who had escaped from **The Yellow Mud Ridge** and they told of the killing at the robbers' lair, and how Huang An had been captured alive, ... (1937: 330)

例91 孔亮道："小人便是**白虎山**前庄户孔亮的便是。"（第57回，第933页）

赛译 K'ung Liang said, "I am the lord of that village near **The Peach Blossom Mountain**." (1937: 1034)

　　例88中的"朱都头"显然指"朱仝"而非"朱贵"；例89中"薛永"被译成了"石勇"；例90译文中的"The Yellow Mud Ridge"是晁盖等人智取生辰纲的发生地，而非梁山泊；而例91中译者将"白虎山"译成了"桃花山"。凡此种种，虽不至于影响赛译的故事情节，但这些张冠李戴已与原著发生了一定程度的背离，使得这些句子在准确传译原作的内容上打了折扣。

例92 ……两拳打翻两个小喽啰，**便解搭膊做一块儿捆了**，口里都塞了些麻核桃。（第4回，第117页）

赛译 ... and with both his fists he felled the robbers and **taking his girdle he tied them together** and he gagged them by stuffing hemp into their mouths. (1937: 103)

例93 林冲听得，蓦地跳到圈子外来。两个收住手中**朴刀**，……（第11回，第202页）

赛译 Ling Ch'ung heard it and suddenly he leaped out of the circle of combat. They both held their **spears** ... (1937: 194)

例94 阮小七便去船内取将一桶**小鱼**上来，约有**五七斤**，……（第14回，第241页）

赛译 Juan The Seventh then went to his boat and brought up a bucket of **small**

fish and they were **five to seven catties each** in weight. (1937: 238)

例95 "……只看我掷杯为号，就下手拿了，一同解上州里去。此计如何？"
（第14回，第241页）

赛译 "... You are to watch me until I throw a wine cup to the floor and then put
forth your hands to seize him, and send him with **Sung Chiang** into exile.
How is this plan?" (1937: 576)

例96 霍地立起身，绰**青龙刀**，骑火炭马，门旗开处，直临阵前。（第63回，
第933页）

赛译 Then he stood suddenly and seized his **Green Dragon Spear** and he
mounted his fire-red horse and parting the curtains of his camp he galloped
straightway to where his soldiers were massed. (1937: 1152)

例92中，"便解搭膊做一块儿捆了"译成"taking his girdle he tied them
together"显然不妥，因为译文中此后不久就有"he hung his dagger to his girdle"
这样的表达，可见例中鲁智深"便解搭膊"理解的其实并不是自己的"搭膊"，
而是打翻的小喽啰的"搭膊"。例93中，林冲与杨志对决，赛译前文将二者手
中所使武器朴刀译成"sword"，此处又将其译成"spear"，令人费解。例94中，
"小鱼"却译为"five to seven catties each in weight"，实属自相矛盾。例95中，
宋江被捉，当时认定为"郓城虎张三"，黄信当时并不知宋江身份。因此译成
"宋江"不合情理。例96中的"青龙刀"译成"Green Dragon Spear"，而前文将
其译成"a scimitar called The Green Dragon"，前后矛盾之处显然令人费解。

6. 校对模式产生的影响

在校对阶段，赛译合作翻译模式的弱点是比较突出的。虽然赛珍珠分别请
龙墨芗先生和另外一位中国朋友朗读原著，自己校对译文，可谓严肃认真、一
丝不苟，但从技术层面而言，并不可取。一是译者自己完成的译作自己校对不
易发现问题，二是这种"读（朗读）→听→看"的校对模式虽有利于加快校对速
度，但从准确率来看，远远不如边看原著边校对。如果赛译在校对阶段采用边
看原著边校对的模式，那么不但4.2.2.1至4.2.2.5中绝大多数的误译都会被发现
并得到纠正，而且下文的一些失误也会避免。

例97 当下做公的领了钧旨，四散去寻（**戴宗**）。（第39回，第646页）

赛译 ... and the retainers received the command and sent out runners everywhere
to find **Tao Chung**. (1937: 702)

例98　石秀道："一个和尚，叫**丈丈**做干爷的送来。"（第44回，第732页）

赛译　And Shih Hsiu answered, "A priest who called your **father-in-law** foster-father brought them." (1937: 797)

例99　只有这个**老儿**，未晚先自要睡；……（第44回，第742页）

赛译　As for **the old monk**, when it was not night, yet he was asleep ... (1937: 810)

例100　……却去灶上看时，半锅**肥汁**。（第45回，第760页）

赛译　When he went to the oven and looked there was half a cauldron of **rice** chicken soup. (1937: 833)

例101　"……这厮方才又掣出刀来，**手起**伤了四五个人。……"（第46回，第776页）

赛译　"... Then this thing took out his dagger and **whenever he moved his hand** he wounded some four or five men ... " (1937: 853)

例102　……跑着马，舞起**一条铁链**，大发喊赶将来。（第47回，第785页）

赛译　... and he made his horse gallop forward and swung high is weapon **and** iron chain and shouting mightily he charged forward. (1937: 864)

例103　两个心焦，说道："限三日内要纳大虫，**迟时**须用受责，却是怎地好？"（第48回，第791页）

赛译　These two surnamed Hsieh then said, "The magistrate allowed us three days in which to give him this great tiger and if it is **later** we will be punished and now what shall we do?" (1937: 871)

　　例97至例103中的失误看似简单，校对时却未必容易发现。例97中"Tai"误拼成"Tao"；例98中"father"误写为"father-in-law"；例99中"man"误写为"monk"；例100中"rich"误拼成"rice"；例101中"when"误写成"whenever"；例102中"an"误拼成"and"；而例103中"late"被误拼为"later"，凡此种种，乃源于赛译特殊的校对模式所致。

例104　……在路上夜宿晓行，**不则一日**，行到郓州地面……（第45回，第758页）

赛译　... and on the way they slept by night and rose early in the morning, and **in less than a day** they had come to the region of Yun Chou ... (1937: 830~831)

例105　原来这乐和是一个聪明伶俐的人，诸般**乐品**学着便会……（第48回，第795页）

赛译 Now this Yo Ho was indeed a knowing and an able man and he could learn **every sort of way of weapon** as soon as he tried. (1937: 877)

例106 呼延灼禀道："小人举保陈州团练使，姓韩，名滔；**原是东京人氏**，……又有一人，乃颍州团练使，姓彭，名玘，**亦是东京人氏**，……"（第53回，第885页）

赛译 And Hu Yien Shu replied humbly, "This lowly one can guarantee that one, surnamed Han and named T'ao, who was a man of the city of Chen **but who is now in the eastern capital.** ... There is yet another man, and he is also a military official, and his surname is P'eng and his name Ch'i, and he was a man of the city of Ying, but he also is now in the eastern capital. ..." (1937: 981)

例107 晁盖说起黄泥岗劫取生辰纲一事，众皆**大笑**。（第57回，第940页）

赛译 And Ch'ao Kai told of the affair of The Yellow Mud Ridge and they all **sorrowed very much.** (1937: 1044)

例108 那樊瑞虽会使些妖法，却不识**阵势**。（第58回，第959页）

赛译 Now although this Fan Lui could use magic he could not **wield weapons** ... (1937: 1067)

例109 看看天色傍晚，约行了**十四五里**，前面一个村镇，……（第61回，第1003页）

赛译 When they saw the sky would soon be dark, they had already gone **some fifteen miles** and ahead of them was a village. (1937: 1119)

例110 "……只望我等兄弟来救。**不争我们回去**，诚恐这厮们害他性命。……"（第64回，第1037页）

赛译 "... and they do but hope for us, their brothers, to come and save them. **If we do not return**, perhaps those evil ones will even take the lives of these two ..." (1937: 1165)

　　与例97至例103相比，例104至例110中的失误在赛译的校对模式中更不易发现，因为这些失误要比例97至例103更复杂一些，但仍然属于可避免范围。正如笔者在前文所指出的那样，如果在校对阶段赛译的合作模式能够再科学一点的话，赛译中的绝大部分无意误译都是可以避免的。因此，赛译就像一面镜子，将其合作翻译的优缺点都暴露出来，给我们留下了足够的研究空间，供我们欣赏、借鉴及吸取教训。

但必须强调的是，虽然笔者列举了赛译无意误译的各种表现，但相对而言，赛译中的误译只占整个译文的一小部分，乃白玉微瑕，评论者绝不应仅抓住赛译的少数无意误译并将其无限扩大，进而以偏概全，甚至不负责任地上纲上线，对赛译及译者进行诋毁和诟病，从而将赛译研究领入歧途。

4.3　赛译合作模式对现今合作翻译的启示

张幼军曾指出，"显性的令人不快的差错通常表现在语言层面，然而这只是果，不是因；只是表，不是里。由表及里，我们会发现，要彻底解决问题，不是语言层面上的功夫所能为"①。而多年来对赛译的指责，却大多集中在其语言层面的少数误译。如果以此为据，拒绝对文本进行"由表及里"的探究，赛译的诸多现象将永远成为一个谜，赛译也因此将永远背负"误译"的诟责。

从前文（本章4.1.2）的分析中我们知道，赛译的合作翻译模式具有特殊性，目前国内对合作翻译模式的研究还无法将其囊括进去，仅就这一点而言，学术界对合作翻译理论模式的探讨无疑有待进一步发展和创新。

毋庸讳言，赛译的合作翻译模式给现今的翻译研究留下了很多宝贵的经验和财富。在赛译的合作翻译模式中，龙墨芗先生的助译举足轻重，否则赛珍珠独自翻译中国古典名著《水浒传》将是一件几乎不能完成的工作。虽然赛珍珠在中国生活多年，精通汉语，但素有"中国民间百科全书"之称的《水浒传》成书年代久远，文中各种方言土语看似简单，实则深奥晦涩，加之书中的文化内涵丰富，如果没有精通文学经典的中文合作者帮助解释疑难，仅靠赛珍珠一己之力将其比较准确地译成英文，也只能是一种美好的愿望而已。事实上，沙博里在翻译《水浒传》时也有妻子凤子和出版社的另外两名同事作为助手来辅助他，因而沙译在实质上也是合作翻译。评论者在评价之时，往往忽视了助译者在翻译过程中的重要作用。客观而言，在赛译的翻译过程中，龙墨芗先生的作用非同小可，他对赛珍珠所提出的疑难问题的回答关乎翻译的正误与准确程度。

---

① 贺祥麟.我看赛珍珠[J].河南师范大学学报：哲学社会科学版，1993，20（2）：71-72.

而对译者赛珍珠而言，赛译的"看（阅读）→（问）→读（朗读）→听→译"模式可以更好地发挥她的特长。彼德·康在《赛珍珠传》中曾言及赛珍珠的写作习惯。她在写作中是一气呵成，不会停下思路来斟酌再三。而对于早期从事中国题材小说创作的赛珍珠而言，她的写作过程与她翻译《水浒传》的过程几乎同出一辙，都是先想汉语，然后将其译成英语，只不过写作过程中赛珍珠是自己想汉语，在赛译的翻译过程中是龙墨芗先生朗读汉语，两者其实仅差一个步骤而已。因此，赛珍珠的写作习惯极有可能影响了她的翻译过程，可以推测她在赛译的翻译过程中并未处处反复思量，而某些疏忽即使在日后的校对中也未必能被发现①。事实上，对于精通英汉双语的赛珍珠而言，赛译的"听→译"模式的确很适合她。诚如赛珍珠故居博物馆馆长唐纳·罗兹所评价的那样："赛珍珠的经历是特殊的，她在语言成型的幼年时期，就同时学习了两种语言汉语和英语。因此她能够自然地在两种语言之间建立联系（association），迅速抓住并保留中文的意义进行逐字的翻译。尽管有人批评她的'异化'翻译，但我认为这更精确(concise)，更直接(direct)，正是她的双语能力使得她能够实现这种直译，正是这样的翻译方法能够迅速传递出经典著作的内涵"②[44]149。

　　然而，赛译的合作翻译模式在充分发挥合作双方特长之时，也不可避免地留下了遗憾。这种遗憾主要表现在赛译的校对阶段。其实，正如笔者前文所言，如果赛译的合作双方在校对阶段不采用"读（朗读）→听→校"的校对模式，而采用译者"读（阅读原文）→看（查看译文）→校"的校对模式，那么赛译中的绝大部分无意误译就可以避免了。因此，虽然合作双方在翻译时从始至终一直兢兢业业、一丝不苟，但由于校对过程中的技术失误，不可避免地留下遗憾。彼得·纽马克曾经指出："任何一种重要的翻译都应该由另一位以译入语(target language)为习惯使用语言的译者来审阅。他们能找出几乎不可避免的失误，以及任何译者都可能犯的意思(事实和语言)及用法的不当和错误之处。而且，在翻译的初期阶段，最好还要由一位以源语(source language)为习惯使用语言的译者来检查原文是否得到正确理解"③。以此来观照赛译，其实即使做到如纽马克所言，也还不能完全杜绝无意误译的产生，比如在校对阶段，如果另一位以译

---

① CONN P J. Pearl S. Buck: A Cultural Biography[M]. Cambridge and New York: Cambridge University Press, 1996: 189.

② CONN P J. Pearl S. Buck: A Cultural Biography[M]. Cambridge and New York: Cambridge University Press, 1996: 149.

③ 林本椿. 文化全球化和对外翻译[J]. 福建师范大学学报: 哲学社会科学版, 1999（2）: 83-86.

入语为母语的校对者不精通原文，译者在翻译过程中所犯的错误还是不能够被及时发现并得到纠正。也许正是在这个意义上来说，著名翻译大家杨宪益夫妇的合作可谓令人钦羡，空谷足音了。

毫无疑问，赛译绝非一部完美的译作，它既有令人钦羡的大量妙译，也存在一些误译。但误译毕竟不是主流，正确看待赛译中的误译现象，我们只能说赛译是白玉有瑕而已。任何时候，我们都无法否认赛译的合作双方为了崇高的理想诉求所付出的努力。无论是赛珍珠为实现其文化和合主义理想而付出的孜孜以求，还是龙墨芗先生为使中国经典名著《水浒传》走向世界而付出的巨大牺牲，都值得我们由衷的尊敬。诚如贺祥麟所言，"赛珍珠翻译的《水浒传》，即使是错误百出，译错的地方极多，仍不失为《水浒传》的一部早期优秀的英译本，帮助了西方读者了解中国这一部伟大的古典文学名著"①。因此，在赛译合作翻译的背后，是两位合作者为使中国古典文学名著走向世界、向西方世界推介及传播中国文化的崇高诉求。即使他们的合作成果不算完美，甚至存在一些瑕疵，但赛译在中西文化交流史上的巨大贡献不容抹杀，也正是在这个意义上，两位合作者的付出应该赢得我们由衷的尊敬。

---

① 王丽娜.《水浒传》在国外 [C]// 竺青. 名家解读《水浒传》. 济南：山东人民出版社，1998：435.

筚路蓝缕　以启山林

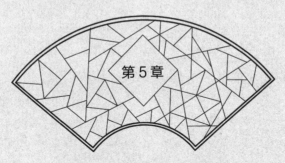

第 5 章

筚路蓝缕
功不可没

赛译历史贡献评述

由于特殊的人生阅历及文化"边缘人"身份等因素的作用，赛珍珠形成了极具时代前瞻性的文化和合主义世界观，一生致力于通过各种途径向西方推介及传播中国文化，并在此领域做出了巨大贡献，也因此被誉为"沟通东西方文化的人桥"。但"由于各种原因，国内的赛珍珠研究起起落落，对她的评价也几经沉浮。自然而然，对赛译的研究也一直随着赛珍珠在国内的沉浮变之又变，难下定论"①。就《水浒传》翻译而言，她"首次将《水浒传》完整地译入英语，为东西方之间的文化交流做出了巨大的贡献，但她所付出的努力及其成就却长期得不到公允的评价和理性的研究，甚至连她作为译者的身份和翻译策略的真实面貌都很少为人所知"②，这无疑是个十足的遗憾。之所以出现这样的情况，主要原因恐怕在于很多评论者无视赛译的翻译目的、翻译策略、翻译过程的实情及读者的真正反馈，而"乱拉批评标准来下结论"③而造成的恶果。平心而论，也许赛珍珠力图再现《水浒传》原貌、使西方读者阅读其译作仿佛正在阅读原作的目的不能完全实现，因为"当她逐字逐句翻译时，也许有一些意义已经悄悄游离出来。当她一笔一画地努力复制中国的语言文化时，她的译文作为文学作品的价值也许就在某些地方受到了一定的损伤"④，但赛译在传达中国文学特质及中国文化方面所做的贡献却不容置疑。有鉴于此，建立在前文对赛译之翻译目的、翻译策略、合作翻译过程及误译等进行探究的基础上，本章拟结合相关事实，探究赛译的海外影响，揭示赛译的成功之因并对赛译进行客观定位。

5.1 赛译的海外影响探究

近几年来，随着赛译研究逐渐走向深入，赛译为传播中国文学和文化、为改变中国人当时在西方人心目中那种"扭曲的"印象（笔者认为印象这个词比以往所用的"形象"一词更准确）所做的历史贡献已基本得到评论界的认可。然而，这样的疑问，如赛译在海外的影响有多大？赛译自 1933 年在美国和英国

---

① 钟再强. 试析赛珍珠英译《水浒传》研究史上的几次重要评价 [J]. 外语与外语教学, 2008（12）: 49-51.

② 唐艳芳. 赛珍珠《水浒传》翻译研究: 后殖民理论的视角 [D]. 上海: 华东师范大学, 2009: i.

③ 顾钧. 论赛珍珠建构中国形象的写作策略 [J]. 江苏大学学报: 社会科学版, 2002, 4（2）: 41-45.

④ 李林波. 差异, 对翻译意味着什么? [J]. 解放军外国语学院学报, 2004, 27（6）: 64-68.

出版后，到目前为止到底再版多少次？西方读者对赛译究竟是什么印象？赛译目前在国外还有影响力吗？诸如此类的问题，不必说赛译的否定者，就是赛译的肯定者，甚至是一些西方的《水浒传》研究者们，长期以来也一直是闪烁其词。要回答这样的一些问题，需要做大量的考证工作。赛译从1933年出版到现在，读者群不知换了多少回，各种相关的研究和评价也比较零散，加之国外的材料不易收集和统计。因此这项工作不仅难做，甚至令人望而生畏。但笔者认为，尽力厘清这些问题，已不仅是翻译研究的态度问题，更是翻译研究的伦理问题。只有解决这些问题，才能最终给赛译公平合理地进行定位，切实推进赛译研究和赛珍珠研究向前发展。当然，囿于目前的条件，笔者的考证工作还有待进一步加强，也希望与其他的赛译研究者进行充分沟通、交流及合作。

5.1.1　赛译的再版情况

一部译作出版后，虽然影响其生命力的因素有很多，但销量无疑是不可忽视的一个重要因素。而对于一部多次再版的译作，其销量到底有多大，只能根据事实情况做出一个大概的判断。一般而言，一部译作的再版次数越多，则被认为受欢迎程度更强、销量更大。但如果一部译作能够被不同出版商不断再版，则至少彰显其巨大的生命力及读者的认可。而如果一部译作历经70余载的读者洗礼，仍然能够再版，除了译作本身强大的生命力之外，是否也向世人展示出其巨大的社会价值及意义？或许会令许多关注者感到吃惊的是，赛译就是这样一部译作。从1933年在纽约和伦敦同时出版以来，赛译迄今为止再版已达10余次，而非目前国内评论界所公认的4次（1937年、1948年、1952年、1957年）。笔者经详考后发现，目前国内学术界所公认的赛译再版次数，最早应出自王丽娜的《〈水浒传〉在国外》[①]一文。从1998年至今，10余载已过，评论界每提及赛译的再版次数，都是直接或间接引证王丽娜十几年前的统计，从不怀疑该统计是否精确。有评论者甚至以此为重要论据，做出"在沙译出版之前，赛译在国外影响较大"这样的论断。这种论断的真正意图可谓昭然若揭：赛译远逊于沙译，沙译已出现，赛译就销声匿迹了。这种论断很符合一些赛译否定者的口味。因此每每被摘来转去，作为论证的重要依据。对赛译再版次数考证的漠视，再一次暴露了相关研究者不负责任的态度。

---

① 王丽娜.《水浒传》在国外 [C] // 竺青.名家解读《水浒传》.济南：山东人民出版社，1998：436.

其实，互联网时代的到来，已突破以往查找资料不便的许多瓶颈，使资源共享及详细考证等不但成为现实，也更加方便。笔者对赛译再版次数的统计主要来自雅虎、谷歌、百度、亚马逊及新浪等几个大的网站。笔者经反复考证和探究，发现赛译的再版次数超过十次，但这并非最终统计，可能还有统计不到的地方，有待以后继续探究。根据笔者目前所掌握的资料，赛译的出版及再版情况如下：

1933年，赛译分别由纽约庄台公司（The John Day Company）和伦敦梅修安联合有限公司（Methuen & Co. Ltd.）出版，"仅在1933年9、10、11月就曾连续三次印刷"[①]以应市场需求。

1937年，赛译分别由纽约庄台公司（The John Day Company）、纽约格罗夫出版社（Grove Press）和伦敦梅修安联合有限公司（Methuen & Co. Ltd.）再版，此外还有纽约雷纳尔与希契科克版[②]。

1946年，赛译由纽约遗产出版社（Heritage Press）再版。

1948年，赛译分别由纽约遗产出版社（Heritage Press）、纽约限定版本俱乐部（Limited Editions Club）及纽约乔治·梅西公司（The George Macy Companies, Inc.）[③]再版。

1952年，赛译由纽约格罗夫出版社（Grove Press）再版[④]。

1956年，赛译由纽约乔治·梅西公司（The George Macy Companies, Inc.）[⑤]再版。

1957年，赛译分别由纽约格罗夫出版社（Grove Press）和伦敦梅修安联合有限公司（Methuen & Co. Ltd.）再版。

1968年，赛译再版情况如下：纽约庄台公司（The John Day Company）分别在美国和英国两地同时再版；众得万出版社（Zondervan）在美国和英国两地同时再版；美国金斯顿莫雅·贝尔出版社（Moyer Bell）再版；加拿大哈普尔·柯林斯出版社（Harper Collins Canada）再版。

1969年，加拿大哈普尔·柯林斯出版社（Harper Collins Canada）再版赛译；希瑞克·夏沃斯出版社（Cedric Chivers）在美国和英国同时再版。

① 朱明胜. 多元系统翻译理论视角下的赛珍珠英译《水浒传》[J]. 宿州学院学报, 2009, 24（6）: 41-45.
② 王丽娜.《水浒传》在国外 [C]// 竺青. 名家解读《水浒传》. 济南: 山东人民出版社, 1998: 435.
③ 董琇. 译者风格形成的立体多元辩证观: 赛珍珠翻译风格探源 [D]. 上海: 上海外国语大学, 2009: 156.
④ 王丽娜.《水浒传》在国外 [C]// 竺青. 名家解读《水浒传》. 济南: 山东人民出版社, 1998: 435.
⑤ 董琇. 译者风格形成的立体多元辩证观: 赛珍珠翻译风格探源 [D]. 上海: 上海外国语大学, 2009: 157.

1976年，赛译由美国诺沃克的伊斯顿出版社（Easton Press）再版。

2004年，赛译分别由美国金斯顿莫雅·贝尔出版社（Moyer Bell）及巴斯的诶考恩·艾伦斯出版社（Acorn Alliance）再版。

2006年，美国金斯顿莫雅·贝尔出版社（Moyer Bell）再版赛译。

除了以上所及，笔者还发现中国(香港)再版赛译的版本。但由于没有标注具体的出版时间和出版商等。因此不便归类。之所以认定其为另外的版本，主要依据在于它是"32开精装本"，与其他版本有明显的不同。（关于笔者从网上所搜集的再版情况请见附录5）

从以上对赛译再版版次的统计可以看出，赛译再版最密集的一年是1968年，当时有四家出版社同时再版，可见赛译之热销。这种现象的个中原因还需研究界进一步考证。此外，进入21世纪，赛译得以再版3次，足见其市场效应及强大的生命力。而对于这几次再版，笔者认为这是国内外赛珍珠研究持续升温所带来的结果。

5.1.2　对赛译的转译、合作及其他

笔者曾有意赴美国赛珍珠故居查找资料，但囿于各种原因未能成行，甚为遗憾。令人欣慰的是，董琇赴美国宾夕法尼亚大学访学期间，访问了赛珍珠故居及普林斯顿大学图书馆等地，带回了一些珍贵资料，弥补了此领域的一项空白。

董琇在普林斯顿大学图书馆发现一些曾与赛珍珠联系、要求对赛译进行转译或对部分章节进行使用的信件。具体信息如下：

1935年7月31日，捷克出版商致函赛珍珠讨论赛译版权，希望把赛译从英语转译为捷克语。

1942年6月4日，柬埔寨皇家图书馆前馆长、生活在法国的一位东方文学专家致函纽约庄台公司翻译部，有意将赛译转译成法文，认为法译本也会拥有较大的读者群。从他的话中我们可以推断，当时赛译一定有较大的英语读者群。赛珍珠建议对方从中文译成法文，认为这样效果更佳。

1945年2月9日，庄台公司又向赛珍珠征求意见，是否仍然维持对别人把赛译转译成其他语言版本不做干预的态度，因为庄台公司又收到了将赛译转译成西班牙语的征询信。

　　1955年，莎福特（Shafter）先生致信庄台公司，希望获得重印赛译50至61页的权力，欲将其收入《中国文学选集》。同年，纽约哲学博物馆计划编撰《比较文学辞典》，欲收录500位著名作家的作品，节录800到1200字的文章来展示作家或译者的风格，要求收录赛译的某个章节。

　　1956年4月2日，纽约哲学博物馆副馆长罗斯·莫斯（Rose Morse）女士给安德里亚·马素尔·劳埃德（Andrea Mathew Lloyd）小姐写信，言及得到了赛珍珠本人许可，将使用赛译的部分章节①。

　　董琇还在美国宾州巴克县赛珍珠故居博物馆发现了与赛珍珠联系，寻求就赛译与赛珍珠合作、欲把赛译搬上银幕的信件一封：

　　1940年1月，维欣女士（Gwei Hsin W. Ho.）致函赛珍珠。信中提及一家好莱坞电影公司欲将赛译搬上银幕，"美国公司将向中国申请指派一名监理或评论顾问，协助电影拍摄"，维欣女士的丈夫想申请这一职位，希望能够得到赛珍珠的举荐。虽然"最终电影未拍摄成功"，但赛译在当时的影响已见一斑②。

　　以上寻求与赛珍珠合作，对赛译进行转译或进行其他方面合作的意向，到底哪些已付诸实施，目前还无法定论，但可以肯定的是，随着《大地》《龙子》等被搬上电影的银幕，赛珍珠的影响越来越大，赛译在当时的影响巨大已成为不争的事实。从目前所掌握的材料来看，一些把赛译进行转译或收录赛译内容的意向成为事实已得到印证，如：

　　1953年，赛译中的两个长段落被收录《成就与自我发现》文集，作为菲律宾高中一年级学生的英文课读物③。

　　1963年，罗马尼亚出版了什特凡纳·维利萨尔——德奥道里亚努和安德烈·班达什根据30年代的赛译和1955年莫斯科出版的俄文本节译而成的《水浒传》，虽然只有十五回，但却是罗马尼亚翻译的第一本中国古典长篇小说，在罗马尼亚读者中产生了很大影响，出版部门将其列入世界古典文学名著序列④。

① 董琇.译者风格形成的立体多元辩证观：赛珍珠翻译风格探源［D］.上海：上海外国语大学，2009：112.
② 董琇.译者风格形成的立体多元辩证观：赛珍珠翻译风格探源［D］.上海：上海外国语大学，2009：112.
③ 董琇.译者风格形成的立体多元辩证观：赛珍珠翻译风格探源［D］.上海：上海外国语大学，2009：112.
④ 宋柏年.中国古典文学在国外［M］.北京：北京语言学院出版社，1994：412.

笔者坚信，以上所收集到的材料只是此领域的一部分。更多的材料有待研究者进一步探究和发掘，以使赛译研究不断得到充实和提高。由于这类材料年代久远。因此在互联网上很难找到原材料，需要细心的研究者到国外考证或展开中外合作，才能取得满意的效果。

5.1.3 读者对赛译的反馈

在评价赛译的文风对读者的影响时，美国赛珍珠故居博物馆馆长唐纳·罗兹强调："只要你习惯了这种风格就没有什么困难，这是一种习得的过程，就像习得（acquire）莎士比亚、乔叟和其他经典的英语作品一样。这是一种逐渐养成的嗜好(acquired taste)。但是当你一开始阅读赛珍珠的译文，就不禁为她译文的节奏和句型所吸引"[1]唐纳·罗兹指出这种感受和反应在英语读者中具有一定的代表性[2]。此外，唐纳·罗兹指出赛译的读者是"学者、知识分子，特别是学习文学和语言的人。因此来赛珍珠故居博物馆做研究的学者都对这部译作非常感兴趣。这部译作不是她最出名的作品，却是最成功（most accomplished）的作品之一"[3]。由于唐纳·罗兹的特殊身份，她必定对赛译一直关注和研究。因此她的评价具有一定的权威性。此外，笔者在考证时发现，近些年来普通读者在赛译的读者群中占有一定的比例，而其中一些读者阅读赛译的原因竟然与《水浒传》游戏在网上的风靡有关。

虽然赛译的读者数量我们无法统计，但从某个侧面探究一番却必定对了解实情有所帮助。赛译历时70余载，每个时代具有不同的读者群是不争的事实。赛译于1933年出版后，即进入了美国每月图书俱乐部的排行榜，当时庄台公司的老板沃尔什写信告知身在中国的赛珍珠，提及销量格外火爆。而从美国每月图书俱乐部的会员数量中，我们可以窥见赛译在当时的销量之大。1929年，该俱乐部的会员达11万，由于经济萧条，短期内会员数量有所下降。但到了30年代中期以后，会员数量再度攀升，到30年代末已达35万。上了俱乐部推荐榜的作品，销量飞升。因此从每月图书俱乐部的影响力来看，赛译在当时的畅销是毋庸置疑的事实。由于每月图书俱乐部的会员基本来自社会的中、上层。因此唐纳·罗兹认为赛译的读者为学者及知识分子等也就在情理之中。但当时赛译

① 董琇.译者风格形成的立体多元辩证观：赛珍珠翻译风格探源 [D].上海：上海外国语大学，2009：110.
② 董琇.译者风格形成的立体多元辩证观：赛珍珠翻译风格探源 [D].上海：上海外国语大学，2009：110.
③ 董琇.译者风格形成的立体多元辩证观：赛珍珠翻译风格探源 [D].上海：上海外国语大学，2009：111.

的读者群构成并不等于如今的实际现状，在网络信息时代，我们不应再囿于以往的经验和判断，对赛译的研究也是如此。至于赛译的读者数量是否在递减，这个问题实在不好回答。从前文提及的再版情况可以看出，1968年竟然有4家出版商同时再版赛译，至少说明当时的销量肯定可观，读者不在少数。而时至今日，赛译也必定仍然拥有足够的读者群，不然不会在2004年至2006年短短两年之内，赛译被两家出版商再版3次。就读者数量和潜在的市场价值判断而言，出版商不知要比深居巴别塔的研究者们精明了多少倍。

此外，网络时代的到来已使读者的阅读方式呈现多样化趋势。笔者在考证中发现，国外各大网站赛译的销售方式包括普通图书、光盘及电子书等，已趋多元化。顺便提及，波森那图书馆 http://posner.library.cmu.edu/Posner/ 网页上可免费浏览1948年版本的赛译，另外还有一家网站可以免费下载1937年版的赛译。

笔者从网上收集到一些读者对赛译的评价，这些评价代表了近些年来新时期读者或书评对赛译的基本看法。亚马逊网站上（2015年10月12日的统计数据）公布了不同读者1998年、2003年、2007年及2009年对赛译的书评，并对其他客户在购买前对这几个书评的反应及最后购买的概率进行了详细统计如下：

客户布莱恩·韦恩·威尔士先生（Brian Wayne Wells, Esquire）于1998年5月17日评价如下：

> ……随着日本某公司（KOEI Corporation）于1990年推出的"水浒软件游戏"的流行，出生于西弗吉尼亚的诺贝尔文学奖获得者赛珍珠于1933年翻译的《水浒传》又一次流行起来。……赛珍珠的上下两卷译本精彩纷呈、可读性强，有助于读者对中国11世纪的行政和文化有更多的了解。
>
> （共有25名潜在客户在网上留言，其中23人认为以上评价有参照价值。）

家住澳大利亚维多利亚的大卫·冯博士（Dr. David Fong）于2003年2月25日发表评论，认为赛译"流畅易读"，具体评价如下：

> 赛译是我至今看完的第一本中国古典小说……与其他人的翻译所不同，赛译尽量用一个名字来给每个人物命名。这很重要，因为中国小说的同一个人物会有几个不同的名字，使人不知所云，很难把情节穿起来。……顺便提个醒，"楔子"部分描述"洪太尉误走妖魔"这部分比较混乱，或许是全书最无聊的章节。其他部分就没有那么混乱了。……

（共有15名潜在客户在网上留言，其中10人认为以上评论有参照价值。）

2007年1月5日，美国俄勒冈（Oregon, WI USA）的《中西部书评》（*Midwest Book Review*）认为赛译"从头至尾精彩纷呈"，具体评价如下：

> 由施耐庵、罗贯中所著，由赛珍珠所译的中国武侠小说《水浒传》，原来分上下两卷出版，每卷700页。如今赛译《水浒传》已由莫雅·贝尔出版社（Moyer Bell）合成一本出版。……赛译《水浒传》从头至尾精彩纷呈，非常适合各学术图书馆和社区图书馆收藏。

> （共有6个潜在客户在网上留言，其中5人认为以上评价有参照价值。）

2009年2月8日客户凯瑞·D·楚吉罗（Karol D. Trujillo）认为赛译"译得非常好"，具体评价如下：

> 这样久远的故事，译得如此之好，深深地吸引了我。书中有许多人物，每个人物的背后都有精彩的故事……

> （共有2个潜在客户在网上留言，其中1个客户认为以上书评有参照价值。）

根据亚马逊网上的最终统计数据，在参照了读者对赛译、沙译和杰译[①]写的书评之后，最终购买赛译的客户为78%，购买沙译的客户为17%，购买杰译的客户为5%。

除了以上亚马逊网上的读者留言和评价外，其他销售网站如好书阅读等网上也有读者对赛译的评价，这些评价主要针对赛译所描述的故事本身，但几乎都对赛译持肯定态度，此处不赘述。

经笔者考证，国外网上的读者评论显示了这样的事实：赛译在国外的影响仍然远远超出沙译和杰译，销量也最大，在赛译的读者群中，普通读者占有一定的比例，而非单纯的学术研究者或中文学习者。随着网络的普及，传统的赛译研究方式越发显得滞后。笔者并不否定传统研究方式的价值，但新时期的赛译研究需与时俱进才能取得更好的效果。如今在"http://www.google.com"上输入"Pearl S. Buck's *All Men Are Brothers*"，在几秒钟之内网站就会搜出近千条与

---

① 杰译是指杰克逊先生的英译《水浒传》。

之相关的信息，并且新的信息几乎每天都在增加，便于我们迅速查看到关注的信息，检索查阅的迅捷和方便是传统的图书馆所无法企及的。网络为赛译研究提供了一个新的平台，任何人都可以对赛译发表自己的见解，也可以就别人的评论进行研讨，网络平台使每个读者都可以成为赛译的评论者。

此外，随着中外文化交流领域的不断扩大，赛译的潜在价值正在不断得以挖掘。国外网站不但发布了有关中国发行的《四海之内皆兄弟》纪念银币（主要是关于一些水浒好汉的插图）方面的信息，还配有照片说明。此外，与中国古典文学有关的页面、对《水浒传》戏曲、影视方面的报道，也往往提及赛译。因此，如何将读者视阈、收藏者视阈、听众视阈及观众视阈等纳入赛译的接受视阈研究体系，必将成为新时期赛译研究的新课题。

以上论及了赛译在海外的影响。笔者在实证考察时发现，即使外国的学者，甚至是专门研究赛珍珠的学者，也不一定对赛译的海外影响有全面的了解，难免囿于手中材料所限而做出误判。以在赛珍珠研究方面取得重要成果的华裔学者廖康为例，可以更好地说明这个事实。1997年，在其博士论文《赛珍珠：横跨太平洋的文化人桥》中，华裔美籍学者廖康对赛珍珠翻译赛译所做的贡献概括如下：

> 她首次将这样一部颇有难度的长篇小说译成英文，其勇气与技巧至少是必须承认的，也很值得研究。有朝一日这部中国古典名著如能在西方获得深入而广泛的研究、成为了解中国文化和中国人民的必读佳作，或者能对西方文学产生任何影响，则赛珍珠的先驱性贡献功不可没。①

而时隔一年多之后，1999年1月在加利福尼亚举行的一次国际研讨会上，廖康又在会上展示了对中国古典小说《水浒传》翻译的研究成果。当提及赛珍珠及赛译时，廖康认为赛珍珠对原著理解透彻，在翻译上倾向于采用灵活的策略，但她的翻译基本上甄默于无闻。在探讨这种状况的成因时，廖康阐明美国公众拒绝赛译的两个原因如下：

> 首先，《水浒传》塑造的是土匪的形象，书中充斥着酗酒、杀戮及食人肉现象，缺乏良好的道德判断。其次，《水浒传》那种更适合说书艺术而不适合阅读的体裁形式及不分伯仲的数以百计的人名及绰号，对读者来说绝

---

① LIAO K. Pearl S. Buck: A Cultural Bridge Across the Pacific[M]. Westport CT & London: Greenwood Press, 1997: 132.

对是一个可怕的挑战。后来出现的沙译，虽然比赛译更加流畅和准确，但由于以上两个原因，境况也好不到哪去^①。

结合前文所做的探究，我们可以断定廖康对赛译的海外影响力及研究成果的进展并不十分了解。从他的博士论文中所收集到的对赛译的评价及上述言论来看，廖康对赛译的实证研究欠缺。因此他的结论可能有问题。结合廖康的1999年另一篇文章《少不读水浒》可以发现，虽然廖康也声称《水浒传》在中国的地位堪比荷马笔下的《伊利亚特》在西方的地位，但他对《水浒传》的评价其实并不高。这种评价其实正代表了西方大部分研究者进行《水浒传》研究的价值取向。他们实际上对包括赛译在内的《水浒传》译本的风格、语言转换等并不十分关注，更看重的则是对《水浒传》的主体思想及道德价值观等方面的发掘，这一点从王丽娜、宋柏年、王新芳、张同胜等人的研究中可以得到证实。

在莫雅·贝尔出版社的销售网页上有美国学者肯尼思·瑞克斯罗茨（Kenneth Rexroth）对赛译的高度评价，他认为赛译既是赛珍珠"最好的作品"，同时"也是美国文学的经典"。以此关照廖康的评价，其偏颇之处顿显。因此，在赛译研究上，既要关注国外权威们的评价，也不可迷信权威，否则赛译研究之损失大矣！

5.2　赛译成功因素归因

毫无疑问，赛译是一部成功的译作，自诞生之日起至今已再版10余次就是最好的证明。对于赛译的成功之源，已有研究者对此进行了探讨，如李林波、徐建平、许燕等。这些研究者把赛译的成功基本归因于赛译所采用的与众不同的翻译策略。接受理论认为，衡量一个译本的标准应该是多元的，应该把原作、原作者、原作读者、译者、译本、译本读者等因素都纳入考量范畴，才能更科学、更完整地阐释整个翻译活动[169]172。以此为理据，笔者认为，赛译的成功，固然离不开其恰当的翻译策略，但它的成功取决于众多因素，而非单纯的

---

① Juliet Carpenter. http://www.swet.jp/ index. php/newsletter/content/translating popular fiction

翻译策略影响。在笔者看来，赛译的成功主要是由多种因素促成的，如原著的精彩、译者出色的综合素质、恰当的翻译策略、译作的可读性和流畅性及读者的认可、出版商的运作、名人效应等。这些因素相辅相成、缺一不可，它们的合力使赛译走向了成功。为便于分析，笔者将这些因素归为五类，即原著因素（原著的精彩）、译者因素（出色的综合素质如双语能力、对原著的理解及文化认同等）、译作因素（翻译策略、可读性及流畅性等）、读者因素（读者的认可）及其他因素（出版商的运作、名人效应等）。由于译者因素前文已有论及，不需赘述。囿于篇幅，笔者仅重点剖析原著因素、译作因素及读者因素对赛译成功的影响。

5.2.1 原著因素

《水浒传》堪称我国古典章回小说的杰出代表之一，在艺术上取得了杰出的成就。其人物形象塑造写出了人物的复杂性格，不但有每个人物性格形成的环境依据，而且富于变化和理想色彩，根植于生活的沃土之中。《水浒传》的情节不仅生动紧张，而且富于细节描述。此外，小说不但语言通俗、简练、生动，极富文学表现力，而且前七十回的连环套式结构与内容前后呼应，可谓独具中国艺术特色。对于这样的一部优秀作品，翻译界是不会无动于衷的。包括赛译在内的众多海外译本的成功，本身就证明了原著的重要价值。

到目前为止，《水浒传》已被译成英、俄、日、法、德等十几种文字，在世界各地发行。而随着包括各种语言在内的众多译本的出现，《水浒传》在海外已赢得越来越多的读者群，很多外国读者开始喜欢这部引人入胜的中国小说，使之获得了广泛的国际声誉。美国翻译家杰克逊曾评价："《水浒传》又一次证明人类灵魂的不可征服的、向上的不朽精神，这种精神贯穿着世界各地的人类历史"；苏联汉学家罗加切夫在其《水浒传》译本的《跋》中这样评述："《水浒传》是中国人民最优秀的文化遗产之一，此译本的出版，可以帮助苏联读者开阔眼界，深入了解中国人民的历史，也有助于促进和巩固中苏人民的友谊"；德国翻译家弗朗茨·库恩曾评价："没有必要对《水浒传》的价值多费唇舌，作品本身就说明了它的价值。《水浒传》对于研究中国的历史学家、军事家和政治家来说，都是非常宝贵的财富；而从文艺角度来说，一个文学家如果不知道《水浒传》这部作品，那将会成为笑柄"；越南译者罗辰在其译本《序言》中这样声明："《水浒》就像一颗珍珠,它不仅是中国人民的骄傲,也是亚洲人民的骄傲"[①]。而长期从事中国文学翻译、曾经翻译过《水浒传》部分章节的英国翻译家霍布朗,在提及《水浒传》时,坦承为《水浒传》的英雄主义题材所吸引,非常喜欢这部小说,觉得它有非凡的想象力[②]。

从以上我们不难看出,正是《水浒传》原著的巨大魅力使它获得了众多译者的青睐,并最终走向世界。赛译之所以取得巨大成功,原著的精彩所起到的作用不可低估。沙博里对赛译的评价不高,但对原著他还是充满赞许:

> 赛珍珠的译文是一种拟圣经英文的奇怪混合物,目的是要让人读起来有点"古味",又为了让它听起来有点"中国的味道",句型结构完全按照中文逐字逐句地直译,这给外国读者带来了很大的困难。但由于故事本身十分生动,而且我看懂了大部分。因此我很喜欢这部小说[③]。

> 小说(指《水浒传》)的重要性,不仅在于它是一部文学力作,还因为它生动地写出了封建的、孔夫子的思想及其处世态度和是非标准,它们至今仍然是中国精神的一部分,是了解中国今天的理想指南。我感到作为一个中国文学的翻译工作者,我再也挑选不出比这更好的作品作为我的最后译著了[④]。

单就英译而言,从赛译、杰译、沙译到登特-杨译本,期间历时约60载,这对于一部古典小说外译来说时间跨度并不算长,却已经出现四个译本,足见《水浒传》原著的巨大价值。从笔者所收集到的资料来看,目前有一位苏格兰学者正在翻译《水浒传》,力图将其译成标准的苏格兰语。笔者相信,《水浒传》的英译在将来还会持续下去,会有更新的译本出现,将原著的魅力和精髓进一步展现给世界。

5.2.2 译作因素

对于成功的翻译而言,译作本身的质量是一块最好的试金石。不成功的译作,其拙劣之处可能遍布全文,而对于成功的译作,恰当的翻译策略、具有相当

① 王新芳.二十世纪《水浒传》传播研究[D].济南:山东大学,2004:7.
② 董琇.译者风格形成的立体多元辩证法:赛珍珠翻译风格探源[D].上海:上海外国语大学,2009:99.
③ 沙博里.《水浒》新英译本前言及翻译前后[J].李士钊,妙龄,译.水浒争鸣,1984(2):404-414.
④ 沙博里.我的中国[M].宋蜀碧,译.北京:中国画报出版社,2006:251.

的流畅性和可读性却无疑是译作的必备条件。

前文已做过探究，赛译其实采用了"突显差异、有意杂合"的翻译策略，可谓很好地利用了异化归化两种手段，甚至很多时候将两种手段巧妙融合，使读者在欣赏及领略中国古典小说艺术魅力的同时，能够根据以往对赛珍珠其他作品的阅读经验充分体认其行文及语言特点。对这类"异化色彩"浓烈的译作读者比较认可是有据可循的。1995年7月，《文汇读书周报》与南京大学西语系翻译研究中心合作项目《红与黑》汉语读者调查显示：在316份反馈意见中，异化色彩较浓的郝运译本支持率最高，为27.9%，而归化为主的罗新璋译本和许渊冲译本支持率较低，分别为19.2%和15.3%[①]。当法国翻译家雅克·达尔斯（Jacques Dars）翻译《水浒传》时，他采用了与赛珍珠类似的策略，如将"张天师"和"天子"分别译为"天之师"和"天之子"，而非"道教之师"和"皇帝"[②]，整个行文生动活泼，能真切地传译出原著的艺术风貌。因此在1978年出版后，既深受法国读者欢迎，也得到了译评家的肯定，成为1978年法国的"最佳读物"，荣膺1978年法兰西文学大奖[③]。

接受美学的"意义未定和空白"理论告诉我们，"文学文本是一个图式化纲要结构，作用在于吸引读者阅读。在保证一定理解的前提下，文本留给读者的空白越多，它对读者的吸引力就越大"[④]。以此关照文学翻译，译者应在保证读者理解的前提下，最大限度地为读者呈现原著的艺术风格和语言特色。与此同时，接受美学的"期待视野"理论提示我们，当译作与读者的"期待视野"相一致时，"它固然能得到理解甚至满足读者看到熟悉因素的愿望，却也只止于此，读者还可能'因为厌恶而拒绝这本书'"，由此观之，文学翻译又应该是"拉开译作与读者'期待视野'间距离的过程"[⑤]。因此从接受美学视角看赛珍珠的翻译策略，我们可以发现，"突显差异"可谓最大限度地保留了原著的艺术风格及语言特点，满足读者对"差异性"的诉求，留下足够的"未定点"和"空白点"来吸引读者，最大限度地向他们进行中国文学和文化的启蒙，与此同时，考虑到读者的接受能力，"有意杂合"又尽可能降低了读者阅读的难度，很好地把握

---

① 马红军. 从文学翻译到翻译文学 [M]. 上海：上海译文出版社，2006：91.
② 马红军. 从文学翻译到翻译文学 [M]. 上海：上海译文出版社，2006：101.
③ 王丽娜.《水浒传》在国外 [C]// 竺青. 名家解读《水浒传》. 济南：山东人民出版社，1998：435-439.
④ 兰守亭. 新视野中的旧小说：评赛珍珠的大地三部曲 [D]. 上海：上海师范大学，2003：246.
⑤ 兰守亭. 新视野中的旧小说：评赛珍珠的大地三部曲 [D]. 上海：上海师范大学，2003：241.

了译作与读者审美经验之间的"审美距离"①,保证译作对读者的"吸引力"。

简而言之,赛珍珠在文化和合主义价值观的引导下,在洞悉读者的"期待视野"和审美诉求的基础上,采用了"突显差异、有意杂合"的翻译策略,实现了读者视阈与文本视阈的完美融合,成为赛译获得成功的重要因素。

上文探析了赛译的翻译策略对译作成功的巨大推动作用,以下笔者拟就赛译的流畅性及可读性做出分析。"语言的使用者都是具体的人,而每一个具体的语言行为都是个人主体性和意向性的反映。译者既是原文读者,又是原文阐释者和译文的创造者,所以在创造过程中对语言的运用总会体现出个性和新颖之处"②。赛译的行文和语言特色正充分反映了译者对中国文化及语言艺术的体认。然而,提及赛译的流畅性和可读性,国内的许多研究者一直对此持否定态度。笔者认为,赛译的流畅性和可读性如何,不能以我们自身的眼光来判定,国外的读者和研究者是最好的裁判。原因很简单,国内的研究者早已习惯《水浒传》原著朗朗上口的行文,在评判赛译的时候,总免不了带有一种原著情节来看待赛译。因此才会有研究者得出赛译"佶屈聱牙、生硬晦涩"的论断。而对国外的读者而言,由于没有原著情节,只要读得通顺、不费力,当然就具有流畅性和可读性,甚至赛译的否定者德国翻译家弗朗茨·库恩(F. Kuhn)也承认赛译"流利可读"。

张怡认为,赛译在语言风格上可谓"行文通畅",但与原作相比,"略显滞重平淡,不如原作简洁明快"③。在美国访学研究赛译期间,董琇把赛译和沙译与美国国家语料库ANC的词频和词序做了比较,发现赛译忠实于源语,虽然结构倾向源语,但行文比较直白、用词通俗易懂。因此不会对英语读者的阅读产生障碍:

> 赛译的直译给予英语读者一定的想象空间,基于上下文的描述,英语读者的反应将更接近原文读者的反应。赛译较多使用解释性翻译,译本自然就较长。同时还可发现赛译词语更为常用,根据美国国家语料库ANC统计,赛译"wine"在美国国家语料库ANC中(共239 220个不同词汇)出现的次数为1 072,位序为2138,频率为0.004 836%,"shop"的次数为1 074,

① 熊敏,范祥涛. 重释翻译的忠实性原则:从接受美学看文学翻译[J].苏州教育学院学报,2009, 26(1):69-72.

② CONN P J. Pearl S. Buck:A Cultural Biography[M]. Cambridge and New York:Cambridge University Press,1996:27.

③ 孙建成.《水浒传》英译的语言与文化[M].上海:复旦大学出版社,2008:142.

位序为 2131，频率为 0.004 845%；而沙译 "tavern" 的次数为 44，位序为 21687，频率为 0.000 198%；而赛译 "sign" 的次数为 1 846，位序为 1221，频率为 0.008 328%，沙译 "pennant" 的次数为 58，位序为 18270，频率为 0.000 262%。美国国家语料库 ANC 中词汇按照出现频率由高到低排列，赛译所用词语的排序明显较前，词汇更为常用，可以推断赛的译本相对通俗①。

从以上的分析我们不难看出，国内研究者对赛译的流畅性及可读性存在一定程度的误读，虽然阅读的过程中未必没有困难。赛译在 2006 年还被再版的事实已充分说明其具备流畅性和可读性，如果不具备这样的特点，读者就会不知所云，赛译的销量也不会有如此之大。读者的认可就是最好的回答。

其实，赛译在行文上的流畅性及可读性与赛珍珠一直追求的大众化创作风格是一脉相承的。正如兰守亭所指出的那样：

> 她作品风格的大众化最明显的地方体现在她小说的语言上。这种语言在叙述、描写、对话方面无不明白如话。赛珍珠丢开 20 世纪初西方文学创作上惯用拗口难懂的语法结构的倾向，转而使用地道的普通民众的日常口语。她在作品中越来越多地使用简单明了、直截了当的群众语言。赛珍珠曾说过她的愿望是想作个大众化作家，她在作品中追求普及效果，对西方的广大读者来说，她小说的语言具有独特的宣传效果②。

总而言之，赛译的成功离不开译作本身的质量。一句话可以概括，时间是最好的裁判，赛译能够再版到今天，翻译策略的得当和具有流畅性及可读性是毫无疑问的事实。

5.2.3　读者因素

在赛译成功的所有因素之中，读者因素居于首位。对于所有的作品而言，读者的认可才是硬道理。"译作的价值也只有与译文读者互动才会得以实现，只有那些经得起时间考验并得到历代读者认可和欣赏的作品才有长久生命力和

---

① 董琇. 译者风格形成的立体多元辩证观：赛珍珠翻译风格探源 [D]. 上海：上海外国语大学，2 009：59-60.
② 杨平. 读者反应批评：文学翻译批评新视角 [J]. 北京第二外国语学院学报，2009，31（8）：36-40，61.

影响力"①。在剖析赛译的成功之因时，许燕认为赛译的成功主要在于"赛珍珠首要关照了目标语读者的审美感受，以及在此基础上译本在文学范式、叙事形式、形象构建和语言风格上所体现出的多维度的陌生化取向"②。徐建平、梁金花也认为，"赛珍珠的《水浒传》英译本采用了能够保留异国情调的异化或'陌生化'翻译手段，从而使译入语读者不断有新的发现；或说译本通过延长审美时间和增加感觉难度而增强了读者的审美快感，并最终使其在观察世界的原初感受中化习见为新奇"③。笔者认为他们的分析不无道理，但同时认为，用"陌生化"翻译这一概念来描述赛译的翻译策略是否合适还有待商榷，笔者在第4章已做过阐述，此处不赘述。此外，从赛译的实情来看，赛译的翻译策略与"陌生化"手段为体现"文学性"而采用的"延长审美时间和增加感觉难度"尚有一定距离。笔者认为，就读者对赛译的实际接受情况而言，接受美学的"期待视野"概念更有助于厘清事实。

　　姚斯认为，读者通常带着一种"期待视野"去接受文本，但他对这一概念的内涵并没有做出具体的解释。高日晖认为，所谓"期待视野"是指"'读者接受文学作品时自身所具有的某种思维定向和先在结构，包括伽达默尔的历史视界和个人视界两方面的内涵'。一方面，'第一个读者的理解将在一代又一代的接受之链上被充实和丰富'，另一方面，读者以往的阅读记忆也积累了阅读经验；这两者的融合，便形成一代代文学接受者的期待视野"④。而对于"第一读者"这一概念，姚斯认为，"一部文学作品在其出现的历史时刻，对它的第一读者的期待视野是满足、超越、失望或反驳，这种方法明显地提供了一个决定其审美价值的尺度"⑤。此外，姚斯还提出"真正意义上的读者"这一概念，根据他的解释，这种"真正意义上的读者"即指"接受美学意义上的读者，这种读者实质性地参与了作品的存在，甚至决定着作品的存在"⑥。由此不难看出，"评价一部作品的价值就要看其接受的效果如何，尤其是'第一读者'的接受效果十分重要。但是对某部作品'第一读者'的判定是一个很难的事情，如果说'第一批读者'或早期的读者，可能更恰当一些。对各个时代的所有读者来说，一部作品永远

---

① 杨平.读者反应批评：文学翻译批评新视角[J].北京第二外国语学院学报，2009，31（8）：36-40，61.

② 吴家荣.比较文学新编[M].合肥：安徽教育出版社，2004：149.

③ 徐剑平，梁金花.文学翻译中审美的"陌生化"取向：以赛珍珠英译《水浒传》为例[J].江苏大学学报：社会科学版，2009，11（4）：50-53.

④ 高日晖.《水浒传》接受史研究[D].上海：复旦大学，2003：62.

⑤ 高日晖.《水浒传》接受史研究[D].上海：复旦大学，2003：62.

⑥ 杨平.读者反应批评：文学翻译批评新视角[J].北京第二外国语学院学报，2009，31（8）：36-40，61.

存在对其期待视野的'满足、超越、失望或反驳'的作用，否则这部作品也就不具备价值了"①。

　　"期待视野"概念虽然主要针对文学作品的接受而提出，但对分析翻译作品的读者接受问题显然极具启示和借鉴意义。就读者对赛译的接受而言，他们的"期待视野"肯定起了非常重要的作用。从姚斯的"第一读者"概念我们可以看出，"第一读者"的接受效果对一部译作而言至关重要。但笔者认为，高日晖提出的"第一批读者"概念则更利于厘清事实，他们的"满足、超越、失望或反驳"对其他读者的"期待视野"产生重大影响，从而使作品或被接受或遭到排斥。以此为理据，笔者认为"期待视野"又可分成"肯定情结""否定情结"和"超越情结"三类。其中"第一批读者"中的"满足者"对作品大加褒扬，起到广告作用，使读者产生"肯定情结"；"失望或反驳者"对作品进行"批评"，起到"排斥"作用，使读者产生"否定情结"；"超越者"感到作品不过如此，因而产生"超越情结"，萌发新的创作冲动。以此来关照赛译，在赛译的接受史上，"第一批读者"中的"满足者"中，重要的人物有欧文·拉铁摩尔（Owen Lattimore）、当时每月图书俱乐部中推荐赛译进入排行榜的评委及中国作家林语堂等。拉铁摩尔在《纽约时报》上对赛译的大力褒扬，使得赛译出版后不久就立刻热销；正是由于推荐赛译进入每月图书俱乐部排行榜的评委的贡献，使赛译影响了俱乐部会员的选择，增加了销量；赛译出版后，林语堂在国内的《中国评论周报》上撰写书评高度赞扬，使得赛译对国内的知识界产生了影响，促进了赛译在中国的销售。而在1948年赛译再版之时，林语堂更是欣然为赛译作序，这本身就是最好的广告。当时林语堂在美国读者中的认可地位如日中天，他对赛译的热捧自然对赛译的销售十分有利。正是以上学者对赛译的充分肯定，使很多读者产生"肯定情结"，最终成为购买赛译的客户。就"第一批读者"中的"失望或反驳者"而言，代表人物有英国东方学家、《西游记》的译者阿瑟·大卫·韦利（Arthur David Waley)、英国东方学家贾尔斯（A. W. Hummel）、德国汉学家弗朗茨·库恩（F. Kuhn）及中国学术界的领军人物鲁迅、胡适等。由于韦利、贾尔斯及库恩对赛译的批评在本论文的第2章已有论及，此处不赘述。这里谈谈鲁迅、胡适等批评赛译产生的"否定情结"。赛译出版后，鲁迅、胡适等均对赛译的书名提出质疑，但都是私下里反对，并没有公开撰文发表。因此他们的否定没有在当时的评论界和读者群中产生影响。但到了20世纪50、60年代以后，随

———————

① 高日晖.《水浒传》接受史研究 [D]. 上海：复旦大学，2003：62.

着他们对赛译的否定观点被披露出来，加之当时的政治气氛。因此后来的评论界和读者对赛译产生了相当的"否定情结"。赛译"第一批读者"中的"超越者"非杰克逊莫属。由于他对赛译产生"超越"愿望，因而催生了杰译的出现。当然，以上我们只分析了赛译出版和再版之初的"第一批读者"所带来的"名人效应"，自赛译诞生到现在，赛译的读者群换了一批又一批，每个时期读者的"期待视野"肯定有所差异，且每个读者的"期待视野"也可能不尽相同，但笔者认为，每个时期赛译的读者群中仍然存在"第一批读者"或肯定或否定或超越的引导作用，这一点毋庸置疑。

然而，虽然"一篇具有创作性的翻译需要一个有创作精神的读者，一个好的翻译需要一个聪明而又有洞察力的读者"[①]，但我们不能以偏概全，忽视普通读者自主选择的能动性，而这种能动性又与他们既往的阅读经验、生活体验及审美情趣等密不可分，从而形成与众不同的期待情境。据1930年沃尔什给赛珍珠的信中所及，"'人们普遍对中国题材的书籍怀有偏见'，这是件头疼的事，幸而赛珍珠在孤军奋战，努力克服这个偏见。她开始拥有数量颇众的读者群，他们对赛珍珠的新作拭目以待"[②]。从沃尔什的信中不难看出，数量颇众的读者已对赛珍珠的作品产生了明确的"期待"情境，而这一点对于分析赛译的读者接受至关重要。此外，从前文的分析中我们已经知道，读者对赛译的最初接受与每月图书俱乐部的推荐有关，当时赛译的读者群中一定有很多该俱乐部的成员。我们知道，赛译的出版是在《东风·西风》《大地》及《儿子们》之后，这几部作品都是成功之作，影响巨大。其中《大地》仅在美国的发行量就多达220万册，后来在世界各地发行量更高达430万册，这在当时绝对是个奇迹。虽然赛译出版之前《大地》的销售量可能远不及前面的统计，但其对读者的巨大影响已是不争的事实。因此我们有理由相信，到1933年赛译出版之时，赛珍珠的读者群肯定已大幅上升，读者对其作品的"期待"情境肯定有增无减，而且必定对赛珍珠的作品特色产生一种"前理解"。就《东风·西风》等几部作品的实质而言，与其说是创作，不如说是另一种形式的"翻译"，因为赛珍珠在"创作"中国体裁小说时，总是先想中文，然后用英文来表达。以词汇的表达为例，在这几部作品中，只要涉及具有中国文化特色的词汇，赛珍珠在表达时均采用了"尽可能直译"的手段，与赛译中的词汇翻译形成了很好的互文效果。让我

---

① 杨平.读者反应批评：文学翻译批评新视角[J].北京第二外国语学院学报，2009，31（8）：36-40，61.

② 彼德·康.赛珍珠传[M].刘海平，张玉兰，方柏林等，译.桂林：漓江出版社，1998：156.

们来看一些具体例子：

中文	英文
"万幸"	ten thousand fortunates
"早饭"	morning meal
"和尚"	priest
"左右"	left and right
"借光"(请求让路)	borrow me some light
"有喜了"（怀孕）	have happiness
"百日咳"	one hundred days' cough
"麻将牌"	sparrow dominoes
"老祖宗"	Ancient One
"肉中刺"	a thorn in his body
"孩子他爹"	my son's father
"阿弥陀佛"（表示庆幸）	o-mi-to-fo
"不足挂齿"	need not hang upon the teeth
"欢天喜地"	glad to heaven and joyous to earth

因此，我们可以推断，读者一旦接受了这样的表达习惯，理解赛译中的词汇和表达就已经不是什么难题了。另外，从艺术鉴赏的角度而言，通过阅读《大地》和《儿子们》，这些读者已为接受《水浒传》做了很好的铺垫。如对于《水浒传》的网状结构，读过《大地》和《儿子们》的西方读者自然不会陌生，因为这两部作品采用的正是类似于《水浒传》的网状结构，尤其是《儿子们》，同时书写了王龙三个儿子的故事，可谓行文穿梭往返，齐头并进。而从故事本身和节奏看，《大地》和《儿子们》可谓人物众多，故事纷至沓来，情节跳跃性比较大，常常节外生枝，突显人物绝处逢生、从一个极端到达另一个极端的快速节奏变换，这些正是《水浒传》所具有的民间说书艺术特点。因此已为读者欣赏赛译做了铺垫。就叙事手法而言，《大地》和《儿子们》中也运用了全知和限知视角，与《水浒传》如出一辙。因此，一言以蔽之，在《大地》和《儿子们》的创作中，赛珍珠充分地借鉴了《水浒传》的表现手法。这种借鉴在谋篇布局上可谓达到了极致，如"在技法上、在小说元素组合的表现形式的构架上、在小说内部纵

深层次的配置和处理上、在叙述角度上"①,到处弥漫着《水浒传》的艺术特色。

因此,笔者认为,读过赛珍珠《大地》等作品的西方读者,其已有的阅读经验、生活体验及审美情趣等和有影响的"第一批读者"的名人效应融合到一起,促成了读者对赛译的"期待视野"和接受。当然,由于阐释的差异性既存在于不同时代读者的历时接受过程中,也存在于同时代读者的共时接受过程中,因而以上笔者的剖析难免有照顾不到的地方,需要在今后的研究中不断加以完善。但无论如何,正是"期待视野"中"肯定情结""否定情结"和"超越情结"的共同作用,使得赛译拥有了一代又一代的读者,至今不衰,与此同时,也使赛译一再得以再版的同时,涌现出一些批评者及《水浒传》其他译本的出现。

从以上分析我们不难看出,赛译的成功是由多种因素促成的,除了原著因素、译者因素、译作因素及读者因素之外,出版商的成功运作和众多的名人效应等也起到了不可忽视的作用。正是所有因素的综合,才使赛译获得了巨大成功。这既是我们研究赛译的一个方向,也是我们客观定位赛译的一个重要基础。

5.3　关于赛译的定位

事实上,评价赛译的目的不在于评判赛译与其他几个译本之间的孰优孰劣,而在于考量其在特定历史条件下为传播中国文学和文化所做的贡献、赛译的翻译特色对现今的翻译研究所带来的启示,与此同时,使赛译研究真正融入并成为赛珍珠研究不可或缺的一部分,推进赛珍珠研究向前发展。但对赛译进行客观的定位看似简单,其实却绝非易事。多年来,对赛译的定位可谓多矣! 事实上,一直以来,从著名学者到普通的研究者,都从某个角度出发,对赛译进行了林林总总的评价,每个研究者都可能觉得自己对赛译的定位是客观而准确的。有研究者将反对自己的观点称为"翻案",有研究者称"不能为翻案而翻案",这些主张的背后透视出对赛译进行定位的复杂性和艰巨性。笔者认为,对赛译进行客观定位,我们在积极借鉴翻译研究最新成果的同时,要遵循科学的评价原则,避免先入为主式的"前见"和"偏见",根据客观史实实事求是地分析和

---

① 姚君伟. 论中国小说对赛珍珠小说观形成的决定性作用 [J]. 中国比较文学, 1995 (1): 90.

评价，才能给赛译一个客观而公允的定位。

5.3.1　需要遵循的基本原则

客观地认识和评价赛译看似简单，其实却是一件很难做到的事情。多年来，赛译之所以饱受诟病，正是传统的绝对"忠实观"束缚所致。长期以来，评论界一直沿用传统译论原作至上的理念，以"忠实"原则为衡量译作优劣的唯一尺度，认为绝对"忠实"于原作是译者的第一追求和责任。"过去人们将文学作品的存在看作先于读者接受的已然客体，是超越时空的被给定的客观存在，它只与作者的创作有关，作者是作品存在的根源，读者只是被动接受，他与作品的存在无关"[1]。人们迷信"只要透彻而正确地分析原作，就有可能产生对原文唯一正确的终极性理解"，从而产生"完全'忠实'于原作的译作"[2]。因此，翻译评论界一味强调忠实性原则，却忽视了这样一个事实：原文文本呈开放性状态，其意义是译者根据自己或合作者的"前理解"解读出来的，因而"译者翻译的已不是原作文本，而是融入自己的期待视阈并且填补了空白的第二文本"[3]，自然而然，绝对忠实于原作也只能是一句空话。肇始于20世纪80年代的译界的"文化转向"，将翻译行文置于一个宏大的跨文化语境下来体察，"翻译从此被视为一种复杂的文化和政治行为，绝不仅仅是与语言相关的等效问题，它还涉及文化、意识形态、权力关系、政治等语言外因素，是一种错综复杂的现象"[4]。而究其实质，这种"文化转向"的背后，译界的目的旨在"研究译文为何偏离原文"这样的问题[5]。

而随着接受美学的兴起，翻译研究彻底冲破了绝对"忠实观"的樊篱，翻译批评的重点也开始"从原作、译者、译文转向读者反应到研究上来。也就是说，当前翻译批评的一个重要转向，就是从作者中心和译者中心转向读者中心的讨论，落实到读者反应的基点上"[6]。客观而言，这种转变纠正了以往翻译批

---

① 朱立元.当代西方文艺理论[M].上海：华东师范大学出版社，1997：286.

② 陈宏川.论文学翻译批评标准："忠实"的相对性[J].内蒙古农业大学学报（社会科学版），2008，10（3）：312-313，341.

③ 熊敏，范祥涛.重释翻译的忠实性原则：从接受美学看文学翻译[J].苏州教育学院学报，2009，26（1）：69-72.

④ 李晶.贯穿20世纪中国翻译史的意识形态操控行为[J].天津外国语学院学报，2008，15（5）：9.

⑤ 李晶.贯穿20世纪中国翻译史的意识形态操控行为[J].天津外国语学院学报，2008，15（5）：10.

⑥ 杨平.读者反应批评：文学翻译批评新视角[J].北京第二外国语学院学报，2009，31（8）：36-40，61.

评中的"教条主义倾向",提出了翻译过程中"阐释的丰富性、复杂性及多样性",使读者对译作的认可成为"评判译品质量和译作效果的重要参考依据"①。但是,接受批评理论也是一把双刃剑,如果"过度地注重读者的接受作用或把读者当成文学阐释的决定因素,忽视文本的自身特征和作家创作的个性及译者的主观能动性,容易从一个极端陷入另一个极端,导致主观主义、相对主义、阅读中的无政府主义及其他形式的批评误区"②。此外,"过分强调解释的多元化和读者的能动作用,不仅可能导致意义的复杂性和翻译标准的不确定性,还有可能出现以读者反应为借口篡改文本意义、用读者主体消解译者主体的倾向"③。因此对赛译进行客观评价,就意味着既要避免绝对"忠实观"所带来的误区,注重对译者的主体性、能动性和创造性进行体察,与此同时,也必须承认忠实性原则的相对意义,不能放弃认真探究原作意图及文本意义的努力,毕竟理解及阐释的准确性离不开原作,这应该是我们全面认识赛译和评价赛译的基本原则。否则,我们刚走出绝对"忠实观"的误区,马上就会陷入另外的误区。

5.3.2　需要满足的条件

近些年来,虽然论及赛译的期刊论文、博硕士论文及相关专著等已达到相当的数量,然而评论虽多,建设性的评价却少,能全面、客观而深入地剖析赛译的论文更是凤毛麟角。不无必要一提的是,笔者所指的建设性评价,并非一定是肯定赛译。如德国翻译家库恩曾撰文反对赛译,笔者经过探究后发现,库恩反对赛译并非空穴来风,他发现了赛译中的一些"无意误译"。因此他的评价具有建设性,对赛译研究的发展有积极的促进作用。其实,从赛珍珠本人的一贯风格来看,她是欢迎评论者提出建设性批评的。在1937年赛译的再版序言中,她曾明确地表示:

> 这次对《水浒传》译本的修订,绝不是一种全面修订。我本人深信对这部译著而言决不存在全面修订这样的东西。在不同的时间里,只要我一息尚存,我将极有可能对其进行修改,时不时在这里改动一点儿,那里改动一点儿,永远不会对其感到满足。因为对《水浒传》这部鸿篇巨制而言,

---

① 杨平.读者反应批评:文学翻译批评新视角[J].北京第二外国语学院学报,2009,31（8）:36-40,61.
② 杨平.读者反应批评:文学翻译批评新视角[J].北京第二外国语学院学报,2009,31（8）:36-40,61.
③ 杨平.读者反应批评:文学翻译批评新视角[J].北京第二外国语学院学报,2009,31（8）:36-40,61.

决不存在完美无缺的翻译，甚至完全屈从于批评家的建议也不能使译作完美无缺，因为还会有其他的批评家对原先的批评家提出批评。虽如此，我本人却发自肺腑地感谢对此次修订提出宝贵意见的诸位人士。首先，我要感谢北平交通大学的赵志民先生（Mr. Chao Chih-Min），感谢他对拙译上卷的修订所提出的那些精心汇编的修改建议。我几乎采纳了赵先生所有的建议，同时倍感欣慰，原因在于赵先生所提之建议委实不多，且没有一条建议需我对文本进行内容的改动。

其次，我还要由衷地感谢莱昂内尔·吉尔教授（Professor Lionel Giles）所提出的一些宝贵修改建议，这些建议也是针对拙译的上卷的。他的建议我大部分采用了，并对此充满感激。我还要感谢伦敦的内维尔·怀曼特先生（Mr. Neville Whymant）。如果说我没有诚恳地接受他的建议的话，那是因为他的大部分建议是针对一些中文发音的方言名字而言，而对于英语读者而言这显得无足轻重，他们没有必要在印版的这些变化上付出高昂的代价。

我对我的批评者们只有一点感到耿耿于怀—即他们对拙译的批评仅仅局限于上卷。因此，令人遗憾的是，对拙译下卷的修订远远不及上卷。然而，我要向阿瑟·韦利先生（Mr. Arthur Waley）表示感谢，他在评论时指出了拙译最后几页上的印刷错误[1]。

从以上我们可以看出赛珍珠本人欢迎建设性批评的态度，而多年的赛译研究之所以没有达成共识，形成一种毁誉参半、难下定论的局面，与缺乏建设性评价不无关系。笔者认为，对赛译进行客观而公允的定位，需要以下四个前提条件：

第一，承认赛译的合作双方为传播中国文学及文化所做的努力。这是我们对赛译进行定位的基础。如果不顾历史史实，认定赛珍珠仅为金钱利益所驱使或为了出风头等而翻译《水浒传》，那么也就不存在对赛译的定位了。前文第2章我们已经剖析了赛译的翻译目的，此处不赘述。诚然，赛译不是无可挑剔的译本，甚至还有不少问题，但却是"最认真、最完整"的译本[2]，为传播中国文学和文化做出了贡献。西方读者对赛译的认可，使得《水浒传》真正地走向了世

---

① BUCK P S. All Men Are Brothers（Shui Hu Chuan）[M]. New York：The John Day Company, 1937：i-ix.

② IRWIN R G. The Evolution of a Chinese Novel：Shui hu chuan[M]. Cambridge, MA：Harvard University Press, 1953：97.

界，很多西方读者对中国文学和文化底蕴开始刮目相看，虽然西方读者解读《水浒传》的角度与我们有一些区别，但他们对赛译的接受正是对赛译合作双方所付出的巨大努力的一种认可。从第4章的分析我们知道，赛译的合作双方为经典文学《水浒传》走向世界付出了艰辛的努力，尤其是龙墨芗先生，他为赛译的成功付出了巨大的代价，几乎没有收到任何回报。而当我们开始重新认识赛译、重新评价其价值的时候，却很少有人注意到他对赛译成功所起到的重要作用，他的身影已渐行渐远，基本淡出评论者的视线，如果不是刘龙发掘出他助译赛珍珠翻译《水浒传》时的一些史实，他的贡献恐怕会一直甄没于无闻。此外，有必要指出的是，我们在探究赛译的贡献之时，不能使赛译游离于整个赛珍珠研究体系之外。就其实质而言，翻译《水浒传》"既是赛珍珠为中国小说辩护的具体行动的一部分，也是因为她认识到中国语言文化和文学在很多方面可以为西方语言文化及文学提供重要的补充和借鉴。她对原作差异性特征的保留，目的在于帮助西方读者领略原汁原味的汉语语言文化和中国小说的风采，以此完成对译入语语言、文化、文学等规范的'去中心化'解构，打破文化之间权力关系不平等的局面，进而实现东西方文化平等交流与对话的终极目标"①，这正是赛珍珠文化和合主义价值观的最高诉求。因而整体观之，赛珍珠的中国题材小说的创作、翻译及演讲等及邀请、帮助林语堂到美国著书立作等，汇成一股洪流，向西方世界大力推介中国文化和价值观，为中国文学和文化走向世界、改变当时中国人在西方人心目中的"妖魔化"印象做出了不朽的贡献。

第二，承认翻译过程中理解和表达的局限性。赛译是一种典型的合作翻译，在合作过程中，龙墨芗先生的贡献功不可没。但由于时代局限，几乎没有在理解方面可供参考的工具书和资料，仅凭赛珍珠对原著的把握和龙墨芗先生对原著的解释，存有些许理解不准确之处在所难免。根据加达默尔的哲学阐释学理论，"一切翻译就已经是阐释"②。而既然"翻译是阐释"，对原著中存在的大量"空白点"和"未定点"，不同的解读者也肯定存在不同的解释，正所谓"一千个读者眼中可能有一千个不同的林黛玉"，因而我们也无法苛求赛译的合作双方在理解的时候不出偏差。其实，对于理解《水浒传》原著的困难，沙博里曾有这样的感慨："我是个来自资产阶级社会的人，总是不能理解那些满脑子孔子思想，有着浓厚佛教观念及封建意识的人们做事的动机及其反应。要把这些

---

① 唐艳芳. 赛珍珠《水浒传》翻译研究：后殖民理论的视角 [D]. 上海：华东师范大学，2009：162.
② 刘雪芹. 翻译批评要有多维意识 [J]. 广西民族学院学报（哲学社会科学版），2005，27（4）：130-133.

全部译成英文，让西方读者理解，同时又要忠于原作，对我绝非易事。因此我常常白费气力"①。我们知道，沙博里翻译《水浒传》已是20世纪70年代末的事情，当时中国外文出版公司给他配备了两名助手帮助他理解原文，此外沙博里还获得妻子凤子的大力协助，可参照的辅助资料与赛珍珠翻译《水浒传》之时已不可同日而语。尽管如此，他还有这样的感慨，足见理解原著之难。从翻译过程的实质来看，理解虽然是正确表达的基础，但理解正确不等于表达到位。英、汉毕竟是两种不同的语言，很多汉语的表达法在英语中属于文化空缺，我们可以肯定的是，诸如"俺""好汉"这类表达，赛珍珠无疑能理解到位、清楚其内涵，但在表达时，除了将"俺"译成"I"及尽可能地将"好汉"阐释成"good fellow""goodly fellow"等之外，她找不到更好的办法。张振玉曾认为最好将"好汉"译成"heroic fellow"来突显他们的英雄气概，但这样的译法可能适合武松这类"好汉"，而对时迁等无论如何也显牵强。事实上，对这类文化空缺的翻译，《水浒传》的其他几位英译者在表达时也没有更好的方法。因此，如果硬要上纲上线地在这类问题上纠缠不清，只能将赛译研究逼进死胡同。

　　第三，承认读者认可的重要意义和启示。"文学作品是注定为读者而创作的，读者是文学活动的能动主体。读者介入了作品的创作过程，没有读者的接受，作品的价值就不能实现。未被阅读的作品仅仅是一种'可能的存在'，只有在阅读过程中才能转化为'现实的存在'"②。多年来，很多评论者否定赛译的理由非常简单，认为赛译"佶屈聱牙、生硬晦涩"，如把"放屁"译成"pass your wind"、"七嘴八舌"译成"of seven mouths and eight tongues"、"剪径"译成"cut a road into two"等，这种译法一定会令西方读者不知所云。然而从前文的探究我们知道，赛译到目前已再版十余次，这既是西方读者对赛译的认可，也充分说明西方读者能够理解、接受和欣赏不同于他们本民族文化的表达方式。"我们作为懂英语的中国读者，未必能完全理解西方读者的理解和接受能力，甚至也不完全清楚不懂英语的中国读者的理解和接受能力，我们不能越俎代庖，凭空认定他们不能接受某种表达方式……"③。诚如杨晓荣从实践中所体认的事实："即使是名著，没有读者的认可也等于零。译者自己感觉再好，专家再推崇，读者也可以不买账，这就等于否定了译作作为原作的'替身'所应具有的名著价

① 高洁.议赛、沙《水浒传》英译本中文化负载语的翻译[J].语文学刊，2009（10）：124-126.
② 杨平.读者反应批评：文学翻译批评新视角[J].北京第二外国语学院学报，2009，31（8）：36-40，61.
③ 刘炳善.英国文学简史（新增订本）[M].第2版.郑州：河南人民出版社，2006：22.

值，或者说是否定了译作作为名著的生存资格"①。以此关照赛译，即使读者的认可不是最好的评判，至少也应该成为评判译文质量和效果的重要参考依据。

第四，反对"逻各斯"中心主义。以往赛译研究中的"逻各斯"中心主义倾向明显，主要表现为两点，其一为研究者对自身英语认知能力的盲目自信；其二为研究者对名人论断的盲目追随。以"花和尚"这一绰号的翻译为例，许多研究者想当然地认为英文"priest"一词肯定是汉语的"牧师"，而汉语"和尚"一词必然对应于英文"monk"。这种"一一映射"正是多年来国内英语学习者无法彻底掌握英文的原因之一。殊不知英文"priest"一词在汉语中除了有"牧师"之意外，还有"和尚"（见《英汉综合大辞典》)、"僧人"（见《现代英汉综合大辞典》)之意；而英文"monk"一词并不指代汉语的"和尚"，而是指"僧侣、修道士或隐士"。熟悉英国文学的人知道，英国作家乔叟（Geoffrey Chaucer）在其名篇《坎特伯雷故事集》(The Canterbury Tales）之序言中介绍朝圣者的身份时，曾提及"monk"这一职业②，当时的英国，无论如何也不会出现"佛教的和尚"这一职业。对赛珍珠将"花和尚鲁智深"译为"Tattooed Priest"的质疑满天飞，正是研究者对自己的英语认知能力盲目自信造成的。此外，很多评论者把赛珍珠将"江湖"译成"river and lake"当作笑柄，也可谓对自己英语认知能力盲目自信的结果。须知翻译除了理解之外，还要表达。"江湖"一词的意思人人理解，但在表达上却是难以逾越的"死结"。2004年，由刘德华领衔主演的香港电影《江湖》，电影片名的英文字幕实在无法翻译，最后只好音译，用汉语拼音"Jianghu"代替了事；1997年著名汉学家闵福德(John Minford)翻译金庸的小说《鹿鼎记》时，也无非把"江湖"译成"Brotherhood of River and Lake"。因此，赛珍珠把"江湖"译成"river and lake"不应遭到如此非议。此外，前文第3章分析赛译的翻译策略时已经阐明，赛珍珠采用了多种翻译方法处理"江湖"这一概念。而在没有进行充分的考证之前就轻易追随名人的论断，如盲目追随鲁迅、钱歌川等对赛译之"定论"，正是多年来赛译研究一直存在的误区之一。这种对名人论断的盲目追随已使国内赛译研究在长时间内裹足不前、故步自封。对于近年来出现的肯定赛译的局面，有研究者称其为"翻案"，也有研究者认为"不为翻案而翻案"。而纵观赛译研究史，给赛译盖棺论定且产生影响者，也无

---

① 杨晓荣.翻译批评导论[M].北京：中国对外翻译出版公司，2005：47.
② 刘炳善.英国文学简史（新增订本）[M].第2版.郑州：河南人民出版社，2006：22.

非是寥寥数位名人而已。对于研究者而言，在追随名人定论之前，须厘清名人在什么情况下、从什么角度、依照什么标准将赛译定论且这些角度及标准的科学性如何等，也只有通过认真的实证考察，并结合历史史实才能真正明辨名人定论之真伪，使真相明了，倘若盲目追随名人论断，草率给赛译"定案"，先有结论再找支撑材料，必定是结论有悖于事实，使赛译研究走入误区。或许只有结合实证，勇于"翻案"，赛译研究才能峰回路转、柳暗花明。事实上，"逻各斯"中心主义弥漫于以往赛译研究，凡此种种，囿于篇幅，不再赘述。

5.3.3　对赛译的定位

"按照解构主义的观点，翻译应准确、恰当地传达源语在语言、文化上的陌生性(foreignness)"[①]。苏珊·桑塔格 (Susan Sontag) 在《反对阐释》一文中明确提出，"我们现在需要的绝不是进一步将艺术同化于思想，或者(更糟)将艺术同化于文化……为取代艺术阐释学，我们需要一门艺术色情学"[②]。其实，"桑塔格并非真正'反对阐释'，她所反对的是人们过丁强调对内容、思想甚至文化方面的阐释，而忽视了对形式或风格的艺术感受力的阐发。也就是说，桑塔格强调的是对艺术的感受力，是对艺术的切身体验和领会"[③]。以此观之，我们不难看出赛译的难能可贵之处。在赛译中，赛珍珠基于自己对中国古典文学的体会，非常重视突显原著的艺术风格，且将保留原著的艺术风格视为己任。因此"她作为翻译主体的历史与文化责任感及采用差异的语言风格挑战译入语强势规范的勇气，尤其是在一个翻译同政治权力话语的关系还远未进入人们视野的时代，能有如此见地与精神，实属难能可贵"[④]。此外，为了把《水浒传》原原本本地介绍给西方读者，赛译对原著中的文化因素尽可能地予以保留，可谓"贯穿了从词语、句法到语篇的所有维度"[⑤]。从以上的意义上来说，赛译文本具有毋庸置疑的研究价值及意义。然而，由于各种因素的影响，尤其是译风过直及校对阶段由于技术操作原因没能发现的一些"无意误译"，也使赛译在一些局部与原作"往往貌合神离"[⑥]，使此《水浒传》(*All Men Are Brothers*) 不同于彼《水

---

① 李晶.贯穿20世纪中国翻译史的意识形态操控行为 [J].天津外国语学院学报, 2008, 15 (5): 11.

② 刘雪芹.翻译批评要有多维意识 [J].广西民族学院学报 (哲学社会科学版), 2005, 27 (4): 130–133.

③ 刘雪芹.翻译批评要有多维意识 [J].广西民族学院学报 (哲学社会科学版), 2005, 27 (4): 130–133.

④ 唐艳芳.赛珍珠《水浒传》翻译研究：后殖民理论的视角 [D].上海：华东师范大学, 2009: 166.

⑤ 唐艳芳.赛珍珠《水浒传》翻译研究：后殖民理论的视角 [D].上海：华东师范大学, 2009: 168.

⑥ 孙建成.《水浒传》英译的语言与文化 [M].上海：复旦大学出版社, 2008: 142.

浒传》(原著),成了名副其实的"杂合文本"。克里斯蒂娜·萨芬娜(Christina Schaffner)等学者曾强调"杂合文本"是译者"有意为之"造成的结果,但赛译"杂合"现象与此有别,可谓"大部分为译者'有意所为',少部分则是'无意所为'"①。

　　毋庸讳言,从赛译的个案研究中我们可以发现,尽管译者的本意是尽可能"忠实"于原作,但实际翻译过程中由于各种因素的影响,译作还是不可避免地在一定程度上偏离了原作,"尽可能地保留中文的原汁原味以使不懂中文的读者至少产生一种他们如同正在读中文原著的感觉"②这一初衷也要打点折扣,正是在这个意义上,我们甚至可以得出"一切翻译都是一种杂合"这样的论断,因为"只要有两种或两种以上的语言文化的接触,就会产生有意或无意的'杂合'现象"③,这是事物本身的客观规律所致。但赛译对原作的偏离并不是否定者所指责的"死译""胡译"或"乱译"等。如果把原作看作是一条直线的话,赛译可谓一条曲线,其大体上与这条直线重叠,一些局部围绕这条直线上下波动。而由于赛译的开拓性作用,具有"超越情结"的杰克逊、沙博里、登特-杨的译本纷纷出现,这些译本虽然也不可避免地出现对原作的偏离,但他们与赛译融合到一起,重新构成一条基本与原作直线相重叠的曲线,将《水浒传》以英文"杂合文本"的形式,更好地呈现给世人。从这一点来看,赛译作为开山之译作功不可没,赛珍珠被誉为"向世界传播《水浒传》"的第一人也实至名归。

　　作为"一种语言描写另一种文化时的伴生物"④,翻译文本出现"杂合"在所难免,但它与"死译""胡译""乱译"等有本质区别,是译者"有意为之"和"无意为之"共同作用的结果,小到一个用词、大到篇章行文,"杂合"可能无处不在,是翻译的必然产物,只是不同译作"杂合"的程度有别罢了。赛译的难能可贵之处在于它是一种基本倾向于原作的"杂合",这种"杂合"在20世纪20年代末、30年代初的特殊时期突显了译者超越于时代的文化和合主义价值观,充分体现了译者反对西方殖民主义者推行文化霸权及为实现中西文化间的平等交流而做出的重要努力,也正是有鉴于此,赛珍珠才被一些学者誉为"后殖民主义"的先驱。事实上,"杂合产生于交流,又反过来促进交流",它能够"较好

----

① 张志强,李世英. 赛珍珠著译中的"杂合"现象探析 [J]. 江苏大学学报:社会科学版,2009,11(4):46-49.
② BUCK P S. All Men Are Brothers(Shui Hu Chuan)[M]. New York:The John Day Company,1937:1.
③ 张志强,李世英. 赛珍珠著译中的"杂合"现象探析 [J]. 江苏大学学报:社会科学版,2009,11(4):46-49.
④ 张志强,李世英. 赛珍珠著译中的"杂合"现象探析 [J]. 江苏大学学报:社会科学版,2009,11(4):46-49.

地满足那些求新求异的读者的阅读期待，这也是某些作者的作品被翻译后会在异国他乡走红，出现所谓'墙里开花墙外香'或'墙外先香'现象的原因"[1]。在《水浒传》的翻译评判上，译界之所以迟迟不能接受赛译，究其实质乃"原著情结"所致。由于非常珍视原著的艺术特色和价值构成，我们难免习惯于用想象中的理想译作来评判现有的译作，这本身无可厚非，但这种"原著情结"难免会影响我们的鉴赏力，总希望找到海市蜃楼般的完美译作。事实上，这种心态已经严重地蒙蔽了我们对包括赛译在内的许多译作的鉴别力，对我们的事业而言有害无益。

也正是在这个意义上，我们在肯定赛译的合作双方为传播中国文学及文化所做出巨大贡献的同时，既要看到赛译的长处，也要体察其不足，从中汲取经验和教训，以便更好地丰富翻译理论研究及指导翻译实践。以此观之，分析赛译这类在国外一直畅销的"杂合"译作，对于我们今后更好地对外译介国人的作品，使世界更好地了解中华民族的历史、文化及文明，更好地促进中外学术交流，无疑具有重要意义。

---

[1] 张志强，李世英.赛珍珠著译中的"杂合"现象探析 [J].江苏大学学报：社会科学版，2009, 11（4）: 46-49.

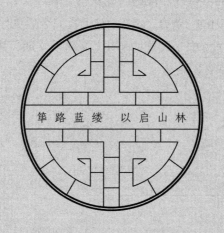

筚路蓝缕　以启山林

第6章

余

论

赛珍珠可谓中西文化交流史上一位功勋卓著的特殊人物，凭借其大量的中国题材小说、演讲、翻译及社会实践等，成为"自 13 世纪马可·波罗以来在描写中国方面最具影响力的西方人"①。在其成长过程中，由于其特殊的人生阅历、所受的双重教育及对文化"边缘人"身份的反思、对中西文化的体认等因素的影响，使她形成了超越于时代的文化和合主义价值观，"成功地摆脱了文化上的绝对主义，她高举反文化霸权主义的旗帜，避开东西方文化孰优孰劣的无谓争论，追求异质文化之间的和谐相处及它们之间的互补和最后可能的融合"②。这种价值观不仅体现于她的中国题材小说创作及演讲之中，更在《水浒传》的翻译中发挥了决定性的作用。从与龙墨芗先生合作到翻译文本的选择、从翻译策略的确立到译作的最后命名，到处可见这种价值观的"在场效应"。可以说，氤氲于整个译文中的中国式英语表达及为了便于读者理解而采用的杂合手段都是赛珍珠文化和合主义价值观的集中体现。

然而，对于赛译这样一部凝聚着合作双方近五年心血、在国外一出版即畅销的译作，在国内却曾长期饱受诟病，几乎成了"文化陷阱""误译""歪译""死译""胡译""超额翻译""亏损""偏离""失真""语用失误"等的代名词，甚至一度沦为笑柄。虽然自 2003 年以来，不断有评论者为其正名，研究视阈已触及历史学、接受美学、文学叙事学、文化阐释学、意识形态及诗学、女性主义、后殖民主义等不同领域，但评论界对其褒贬不一、誉毁难断的局面并未得以根本改观。而之所以出现这样的局面，固然与一些评论者缺乏考证精神、热衷于道德评判、盲目追随名人定论或论证以偏概全等因素有关，但赛译的真实面貌一直未得以完整地呈现在世人面前，却无疑是其中的一个重要原因。笔者在《试析赛珍珠英译〈水浒传〉研究史上的几次重要评价》一文中曾指出，2003 年可谓近年来赛研究的一个转折点。那一年由于马红军的《为赛珍珠的"误译"正名》及姚君伟的《我们今天研究赛珍珠什么？》两篇文章的发表，改变了评论界"一味批评"赛译的局面，自此赛译研究进入一个新阶段。然而，欲厘清关于赛译的许多事实，将赛译的真实面目（包括海外传播的真实情况等）完整地呈现出来，却绝非易事。由于一般的期刊文章篇幅短小，举证难免不足。因此揭开赛译面纱的责任自然而然转向了博硕士论文及相关专著。随着张齐颜（深圳：深圳大学，2004）的硕士论文《赛译〈水浒传〉中的中国英语及其文化

① 曹明伦. 文本目的：译者的翻译目的：兼评德国功能派的目的论和意大利谚语"翻译即叛逆"[J]. 天津外国语学院学报，2007，14（4）：2.

② 姚君伟. 我们今天研究赛珍珠什么？[J]. 江苏大学学报（社会科学版），2003，5（4）：62-66.

精神》的出现，先后有刘静（天津：天津师范大学，2005）的《女性主义在文学翻译中的创造性叛逆》、马轶（上海：华东师范大学，2006）的《赛珍珠英译〈水浒传〉的文化阐释研究》、庄华萍（杭州：浙江大学，2006）的《赛珍珠的〈水浒传〉翻译及其对东方主义的叛逆》、朱文武（金华：浙江师范大学，2007）的《一座沟通中西方文明的人桥——赛珍珠英译〈水浒传〉的意识形态与诗学解读》、杨阳（长沙：中南大学，2007）的《女性主义翻译理论视角下的译者主体性——〈水浒传〉英译个案研究》、丁兰（长沙：中南大学，2008）的《从关联理论角度探讨中国古典小说〈水浒传〉会话的翻译》、赖娟华（武汉：华中师范大学，2009）的《从后殖民主义视角分析文化翻译现象——看赛译〈水浒传〉》及刘翠娟（呼和浩特：内蒙古大学，2009）的《赛珍珠——从女性主义到女性主义翻译的实践者》等一系列专门探究赛译的硕士论文的出现，赛译的面纱得以局部呈现在研究界面前。而2009年董琇（上海：上海外国语大学，2009）的《译者风格形成的立体多元辩证观——赛珍珠翻译风格探源》与唐艳芳（上海：华东师范大学，2009）的《赛珍珠〈水浒传〉翻译研究——后殖民理论的视角》两篇博士论文的问世，可谓赛译研究史上的大事，必将推动学术界对赛译有更加全面的认识。这两篇博士论文的出现，事实上弥补了赛译研究领域的很多空白，如运用软件对赛译进行数据分析、通过对外国专家进行采访来获得读者对赛译的真实反馈、对赛译的整体特色进行符合情理的描述和归纳等等。而论及对赛译发展起到重大推动作用的作品，忽视相关专著的作用，必定有失公道。在为数不多的相关专著中，孙建成2008年出版的《〈水浒传〉英译的语言与文化》（上海：复旦大学出版社，2008年第1版）一书的贡献最大。文中对包括赛译在内的《水浒传》四个重要英译本（全译本）进行了全面探究，有力地推动了包括赛译在内的《水浒传》英译研究向前发展。

　　笔者认为，对于当下的赛译研究，最重要的不是评论者持肯定、否定或其他的态度，而是评论要有充分的理据、要有新发现，避免陈词滥调和重复性劳动，这样才能不断将赛译的真实面目呈现给世人，切实促进赛译研究向前发展。本文的撰写正是以此为初衷，在充分借鉴前文提到的博硕士论文、相关专著及一些重要期刊论文、报刊文章、网络文章等研究成果的基础上进行的，但本文的立足点与绝大部分其他研究相比，已有所不同。笔者根据自己对赛译文本与原作文本所进行的逐字逐句比对结果中发现，赛译是一部具有时代前瞻性的译作。因此很难将其置于当下某一特色翻译理论之下并得到合情合理的解释。此外，笔者在研究中还发现赛译与其他众多译作的不同之处，即赛译采用了与众不同、极具时代前瞻性的翻译策略，而这种策略的选择背后，是译者向西方世界传播和标举中国文化，实现其文化和合主义诉求的拳拳之心！有鉴于此，本文在充分借鉴翻译目的论、译者主体性理论、异化归化理论、合作翻译理论、有意误译及无意误译理论、接受美学理论、翻译杂合理论等多种理论之长处的同时，以跨文化视阈为主要取向，打破译本研究面面俱到的模式，旨在通过对赛译的翻译目的、翻译策略、合作翻译实情、赛译的海外影响及读者真实反馈等核心问题的探究，彻底厘清对赛译存在的诸多质疑，以期对赛译进行客观而公允的定位。因而就本文的研究实质而言，已不是传统意义上的翻译研究，而是一种文化研究与翻译研究相结合的跨学科研究。这种文化翻译研究不仅符合当下翻译研究的"文化转向"潮流，而且更符合赛珍珠当年翻译《水浒传》的良苦用心：不为翻译而翻译，而是以《水浒传》的翻译为平台，向西方世界推介和传播中国文化，实现其文化和合主义崇高理想的伟大诉求！

6.1　本研究的主要结论

本文对赛译进行探究的目的不在于评判赛译与其他几个译本之间的孰优孰劣，而在于考量其在特定历史条件下为传播中国文学和文化所做的贡献及赛译的翻译特色可能给当下的翻译研究所带来的启示，并在此基础上，使赛译研究真正融入并成为赛珍珠研究不可或缺的一部分，推进赛珍珠研究向前发展。本研究的主要结论如下：

第一，赛译的文本目的与超文本目的高度统一，译者的真正用心及最高目的在于实现其文化和合主义的理想诉求。这一最高目的决定了译者在选择翻译文本、确定翻译策略、与龙墨芗先生合作、确定译作名字等方面的取向。

第二，赛译"突显差异、有意杂合"的翻译策略不但与众不同，是异化归化并举、相辅相成的有机结合，而且极具时代前瞻性，对当下的翻译研究极具启示和借鉴意义。

第三，赛译的实质是合作翻译。"向西方世界推介和传播中国文学及文化的共同目的"使两位合作者走到了一起，开展了迄今为止无法归类的翻译合作，出色地完成了翻译任务。然而，由于合作过程中采用的"读（朗读）→听→译"翻译模式，译文不可避免地出现了无意误译；而囿于校对阶段"读（朗读）→听→校"模式的影响，文中存在的一些无意误译未被发现。但对于长达1279页、近60万字的赛译而言，无意误译在整个译本中的比重并不大，赛译可谓白玉有瑕，瑕不掩瑜。对赛译的合作翻译实质进行探究有利于进一步发展和丰富合作翻译理论及无意误译理论。

第四，赛译是一部成功译作，在海外具有重大影响，为传播中国文学及文化做出了巨大贡献，成为赛珍珠为实现其文化和合主义理想而努力的重要组成部分。从笔者所收集到的材料来看，赛译已分别在美国、英国、加拿大等国再版10余次，其中仅在2004—2006年就被国外两家出版公司再版3次。此外，从以往其他机构或个人与赛珍珠联系、欲寻求合作及后来一些合作的实情及目前互联网上读者对赛译的评价来看，赛译的影响可谓巨大，确实为传播中国文学及文化发挥了重要作用。赛译的成功主要是由多种因素促成的，如原著的精彩、译者出色的综合素质、恰当的翻译策略、译作的可读性和流畅性及读者的认可、出版商的运作、名人效应等。这些因素相辅相成、缺一不可，它们的合力使赛译走向了成功，实现了合作双方近5年孜孜以求的目的——以赛译为平台，使中国古典文学名著《水浒传》走向世界，借以向西方推介和传播中国文化！

第五，赛译在实质上是译者"有意为之"和"无意为之"共同作用下的杂合文本。赛译是一种基本倾向于原作的"杂合"，在20世纪20年代末、30年代初的特殊时期突显了译者超越于时代的文化和合主义价值观，充分体现了译者反对西方殖民主义者推行文化霸权及为实现中西文化间的平等交流而做出的重要努力。

6.2　本研究的主要发现

本研究的主要发现如下：

第一，赛译文本具有特殊性，欲把握赛译文本的真实情况，须将原作全文与赛译全文进行逐字逐句的比对研究，才能发现真相。当然，这种比对研究要有一个前提，即原作一定是金批七十回本《水浒传》的某个版本，赛译文本最好是1937年经过再版校对以后的版本。如果用一百回本或一百二十回本《水浒传》原文与赛译文本去进行比对，得出的结果肯定站不住脚。笔者发现某高校的研究者喜欢将赛译与沙译进行对比研究，这本无可厚非，但由于到现在也没弄清楚赛译与沙译的前七十一回的原作用的都是金圣叹的贯华堂七十回本。因此只要是这所高校的老师或学生所写的论文，大都得出赛译和沙译都有较大删节这样的结论，可谓乐此不疲。而谈及赛译的版本，1937年以后的版本经过译者的再版校对等原因，可以更好地反映译者的真实态度及努力。很多研究者探究赛译，往往只针对赛译的局部进行探究，且没有将原作与译作进行逐字逐句的比对研究，因而容易得出一些"伪结论"。以"江湖"一词的翻译为例。赛珍珠用了各种杂合手段如直译、意译、省略等向西方读者阐释其含义，但除朱文武、娄凌云发现译者有时将其译成"robbers and bandits"之外，其他研究者仅发现译者将其译为"rivers and lakes"，似乎就没有其他译法存在。究其原因，固然有一些研究者追随名人论断而不加考证，但也有研究者孜孜以求却没有本质发现，这主要是由于没有逐字逐句进行比对研究造成的。笔者在第3章相关部分对赛译的书名翻译进行了探讨。事实证明，多年来评论界对赛译书名展开的争论，原来却是一个"伪命题"。赛珍珠在赛译的封页上，采用杂合手法，对书名做了最好的诠释。而这一发现，正是拜对原作文本及赛译文本进行逐字逐句比对的结果所赐。

顺便提及，通过比对研究，不但可以体察译者所运用的不同翻译手法，还可以体会到译者根据不同情况而采用不同译法的匠心。如对"蛇"一词的翻译。在楔子一回中，当洪太尉到龙虎山上欲拜见张天师时，路遇"大蛇"，译者将其译为"serpent"，而在解释"打草惊蛇"这一成语时，仅将其中的"蛇"译成"snake"。有评论者认为将"蛇"译成"serpent"是因为作者的基督教信仰，属于绝对的归化。笔者认为这种说法有待商榷。译者之所以将洪太尉见到的"大蛇"译成"serpent"，旨在让西方读者理解张天师的法力无边，类似于《圣经》中关于上帝之类的描述。而普通的"蛇"没有这层内涵，译成"snake"也就够了。

第二，通过对赛译进行探究，发现很多翻译理论如多元系统论、操控派翻译理论、后殖民翻译理论、异化归化理论、阐释学翻译理论、合作翻译理论、无意误译理论等众多理论有待进一步丰富和发展。笔者在第4章曾提到图里的见解，"如果理论不能解释翻译活动中发生的每一种现象，那么，有缺陷的、必须

改正的, 是理论而不是'有问题'的现象"①。图里的观点充分说明赛译研究更具
价值和意义。由于以上所及的理论不能科学地解释赛译。因此继续发展和丰富
这些理论是译界的责任, 而不应将其奉为圭臬, 不敢越雷池一步。

下面笔者按照顺序总结一下相关理论在解释赛译时所暴露出的弱点。我们
首先看多元系统论、操控派翻译理论、后殖民翻译理论、异化归化理论在解释
赛译时存在的不足。赛译既没有赞助人, 也没有出版商的干预, 翻译过程中译
者的主体性得到了充分张扬, 译者的文化和合主义理想诉求也因此成了翻译的
最高目的, 这一最高目的决定了译者在翻译文本、翻译策略及译作命名等方面
的主体选择。若译者在翻译策略的选择上能与当时西方的主流意识形态和诗学
保持一致的话, 多元系统论及操控派翻译理论的解释就有了用武之地, 当然就
可以很轻松地将其解释得一清二楚。偏偏赛珍珠超越于时代的文化和合主义
价值观促使她能够抛开当时中西文化孰优孰劣的无谓争论, "站在中国人的立
场""从中国人的视角"②来理解翻译问题, 因而在赛译中采用了与众不同的"突
显差异、有意杂合"的翻译策略。事实上, 这种翻译策略的成功运用, 不但使当
下比较热门的多元系统论和操控派翻译理论难以自圆其说, 甚至后殖民翻译理
论一味强调的"阻抗式"异化也暴露出弱点。很明显, 赛译完全实现了后殖民
翻译理论所期望的结果, 但其所用之策略却有很大不同。此外, 赛译中异化归
化的相辅相成和有机结合打破了学术界以往对这对概念的认识局限, 必将推动
本领域研究向前发展。学术界对异化归化的认识基本停留在"线段型"模式,
而通过对赛译翻译策略的探究, 笔者发现异化归化不但相辅相成, 还可以有机
结合, 在某种条件下还可能相互转化, 这不但体现于一部译作之中, 还有可能
体现于同一原作的多译本互补中。其次, 我们通过赛译的合作翻译实质来看阐
释学翻译理论、合作翻译理论及无意误译理论在解释赛译方面暴露出来的不足。
赛译是合作翻译, 龙墨芗先生不但基本参与了赛译的全过程, 而且负责解释原
作中包括服饰、武器等在内的疑难之处, 这样一来, 就使阐释学翻译理论的前
理解对此缺少了足够的解释力。因此如果探究赛译的前理解, 就不仅要探究译
者赛珍珠对原作的前理解, 还要探究龙墨芗先生对原作的前理解, 而显然阐释
学翻译理论还没有将其解释力拓展到对合作翻译现象进行解释这一层面。而论
及合作翻译, 赛译的合作模式很难在现有的划分模式中找到归属。按照目前的

---

① 王丽娜.《水浒传》在国外 [C]// 竺青. 名家解读《水浒传》.济南:山东人民出版社, 1998: 435.
② 姚君伟. 我们今天为什么研究赛珍珠? [J]. 江苏大学学报: 社会科学版, 2002, 4 (4): 53-56.

合作模式体系划分，合作翻译主要包括"口述加笔译的合作翻译模式、主译加辅译的合作翻译模式及集体分工协作的翻译模式"①，显然赛译不属于其中的任何一类。因此在归属问题上成了无所归依的"流浪儿"。除非合作翻译理论进一步发展，否则很难对赛译的合作模式进行归类和解释。再看无意误译理论的不足。赛译的无意误译来源明显超出了现有无意误译理论的解释力度。提起无意误译，谢天振将其来源分为"译者翻译时的疏忽大意；译者外语语言功底不足；译者对于源语和目的语中所含文化内涵理解不当"②这三类，这也基本是译界的共识。然而我们通过对赛译的无意误译来源进行探究发现，赛译的无意误译主要是合作翻译中的技术操作原因造成的。

从以上所及我们不难看出，"任何理论都不乏自身的不足与缺失，因而在介绍和引进新的理论时，我们必须采取辩证的观点对其去粗存精，去伪存真，通过对理论进行合理的扬弃而为我所用"③。以此观之，对进一步丰富和发展相关理论而言，对赛译进行全面探究确实是一件幸事。

第三，通过对赛译进行探究，笔者意识到运用综合手段获得第一手资料并对各种资料进行详细考证的重要性。随着网络的普及，我们能够获取的资料来源更加多元化，除了传统的图书、期刊、报纸、杂志等手段及新型的电子图书、CNKI 中的各种资料之外，网络也正在成为获取第一手资料的重要来源。为了探究赛译在海外的影响力（包括赛译的再版情况、研究界及读者的反馈等），笔者先后在百度、谷歌、新浪、搜狐、亚马逊等门户网站上过滤了上千家网站，把从这些网站所收集到的资料与其他研究者对此领域的统计结合在一起，发现赛译自 1937 年再版以来，到目前为止已由众多出版社再版 10 余次，其中仅在2004 年和 2006 年就由两家出版社再版 3 次。这一发现与以往研究者所认定的赛译到目前为止再版四次（1937、1948、1952 和 1957 年）的状况出现较大差距。有研究者认为 1957 年以后赛译的再版规模都不大这一论断也被打破。

据笔者所收集到的资料显示，赛译的最大规模再版应是 1968 年，当年先后有美国、加拿大等国的四家出版社分别在美国、英国及加拿大再版赛译，可见赛译当时的炙手可热。从以上赛译得以不断再版的情况可以看出，一些研究者得出的"赛译在沙译付梓之前有较大影响"之结论纯属"伪结论"，而诸如"赛

---

① 刘杰辉，冯书彬.中国传统合作翻译模式刍议[J].唐山师范学院学报，2009，31（1）：23-25.

② 徐剑平，梁金花.从接受理论视角看赛珍珠的《水浒传》翻译[J].时代文学（双月上半月），2009（5）：170-172.

③ 范祥涛，刘全福.论翻译选择的目的性[J].中国翻译，2002，23（6）：25-28.

译矫枉过正"如果重新翻译《水浒传》，自然不会再遵循赛译的翻译策略"这样的论断也有待商榷。此外，笔者通过研究一些读者在网上对赛译所撰写的书评发现，几乎没有读者认为赛译"佶屈聱牙"，反倒认为赛译流畅可读，也没有读者读了赛译而认为"中国语言很差劲"这样的情况。除了以上所及，笔者在亚马逊及好书阅读等网站上所发现的读者留言证明，赛译的读者群并非美国赛珍珠故居博物馆馆长唐纳·罗兹所指出的那样，仅由"学者、知识分子，特别是学习文学和语言的人"构成。事实证明，赛译的读者群中不乏普通读者。笔者从网上所收集的资料还表明，即使外国的学者，甚至是专门研究赛珍珠的"专家"，也未必对赛译在海外的影响有全面的了解，难免囿于手中材料所限而做出误判。笔者认为，查找资料固然重要，但对所掌握的资料进行"去伪存真"的鉴别则更为重要，唯有如此，才能使结论建立在真正的事实基础之上，才能真正促进赛译研究不断向前发展。这也正巧应了赛珍珠本人的建议，"任何人事言行都有形成的原因，而在评判并采取行动前须调查清楚这些缘由"[①]。

6.3　本研究的不足之处

尽管本研究从跨文化视阈对赛译的翻译动机、翻译策略、合作翻译的实质及得失、赛译在海外的影响及读者反馈等做出了分析，厘清了一些质疑，也取得了一些有意义的发现和启示，但目前的研究仍暴露出一些不足，主要表现在以下四点：

第一，理论方面的欠缺。囿于笔者自身水平及文中所涉及理论较多，在相关理论的运用方面可能存在理解偏差及以偏概全等问题。此外，对某些理论的见解也难免存在认识不够全面、评价不够中肯甚至有所误解等问题。

第二，没有对读者进行专门的问卷调查。笔者曾有前往美国查找资料和进行读者调查的打算，但由于种种原因，一直未能成行。幸好董琦在撰写博士论文之前，前往美国访学，查找并带回了一些赛译资料，弥补了笔者在此领域的一些空白。但没有对读者进行问卷调查，终究是一种遗憾，网上的读者评论无

---

① 董琦. 译者风格形成的立体多元辩证观：赛珍珠翻译风格探源 [D]. 上海：上海外国语大学，2009：168.

论如何也不如精心设计的调查表更科学、更有说服力。此项工作只能留待将来。

第三，没有运用软件进行多译本比对研究。囿于时间和条件所限，笔者未能做到用电脑软件对《水浒传》的几个英译本进行科学的比对研究。假以时日，如果能用计算机软件对《水浒传》中的特色词汇及特色句型展开比对研究，必然能够提高相关章节的论文质量。

第四，没有对赛译的口笔译合作翻译中国名著形式和内容进行积极探究。笔者有理由相信，这一研究方向耗时费力，但绝对是一篇好论文！

第五，没有从广义的视阈来探究赛珍珠的翻译。赛译的风格与赛珍珠的中国题材小说创作都是围绕着一个动机，即为了实现赛珍珠的文化和合主义理想诉求，无论从行文特点还是含有中国文化内涵的特色词汇或表达的翻译，两者都有异曲同工之妙。广义而言，赛译与赛珍珠的中国题材小说创作及关于《中国小说》的诺贝尔获奖感言，都可视为赛珍珠的翻译（汉译英）。然而囿于篇幅和时间，这几者之间的探究也没有进行，否则本文的相关章节会更具说服力。

6.4 关于后续研究的设想

唐艳芳曾认为其博士论文《译者风格形成的立体多元辩证观——赛珍珠翻译风格探源》只是揭开了赛译"这座巨大'冰山'的一角"[1]，而对笔者而言，本论文的努力可能揭开的仅是赛译"这座巨大'冰山'的一角"的一角。由于在很多方面还存在欠缺。因此笔者不会停止研究的脚步。针对本文的一些不足，笔者今后会进一步加大对赛译探究的力度，拟在以下三个方面进行努力：

第一，继续进行史料挖掘工作。对赛译的相关资料进行收集和整理是一项长期的工作。笔者会在总结以往经验和教训的基础上，积极开展与其他赛译研究者的合作，尤其是尽量寻求与国外学者和研究机构展开合作，力争把这件事做好。

第二，把正在与一些同事合作开展的《水浒传》英译本语料库工作踏踏实实地进行下去。一旦这一件事情能够做好，会给今后的赛译研究提供莫大的帮

---

① 唐艳芳.赛珍珠《水浒传》翻译研究：后殖民理论的视角 [D].上海：华东师范大学，2009：117.

助。今后进行数据分析和多译本比对研究将更加科学、更具说服力。

第三，将对赛译的探究提升到进行赛珍珠翻译研究的高度。将赛珍珠的中国题材演讲、中国题材小说创作和赛译一起纳入研究范畴，体察赛珍珠在这些领域的翻译取向（汉译英），进一步挖掘赛珍珠为实现文化和合主义的理想诉求而在这些领域所采用的宏观翻译策略，力争使这一领域的探究不但有益于赛译研究，也能够推动整个赛珍珠研究向前发展。

作为《水浒传》英译史上的第一个全译本及《水浒传》外译史上影响最大的译本，赛译为《水浒传》走向世界、传播中国文学及文化做出了不可磨灭的贡献，是赛珍珠实现其文化和合主义理想诉求的一个重要组成部分，也使龙墨芗先生致力于使《水浒传》走向世界的夙愿得以实现。赛译在21世纪仍得以不断再版正是对他们当初近5年孜孜以求的最好回报。鉴于此，笔者借用《左传·宣公十二年》中的名言"筚路蓝缕，以启山林"①作为本论文的题目，以示笔者对两位合作者的敬意，同时也鞭策自己不断努力，在未来把自己的赛译研究和赛珍珠研究提高到一个全新的水平！

---

① 刘全福. 筚路蓝缕　以启山林：美学翻译家朱光潜论[J]. 东南大学学报（哲学社会科学版），2005，7（2）：70–75.

引用文献

［1］唐艳芳. 赛珍珠《水浒传》翻译研究：后殖民理论的视角［D］. 上海：华东师范大学，2009.

［2］陈敬. 赛珍珠与中国：中西文化冲突与共融［M］. 天津：南开大学出版社，2006：92-104.

［3］龚放，王运来，袁李来. 南大逸事［M］. 沈阳：辽海出版社，2000：230-231.

［4］朱文武，娄凌云. 语用等效与文化信息传递的矛盾：对赛珍珠《水浒传》英译本评价的思考［J］. 金华职业技术学院学报，2007，7（1）：33-36.

［5］顾钧. 论赛珍珠建构中国形象的写作策略［J］. 江苏大学学报：社会科学版，2002，4（2）：41-45.

［6］赵家璧. 勃克夫人与黄龙［J］. 现代，1933，3（5）：640.

［7］樊爱萍. 彷徨于中西文化之间：赛珍珠在中国的接受问题研究［D］. 重庆：重庆师范大学，2007.

［8］张齐颜. 赛译《水浒传》中中国英语及其文化用意［D］. 深圳：深圳大学，2004.

［9］孙建成，温秀颖，王俊义. 从《水浒传》英译活动看中西文化交流［J］. 外语与外语教学，2009（5）：52.

［10］张子清. 赛珍珠与中国：纪念赛珍珠诞辰一百周年［J］. 外国文学研究，1992（1）：71-79.

［11］姚君伟. 我们今天研究赛珍珠什么？［J］. 江苏大学学报：社会科学版，2003，5（4）：62-66.

［12］张隆溪. 西方阐释学与跨文化研究［J］. 东亚文明研究通讯，2004（3）：28-29.

［13］郭英剑. 赛珍珠评论集［M］. 桂林：漓江出版社，1999：15-64，591-603.

［14］唐艳芳. 时代背景与译者主体的互动：论赛珍珠《水浒传》英译选材的主

体性 [J]. 浙江师范大学学报：社会科学版，2007，32（5）：78-82.

［15］叶旭军. 赛珍珠中西文化和合思想探究 [J]. 江苏大学学报：社会科学版，2008，10（4）：62-67.

［16］方何荣. 研究赛珍珠的现实意义 [J]. 安徽文学，2008（5）：370.

［17］LIN Y T. All Men Are Brothers [J]. The China Critic，1934，7（4）：18.

［18］BUCK P S. All Men Are Brothers（Shui Hu Chuan）[M]. New York：The John Day Company，1937.

［19］Buck，Pearl S. Trans. All Men Are Brothers（Shui Hu Zhuan）. New York：The Heritage Press，1948：xiii-xviii.

［20］邓丽兰. 略论《中国评论周报》（The China Critic）的文化价值取向：以胡适、赛珍珠、林语堂引发的中西文化论争为中心 [J]. 福建论坛：人文社会科学版，2005（1）：46.

［21］姚君伟，张丹丽. 赛珍珠与中国小说之缘 [J]. 世界文化，1995（2）：27-28.

［22］胡适口述自传 [M]. 唐德刚，译注. 上海：华东师范大学出版社，1993：231.

［23］鲁迅. 鲁迅全集：十（书信）[M]. 北京：人民文学出版社，1956：169-179.

［24］徐清. 试析鲁迅对赛珍珠的评价. 镇江师专学报：社会科学版，1999（1）：89.

［25］鲁迅. 鲁迅全集：第13卷 [M]. 北京：人民文学出版社，2005：396.

［26］王卫林. 鲁迅评议中的赛珍珠 [N]. 光明日报，2005-02-04.

［27］郭英剑. 如何看待鲁迅先生对赛珍珠的评论？[J]. 鲁迅研究月刊，1998（6）：47.

［28］郭英剑. 新中国赛珍珠研究50年 [J]. 镇江师专学报：社会科学版，1999（4）：26-27.

［29］刘慧林，史国强. 赛珍珠：在变换的历史语境中沉浮 [N]. 辽宁日报，2007-11-12.

［30］马红军. 为赛珍珠的"误译"正名 [J]. 四川外语学院学报，2003，19（3）：122-126.

［31］沙枫. 中国文学英译絮说 [M]. 香港：香港大光出版社，1976：193-195.

［32］钱歌川. 论翻译 [M]. 台北：台湾开明书店，1974：2.

［33］沙博里.《水浒传》的英译 [J]. 翻译通讯，1984（2）：29.

［34］刘龙. 赛珍珠研究 [M]. 昆明：云南人民出版社，1992：420-439.

［35］姚锡佩.从赛珍珠谈鲁迅说起：兼述赛珍珠其人其书［J］.鲁迅研究月刊，1990（6）：38-42.

［36］张怡.《水浒传》三种英译本之比较鉴赏［M］//崔永禄.文学翻译佳作对比赏析.天津：南开大学出版社，2001：327-340.

［37］许燕.二十年来的《水浒传》英译研究［J］.山东外语教学，2008（2）：88.

［38］陈智淦.从《水浒传》的"吃"字翻译谈起［J］.龙岩师专学报，2004，22（2）：108.

［39］崔永禄.试论中国经典文献外译的几个原则性问题［J］.外语与外语教学，2007（10）：45.

［40］钟再强.试析赛珍珠英译《水浒传》研究史上的几次重要评价［J］.外语与外语教学，2008（12）：49-51.

［41］张志强，李世英.赛珍珠著译中的"杂合"现象探析［J］.江苏大学学报（社会科学版），2009，11（7）：46-49.

［42］马轶.赛珍珠英译《水浒传》的文化阐释研究［D］.上海：华东师范大学，2006.

［43］董琇.译者风格形成的立体多元辩证观：赛珍珠翻译风格探源［D］.上海：上海外国语大学，2009.

［44］CONN P J. Pearl S. Buck：A Cultural Biography［M］. Cambridge and New York：Cambridge University Press，1996：139-199.

［45］PEFFER N. A Splendid Pageant of the Chinese People：Rev. of *All Men Are Brothers*，trans. by Pearl Buck［M］. New York：Herald Tribune Books，1933：3.

［46］JEN T. A Chinese Classic：Rev. of *All Men Are Brothers*，trans. by Pearl Buck［J］. Saturday Review of Literature，1933（10）：162.

［47］IRWIN R G. The Evolution of a Chinese Novel：Shui hu chuan［M］. Cambridge，MA：Harvard University Press，1953：94-97.

［48］Waley A. A Tale of Righteous Bandits：Rev. of *All Men Are Brothers*，trans. by Pearl Buck［J］. The New Republic，1933，77（11）：51.

［49］黄鸣奋.英语世界中国古典文学之传播［M］.上海：学林出版社，1997：198.

［50］王丽娜.《水浒传》外文论著简介［J］.湖北大学学报：社会科学版，1985（3）：40.

［51］沙博里.《水浒》新英译本前言及翻译前后［J］.李士钊，妙龄，译.水浒争

鸣，1984（2）：404-414.

［52］THOMSON J. Why Doesn't Pearl Buck Get Respect? ［N］. Philadelphia Inquirer, 1992-07-24（15）.

［53］张南峰. 中西译学批评［M］. 北京：清华大学出版社，2004：41.

［54］石欲达. 中国古典小说书名英译中的得与失［J］. 外语研究，1996（2）：21.

［55］孙苗飞. 中国古典四大名著书名英译比较［J］. 上海金融学院学报，2007（4）：64.

［56］孙建成.《水浒传》英译的语言与文化［M］. 上海：复旦大学出版社，2008：63-142.

［57］郑红霞，杨革新. 文化内涵词翻译中的创造性叛逆［J］. 湖北经济学院学报：人文社会科学版，2008，5（1）：134.

［58］王雪丽，贾薇，董丽敏. 重建最佳关联的翻译［J］. 东北大学学报：社会科学版，2009，11（2）：117.

［59］刘洪强. "一丈青" 含义试析［J］. 三明学院学报，2009，26（1）：63-64.

［60］杨晓荣. 翻译批评导论［M］. 北京：中国对外翻译出版公司，2005：47.

［61］许钧. 翻译论［M］. 武汉：湖北教育出版社，2003：7-8，251.

［62］于连江. 多维视角下的翻译批评研究［D］. 上海：上海外国语大学，2009.

［63］张锦兰. 目的论与翻译方法［J］. 中国科技翻译，2004，17（1）：36.

［64］曹明伦. 文本目的：译者的翻译目的：兼评德国功能派的目的论和意大利谚语 "翻译即叛逆" ［J］. 天津外国语学院学报，2007，14（4）：1-5.

［65］范祥涛，刘全福. 论翻译选择的目的性［J］. 中国翻译，2002，23（6）：25-28.

［66］庞艳艳. 从文学翻译目的层次性谈译者主体性［J］. 河南理工大学学报：社会科学版，2009，10（3）：409-412.

［67］范敏. 译者之两难［J］. 科教文汇，2009（22）：246.

［68］彼德·康. 赛珍珠传［M］. 刘海平，张玉兰，方柏林等，译. 桂林：漓江出版社，1998：32-83，136-157.

［69］刘龙. 赛珍珠失信龙墨芗之谜［M］//许晓霞，赵珏任. 赛珍珠纪念文集：第二辑. 桂林：广西师范大学出版社，2006：102-111.

［70］庄华萍. 赛珍珠的《水浒传》翻译及其对东方主义的叛逆［D］. 杭州：浙江大学，2006.

［71］林小玲. 异化与中国文化的传播：《水浒传》两个英译本的对比赏析［D］.

福州：福建师范大学，2006.

［72］邓婕. 文学翻译中的"有意误译"［J］. 宁波教育学院学报，2006，8（6）：
35.

［73］赖娟华. 从后殖民主义视角分析翻译翻译现象：看赛译《水浒传》［D］. 武
汉：华中师范大学，2009.

［74］胡天赋. 从人物的再现看赛译《水浒传》的后殖民主义色彩［J］. 河南大学
学报：社会科学版，2006，46（5）：79-83.

［75］郝素玲，郭英剑. 赛珍珠现象：多元文化主义者的悲哀？［J］. 河南师范大
学学报：哲学社会科学版，1997，24（6）：91-92.

［76］朱坤领. 赛珍珠与后殖民主义［J］. 江苏大学学报：社会科学版，2006，8
（3）：58-63.

［77］臧杨柳. 赛珍珠文艺创作的中西文化因素成因［J］. 文教资料，2009（34）：
12-13.

［78］李秀丽，乔世华. 论赛珍珠的文化选择［J］. 大连海事大学学报：社会科学
版，2009，8（5）：125-128.

［79］姚君伟. 赛珍珠文化相对主义思想溯源［J］. 南京师大学报：社会科学版，
2005（6）：141-145.

［80］王成军. 中西文化诗学的建构：评姚君伟的《文化相对主义：赛珍珠的中
西文化观》［J］. 江苏大学学报：社会科学版，2002，4（3）：73-75.

［81］咸慧慧. 赛珍珠中西文化融合思想的解析［J］. 考试周刊，2009（29）：30-
31.

［82］白心敏，孙晓红. 赛珍珠中西和合思想成因初探［J］. 飞天，2009（24）：
76-77.

［83］赛珍珠. 东风·西风［M］. 钱青等译. 桂林：漓江出版社，1988：220.

［84］BUCK P S. A Bridge for Passing［M］. New York：The John Day Company，
1962：23.

［85］XI L. The Conversion of Missionaries：Liberalism in American Protestant
Missions in China，1907-1932［M］. Pennsylvania：The Pennsylvania State
University，1977：16.

［86］赛珍珠. 我的中国世界［M］. 尚营林，张志强，李文中等，译. 长沙：湖南
文艺出版社，1991：9-281.

［87］BUCK P S. The Old Chinese Nurse［J］. Fortnightly Review：New Series，1932：

CXXXI.

［88］Mitchell B. Between Two Worlds（A Creative Mind's Biography）［M］. Carolthoda Books, Inc. 1988：58

［89］刘龙. 赛珍珠中国书法艺术释读［M］//许晓霞，余德高，赵珏. 赛珍珠纪念文集. 长春：吉林文史出版社，2003：194.

［90］樊菀青. 跨文化传播学视野下的赛珍珠研究：以《大地》三部曲为例［D］. 重庆：重庆大学，2008.

［91］王运来，罗静."东风西风"中国结：赛珍珠与南京大学［N］. 光明日报，2002-04-01.

［92］郝素玲. 赛珍珠：一位文化边缘人［J］. 江苏大学学报：社会科学版，2004，6（1）：66.

［93］姚君伟. 文化相对主义：赛珍珠的中西文化观［M］. 南京：东南大学出版社，2001.

［94］中国叶圣陶研究会. 和合文化传统与现代化［M］. 北京：人民教育出版社，2006：28.

［95］姚君伟，张丹丽. 从《东风·西风》看赛珍珠的中西文化合璧观［J］. 高校教育管理，1998（2）：35-38.

［96］居永梅. 赛珍珠的跨文化理想：小说《东风·西风》解读［J］. 宿州学院学报，2007，22（6）：94.

［97］赛珍珠. 东风·西风［M］. 林三等，译. 桂林：漓江出版社，1998.

［98］NELSON C. Repression and Recovery：Modern American Poetry and the Politics of Cultural Memory, 1910-1945［M］. Madison：University of Wisconsin Press, 1989：51.

［99］吴雪萍. 语境理论关照下的《魂断蓝桥》翻译［J］. 内蒙古农业大学学报：社会科学版，2009，11（3）：223-224.

［100］刘宓庆. 当代翻译理论［M］. 北京：中国对外翻译出版公司，2001.

［101］白艳红. 赛珍珠：中美文化间的角色尴尬与期待［D］. 秦皇岛：燕山大学，2008：18.

［102］彭兴灿. 五四前后英诗汉译的社会文化研究［D］. 上海：华东师范大学，2008.

［103］段曼. 文化语境下的赛珍珠在现当代中国［D］. 武汉：华中科技大学，2007.

［104］许苏民."五四"新文化人的学术建树及其局限性：关于五四新文化运动的反思［J］.天津社会科学，2009（4）：123.

［105］方何荣.后殖民视阈下的赛珍珠［D］.苏州：苏州大学，2008.

［106］张岱年，方克立.中国文化概论［M］.北京：北京师范大学出版社，1994：132-136.

［107］于海滨.20世纪美国文学中的中国形象［D］.呼和浩特：内蒙古师范大学，2008.

［108］米丽耶·德特利.19世纪西方文学中的中国形象［M］//孟华.比较文学形象学.北京：北京大学出版社，2001：242.

［109］孙宗广.赛珍珠的中国视野［D］.苏州：苏州大学，2001.

［110］王运来，罗静.赛珍珠与南京大学（中国名校）［J］.世界，2002（7）：14-15.

［111］STIRLING N. Woman in Conflict［M］. New York：New Century Publishers，Inc. 1983：100.

［112］多伊尔.赛珍珠［M］.张晓胜，耿德本，史国强，译.沈阳：春风文艺出版社，1991：25.

［113］朱明胜.多元系统翻译理论视角下的赛珍珠英译《水浒传》［J］.宿州学院学报，2009，24（6）：41-45.

［114］施耐庵.水浒传［M］.金圣叹，评点.文子生，校点.郑州：中州古籍出版社，1985：26.

［115］LEFEVERE A. Translating Literature：The German Tradition from Luther to Rosenzweig［M］. Assen & Amsterdam：Van Gorcum，1977：74.

［116］刘泽权，张丽.异化之异化：韦努蒂理论再批评［J］.外语研究，2009（3）：75-80.

［117］西风.阐释学翻译观在中国的阐释［J］.外语与外语教学，2009（3）：56-60.

［118］朱健平.归化与异化：研究视点的转移［J］.解放军外国语学院学报，2002，25（2）：78-82.

［119］VENUTI L. The Translator's Invisibility：A History of Translation［M］. London and New York：Routledge，1995：20.

［120］朱安博.归化与异化：中国文学翻译研究的百年流变［D］.苏州：苏州大学，2007：15.

［121］罗选民.论文化/语言层面的异化/归化翻译［J］.外语学刊，2004（1）：102-106.

［122］鲁迅."题未定"草［M］//中国翻译工作者协会《翻译通讯》编辑部.翻译研究论文集（1894—1948）.北京：外语教学与研究出版社，1984：245-246.

［123］迟庆历.文化翻译策略的多样性与多译本互补研究：以《红楼梦》与《聊斋志异》英译本为例［D］.上海：上海外国语大学，2007：97.

［124］张保红.译者与文化翻译［J］.天津外国语学院学报，2004，11（3）：15-21.

［125］张春艳，贾德江.从社会符号学翻译法看人物绰号的翻译［J］.南华大学学报：社会科学版，2008，9（2）：95-97.

［126］王克友，任东升.叙述方式的转换与小说翻译效果：以《水浒传》第47回三个译文为例［J］.外语教学，2005，26（4）：78-80.

［127］王成磊，刘佳芹.中国读者对赛珍珠接受过程中的热点问题剖析［J］.岱宗学刊，2007，11（4）：37-38.

［128］姜秋霞，郭来福，杨正军.文学翻译中的文化意识差异：对《红楼梦》两个英译本的描述性对比研究［J］.中国外语，2009，6（4）：90-97.

［129］孙致礼.翻译中的"伪异化"现象［J］.盐城师范学院学报：人文社科版，2004，24（2）：95-100.

［130］蔡平.翻译方法应以归化为主［J］.中国翻译，2002，23（5）：39-41.

［131］何子章.差异及对立的终结：移民英文小说汉译研究［D］.上海：上海外国语大学，2009.

［132］郑海凌."陌生化"与文学翻译［J］.中国俄语教学，2003，22（2）：45.

［133］吕煦.异化翻译策略：全球一体化走向中的文化期待［J］.石家庄学院学报，2006，8（2）：85-89.

［134］吴莹.陌生化概念研究：陌生化在翻译领域中的运用［J］.天津外国语学院学报，2007，14（5）：52-56.

［135］陆珊珊.谈翻译中陌生化效果的保留［J］.郑州航空工业管理学院学报（社会科学版），2009，28（2）：112-115.

［136］WILSS W. The Science of Translation：Problems and Methods［M］. Tübingen：Gunter Narr，1982：221.

［137］许燕.赛珍珠英译《水浒传》的陌生化取向：试析赛译本成功的原因［J］.

华东理工大学学报（社会科学版），2009（2）：106-110.

［138］费鸿根.中国古典长篇小说的产生及形式特征［J］.东疆学刊（哲学社会
科学版），1996（1）：33-36.

［139］李金松.论金本《水浒传》的文体革新［J］.江西师范大学学报：哲学社会
科学版，2004，37（1）：61-65.

［140］翟建波.《水浒传》民俗类俗语析释［J］.广西师范学院学报（哲学社会科
学版），2006，27（4）：56-65.

［141］王学泰.从《水浒传》看江湖文化（一）［J］.文史知识，2008（6）：126.

［142］王姣.从"视界融合"谈翻译：《水浒传》两译本评析［J］.安徽文学，2009
（1）：186.

［143］潘智丹.淡妆浓抹总相宜：明清传奇的英译［D］.苏州：苏州大学，2009.

［144］马显慈.《三国》、《水浒》之修辞艺术［C］//康全忠，曹先锋，张虹.水浒
争鸣（第九辑）：2006年全国《水浒》与明清小说研讨会论文集.西宁：
青海人民出版社，2006：220-234.

［145］李林波.差异，对翻译意味着什么？［J］.解放军外国语学院学报，2004，
27（6）：64-68.

［146］李宗刚.对新式教育视野下的林译小说的再解读［J］.扬州大学学报：人
文社科版，2007，11（4）：35-40.

［147］唐丽蓉，黄霓.合译新论［J］.考试周刊，2009（4）：43-44.

［148］王正.翻译中的合作模式研究［D］.上海：上海外国语大学，2005.

［149］张芸.从改写理论看林纾的有意误译［J］.湖南第一师范学报，2009，9
（1）：127.

［150］王立群.王韬与近代东学西渐［J］.北京科技大学学报：社会科学版，
2004，20（1）：10.

［151］林语堂.八十自叙［M］.北京：宝文堂书店，1990：67.

［152］刘杰辉，冯书彬.中国传统合作翻译模式刍议［J］.唐山师范学院学报，
2009，31（1）：23-25.

［153］刘杰辉.中国传统合作翻译模式描述及分析［J］.长春理工大学学报：社
会科学版，2009，22（2）：269-271.

［154］TOURY G. In Search of a Theory of Translation［M］. Jerusalem: Academic
Press，1980：62.

［155］齐学东.《水浒》故事的接受美学［D］.福州：福建师范大学，2008.

［156］钱锺书. 七缀集［M］. 修订版. 上海：上海古籍出版社，1994：80.

［157］吴家荣. 比较文学新编［M］. 合肥：安徽教育出版社，2004：149.

［158］谢天振. 译介学［M］. 上海：上海外语教育出版社，1999：196-201.

［159］叶公平.《大地》背后的中国人：邵德馨［J］. 新文学史料，2009（4）：137.

［160］张庆善. 胡适 鲁迅解读《水浒传》［M］. 沈阳：辽海出版社，2001：1.

［161］李法白，刘镜芙. 水浒语词词典［M］. 上海：上海辞书出版社，1989：38-39.

［162］张幼军. 阐释学与儒家经典英译［J］. 湖南师范大学社会科学学报，2003，32（1）：116

［163］林本椿. 文化全球化和对外翻译［J］. 福建师范大学学报：哲学社会科学版，1999（2）：83-86.

［164］贺祥麟. 我看赛珍珠［J］. 河南师范大学学报：哲学社会科学版，1993，20（2）：71-72.

［165］王丽娜.《水浒传》在国外［C］// 竺青. 名家解读《水浒传》. 济南：山东人民出版社，1998：435-439.

［166］宋柏年. 中国古典文学在国外［M］. 北京：北京语言学院出版社，1994：412.

［167］LIAO K. Pearl S. Buck：A Cultural Bridge Across the Pacific［M］. Westport CT & London：Greenwood Press，1997：132.

［168］徐剑平，梁金花. 从接受理论视角看赛珍珠的《水浒传》翻译［J］. 时代文学（双月上半月），2009（5）：170-172.

［169］王新芳. 二十世纪《水浒传》传播研究［D］. 济南：山东大学，2004.

［170］沙博里. 我的中国［M］. 宋蜀碧，译. 北京：中国画报出版社，2006：251.

［171］马红军. 从文学翻译到翻译文学［M］. 上海：上海译文出版社，2006：91.

［172］黄春梅. 从接受美学角度看文学的异化翻译法［J］. 湖南医科大学学报（社会科学版），2008，10（4）：241.

［173］熊敏，范祥涛. 重释翻译的忠实性原则：从接受美学看文学翻译［J］. 苏州教育学院学报，2009，26（1）：69-72..

［174］兰守亭. 新视野中的旧小说：评赛珍珠的大地三部曲［D］. 上海：上海师范大学，2003.

［175］杨平. 读者反应批评：文学翻译批评新视角［J］. 北京第二外国语学院学报，2009，31（8）：36-40，61.

［176］徐剑平，梁金花.文学翻译中审美的"陌生化"取向：以赛珍珠英译《水浒传》为例［J］.江苏大学学报：社会科学版，2009，11（4）：50-53.

［177］高日晖.《水浒传》接受史研究［D］.上海：复旦大学，2003.

［178］姚君伟.论中国小说对赛珍珠小说观形成的决定性作用［J］.中国比较文学，1995（1）：90.

［179］朱立元.当代西方文艺理论［M］.上海：华东师范大学出版社，1997：286.

［180］陈宏川.论文学翻译批评标准："忠实"的相对性［J］.内蒙古农业大学学报（社会科学版），2008，10（3）：312-313，341.

［181］李晶.贯穿20世纪中国翻译史的意识形态操控行为［J］.天津外国语学院学报，2008，15（5）：9-11.

［182］张同胜.《水浒传》诠释史论［D］.济南：山东大学，2007.

［183］高洁.议赛、沙《水浒传》英译本中文化负载语的翻译［J］.语文学刊，2009（10）：124-126.

［184］刘雪芹.翻译批评要有多维意识［J］.广西民族学院学报（哲学社会科学版），2005，27（4）：130-133.

［185］刘炳善.英国文学简史（新增订本）［M］.第2版.郑州：河南人民出版社，2006：22.

［186］姚君伟.我们今天为什么研究赛珍珠？［J］.江苏大学学报：社会科学版，2002，4（4）：53-56.

［187］刘全福.筚路蓝缕 以启山林：美学翻译家朱光潜论［J］.东南大学学报（哲学社会科学版），2005，7（2）：70-75.

［188］

附　录

附录1　赛译研究第三阶段（1980—2002）研究重要资料目录

附录1.1肯定赛译的重要发言集锦、期刊文章、报刊文章或网络文章为：

［1］姚锡佩.从赛珍珠谈鲁迅说起——兼述赛珍珠其人其书［J］.鲁迅研究月刊，1990，（6）.

［2］王逢振.专家学者发言集萃.赛珍珠研究［C］，昆明：云南人民出版社，1992.

［3］张子清.专家学者发言集萃.赛珍珠研究［C］，昆明：云南人民出版社，1992.

［4］贺祥麟.我看赛珍珠［J］.河南师范大学学报（哲学社会科学版），1993，（2）.

［5］王玉括.译者的选择与主体文化的制约——兼评《翻译·文学·文化》［J］.山东师范大学外国语学院学报，2000，（2）.

［6］龚放，王运来，袁李来.南大逸事［C］.沈阳：辽海出版社，2000.

［7］孙卫红.文学作品中社交指示语的翻译［J］.安徽农业大学学报（社会科学版），2001，（3）.

［8］韩士奇.名著译趣［N］.人民日报（海外版），2001，（4）.

［9］王运来，罗　静.赛珍珠与南京大学（中国名校）［N］.人民日报（海外版），2002，（4）.

［10］佚名.古典文学名著外译趣话［J］.青年科学，2002，（4）.

［11］王运来，罗　静.东风西风中国结——赛珍珠与中国［J］.世界，2002，（7）.

［12］李凌浩.汉语自谦语的功能与翻译.http://www.ce 86.com/ a/ english/ wyfy 149/ 200107/08-2439-2.html.

附录1.2　否定赛译的重要期刊论文、论文集论文、报刊文章、硕士学位论文及论及赛译之专著分别为：

［1］钱歌川.翻译漫谈［M］.北京：中国对外出版公司，1980.

［2］钱歌川.翻译的基本知识［M］.长沙：湖南科学技术出版社，1981.

［3］郑公盾.水浒传论文集［C］.银川：宁夏人民出版社，1983.

［4］沙博里.《水浒传》的英译［J］.翻译通讯，1984（2）：29.

［5］郑公盾.《水浒传》在国外的流传［C］//中国比较文学学会（筹）.中国比较文学（第一期）.杭州：浙江文艺出版社，1985.

［6］卢思源. Random Remarks on the Relations of Translatology to Grammar, Rhetoric, Semantics, Pragmatics and Other Linguistic Sciences［J］.上海科技翻译，1990（3）.

［7］马强.也谈"忘文生义"［J］.英语知识，1990（2）.

［8］戎林海.翻译与文化背景知识［J］.外语教学，1990（1）.

［9］柯平.英汉与汉英翻译教程［M］.北京：北京大学出版社，1991.

［10］唐德刚.胡适口述自传［M］.上海：华东师范大学出版社，1993.

［11］沈叙伦.试谈文化对比在翻译教学中的意义［J］.语言教学与研究，1995，（1）.

［12］张德鑫.汉英词语文化上的不对应［J］.世界汉语教学，1995，（1）.

［13］张德鑫.貌合神离·似是而非：汉英对应喻词中的陷阱［J］.语言文字应用，1995（4）.

［14］石欲达.中国古典小说书名英译中的得与失［J］.外语研究，1996（2）.

［15］李国南.汉语比喻在西方的可接受度［J］.四川外语学院学报，1996（3）.

［16］张经浩.译论［M］.长沙：湖南教育出版社，1996.

［17］潘红.归化还是洋化：谈翻译过程中文化信息的求真［J］.外语教学，1999（1）.

［18］房向东.康德不懂中国［N］.中国经济时报，2000，（7）.

［19］徐美仙.文化差异与英汉语用翻译［J］.广州大学学报（综合版），2000（6）.

［20］刘鸿.守望的青春鸟［M］.北京：燕山出版社，2000.

［21］余高峰.翻译中的文化"陷阱"［J］.西安外国语学院学报，2001（1）.

［22］徐珺.文化内涵词：翻译中信息传递的障碍及其对策［J］.解放军外国语学院学报，2001（2）.

［23］崔永禄.前言［A］.文学翻译佳作对比赏析［C］.天津：南开大学出版社，
　　　2001.

［24］郑延国.语用翻译探索［J］.上海科技翻译，2002（1）.

［25］成矫林.习语—文化空缺与翻译：顺应论框架下的《水浒传》英译本分析
　　　［D］.长沙：湖南大学，2002.

**附录1.3　对赛译持中性态度的重要期刊论文、论文集论文及论及赛译的
专著分别为：**

［1］王丽娜.《水浒传》在国外［C］//竺青.名家解读《水浒传》.济南：山东人民
　　　出版社，1998：435-439.

［2］王丽娜.《水浒传》外文论著简介［J］.湖北大学学报：社会科学版，1985
　　　（3）.

［3］宋柏年.中国古典文学在国外［M］.北京：北京语言学院出版社，1994：
　　　412.

［4］黄鸣奋.英语世界中国古典文学之传播［M］.北京：学林出版社，1997.

［5］马祖毅，任荣珍.汉籍外译史［M］.武汉：湖北教育出版社，1997.

［6］奚永吉.文学翻译比较美学［M］.武汉：湖北教育出版社，1999.

［7］张怡.《水浒传》三种英译本之比较鉴赏［M］//崔永禄.文学翻译佳作对比
　　　赏析.天津：南开大学出版社，2001.

附录2　赛译研究第四阶段（2003以降）研究重要资料目录

附录2.1　专门研究赛译的学术专著为：

［1］董琇. 赛珍珠翻译风格研究［M］. 上海：同济大学出版社，2016.

［2］唐艳芳. 赛珍珠《水浒传》翻译研究：后殖民理论的视角［M］. 上海：复旦大学出版社，2010.

附录2.2　对赛译持肯定态度的重要期刊论文、论文集论文、博硕士论文、报刊文章、网络文章及论文、论及赛译的专著分别为：

［1］马红军. 为赛珍珠的"误译"正名［J］. 四川外语学院学报，2003，19（3）：122-126.

［2］洪涛. 论中国五大小说名著的不可译现象［J］. 唐都学刊，2003（2）.

［3］姚君伟. 我们今天研究赛珍珠什么？［J］. 江苏大学学报（社会科学版），2003，5（4）：62-66.

［4］陈智淦. 从《水浒传》的"吃"字翻译谈起［J］. 龙岩师专学报，2004（2）.

［5］李林波. 差异，对翻译意味着什么？［J］. 解放军外国语学院学报，2004，27（6）：64-68.

［6］李林波. 对赛珍珠《水浒传》译本文化意义的再思［J］. 四川外语学院学报，2004（6）.

［7］阙维杭. 美国到底有多美［M］. 北京：中国青年出版社，2004.

［8］邓丽兰. 略论《中国评论周报》（*The China Critic*）的文化价值取向：以胡适、赛珍珠、林语堂引发的中西文化论争为中心［J］. 福建论坛：人文社会科学版，2005（1）.

［9］王卫林. 鲁迅评议中的赛珍珠［N］. 光明日报，2005-02-04.

［10］吴慧坚. 适度异化：体现文化传播功能的汉语英译［J］. 西南民族大学学报：人文社科版，2005（9）.

［11］胥瑾，彭萍. 关于译者的移情活动［J］. 中美外语（US-China Foreign Language），2006（4）.

［12］江中水. 《水浒》翻译逸闻［N］. 韶关日报，2006（7）.

［13］北京外国语大学中国外语教育研究. 探究"死译"缘由 推进文化交流［J］. 21世纪英语教育周刊，2006（9）.

［14］邓婕. 文学翻译中的"有意误译"［J］. 宁波教育学院学报，2006（6）.

［15］刘静.女性主义框架下的水浒传翻译研究［A］.中国英汉语比较研究会第七次全国学术研讨会［C］，2006.

［16］陈敬.赛珍珠与中国：中西文化冲突与共融［M］.天津：南开大学出版社，2006.

［17］朱文武，娄凌云.语用等效与文化信息传递的矛盾：对赛珍珠《水浒传》英译本评价的思考［J］.金华职业技术学院学报，2007，7（1）：33-36.

［18］于艳萍.从阐释学角度谈翻译：《水浒传》两译本片段析评［J］.琼州大学学报，2007（1）.

［19］唐艳芳.时代背景与译者主体的互动：论赛珍珠英译《水浒传》选材的主体性［J］.浙江师范大学学报：社会科学版，2007（5）.

［20］尹翔宇.赛珍珠和她的《大地》［J］.中华遗产，2007（5）.

［21］刘慧林，史国强.赛珍珠：在变换的历史语境中沉浮［N］.辽宁日报，2007-11-12（5）.

［22］秦川.把《水浒传》推向世界的第一人：赛珍珠［J］.语文世界（初中版），2007（12）.

［23］顾钧.论赛珍珠的英译《水浒传》［C］//国际汉学（第十五辑）.郑州：大象出版社，2007.

［24］王成磊，刘佳芹.中国读者对赛珍珠接受过程中的热点问题剖析［J］.岱宗学刊，2007，11（4）：37-38.

［25］郑红霞，杨革新.文化内涵词翻译中的创造性叛逆［J］.湖北经济学院学报：人文社会科学版，2008（1）.

［26］谭兴，谈宏慧.英译中国作品中的意识形态影响研究［J］.长江大学学报：社会科学版，2008（3）.

［27］鲍尔吉•原野.友道［J］.人民公安，2008（5）.

［28］钟再强.试析赛珍珠英译《水浒传》研究史上的几次重要评价［J］.外语与外语教学，2008（12）：49-51.

［29］王雪丽，贾薇，董丽敏.重建最佳关联的翻译［J］.东北大学学报：社会科学版，2009（2）.

［30］唐艳芳.关于近年赛译《水浒传》研究的反思［J］.外语研究，2009（2）.

［31］许燕.赛珍珠英译《水浒传》的陌生化取向：试析赛译本成功的原因［J］.华东理工大学学报：社会科学版，2009（2）：106-110.

［32］张志强，李世英.赛珍珠著译中的"杂合"现象探析［J］.江苏大学学报：

社会科学版，2009，11（4）：46-49.

［33］徐剑平，梁金花. 文学翻译中审美的"陌生化"取向：以赛珍珠英译《水浒传》为例［J］. 江苏大学学报：社会科学版，2009，11（4）：50-53.

［34］徐剑平，梁金花. 从接受理论视角看赛珍珠的《水浒传》翻译［J］. 时代文学（双月上半月），2009（5）：170-172.

［35］朱明胜. 沉浮于变换语境中的赛珍珠英译《水浒传》［J］. 文教资料，2009（10）.

［36］王妍. 从女性主义角度谈《水浒传》的翻译［J］. 黑龙江史志，2009（14）.

［37］张齐颜. 赛译《水浒传》中的中国英语及其文化精神［D］. 深圳：深圳大学，2004.

［38］刘静. 女性主义在文学翻译中的创造性叛逆［D］. 天津：天津师范大学，2005.

［39］邱宝力. 古典著作《水浒传》两个英译本中的翻译规范：骂语言翻译个案研究［D］. 广州：广东外语外贸大学，2006.

［40］马轶. 赛珍珠英译《水浒传》的文化阐释研究［D］. 上海：华东师范大学，2006.

［41］林小玲. 异化与中国文化的传播：《水浒传》两个英译本的对比赏析［D］. 福州：福建师范大学，2006.

［42］肖红岭.《水浒传》两英译本中归化与异化翻译策略的比较分析［D］. 上海：上海交通大学，2006.

［43］庄华萍. 赛珍珠的《水浒传》翻译及其对东方主义的叛逆［D］. 杭州：浙江大学，2006.

［44］樊爱萍. 彷徨于中西文化之间：赛珍珠在中国的接受问题研究［D］. 重庆：重庆师范大学，2007.

［45］朱文武. 一座沟通中西方文明的人桥：赛珍珠英译《水浒传》的意识形态与诗学解读［D］. 金华：浙江师范大学，2007.

［46］杨阳. 女性主义翻译理论视角下的译者主体性：《水浒传》英译个案研究［D］. 长沙：中南大学，2007.

［47］彭娜. 翻译中的共谋与文化构建［D］. 成都：西南交通大学，2008.

［48］葛林. 论跨文化伦理对翻译的规约［D］. 厦门：厦门大学，2008.

［49］刘奎娟. 接受美学视角下的文学翻译：《水浒传》英译本比较研究［D］. 北京：外交学院，2009.

［50］徐琴. 改写理论视角下《水浒传》两英译本对比研究［D］. 厦门：厦门大学，2009.

［51］刘翠娟. 赛珍珠：从女性主义到女性主义翻译的实践者［D］. 呼和浩特：内蒙古大学，2009.

［52］唐艳芳. 赛珍珠《水浒传》翻译研究：后殖民理论的视角［D］. 上海：华东师范大学，2009.

［53］董琇. 译者风格形成的立体多元辩证观：赛珍珠翻译风格探源［D］. 上海：上海外国语大学，2009.

［54］黄霖. 中国古代小说与当今世界文学［EB/OL］. http://www. gdwx. fudan. edu. cn/ dis play. asp?id=119.

［55］凌，悦笛. 赛珍珠的美丽与哀愁［EB/OL］. http://www. justing. com. cn/ page/ 1016. html.

［56］李西兴. 四海之内，皆兄弟也［EB/OL］. http://blog. voc. com. cn/blog. php?do= showone &uid = 18113&type=blog&itemid=560687.

［57］三月飞雪（Marchsnow）. 四大名著在国外的歪译［EB/OL］. http:// bbs. chinadaily. com. cn/viewthread. php?tid=623638.

［58］深蓝观察. 搞笑的《水浒》外文译本：武松吟诵白居易的诗［EB/OL］. http://hi. baidu. com/cn0519/blog/item/ae06ab31d58ffaae5fdf0e7d. html.

［59］王卫华. 淮安文学史略［EB/OL］. http://blog. huaian. com/user/ 308037/ archives/ 2006/132. html.

［60］黄牡丹. 汉礼貌称谓在归化翻译中的文化失真［EB/OL］. http://www. docin. com/ p-304948. html

［61］张香华. 你这样回答吗？比裔美籍司礼义神父谈"丑陋的中国人"［EB/ OL］. http://limingzq. blogbus. com/logs/7906497. html .

［62］止敬. 外国人的中国姓名［EB/OL］. http://www. 21sjzg. com/ 21gsyywz/ QU/ wgwz km. htm.

［63］周彦. 赛珍珠英译《水浒传》回目人物名称剖［EB/OL］. http:// www. wwj training. com/Article/ShowArticle. asp?ArticleID=200&Page=6

［64］贾玉红. 浅析《水浒传》英译本中习语的翻译［EB/OL］. http://www. laomu. cn/ wxzp/ ydzx/wenxueqikan/Shenzhouminsu/shzs2008/shzs20080725-1. html

［65］王婵.《水浒传》文化图式的赛珍珠译本分析［J］. 东莞理工学院学报，2015（11）.

[66] 王婵.《水浒传》典故文化图式的赛译本研究[J].湖南工业大学学报：社会科学版，2015（12）.

[67] 王婵.《水浒传》赛译本研究综述[J].辽宁工业大学学报：社会科学版，2015（7）.

[68] 董琇.布迪厄理论视角下翻译审美再现研究：以罗慕士、赛珍珠的汉语典籍英译为例[J].同济大学学报：社会科学版，2016，27（4）.

[69] 曹灵美，唐艳芳.典籍英译中的"中国话语"研究：以赛珍珠《水浒传》英译为例[J].外语教学，2017，38（4）.

[70] 冯宇玲.跨文化交流中的中国文化传播：赛珍珠"东学西渐"的解构分析[J].边疆经济与文化，2017（9）.

附录2.2　对赛译持否定态度的重要期刊论文、论文集论文、硕士论文、网络文章及涉及赛译的专著分别为：

[1] 潘诚.中西语义不尽同：漫谈翻译中的语义差异[J].皖西学院学报，2003（3）.

[2] 刘琦.互文性理论对文学翻译的意义[J].西南民族大学学报（人文社科版），2004（5）.

[3] 郭梅，亦歌.《水浒》英译三种比较研究[J].长江学术，2006（4）.

[4] 胡天赋.从人物的再现看赛译《水浒传》的后殖民主义色彩[J].河南大学学报：社会科学版，2006，46（5）：79-83.

[5] 肖毛.译文有如女人，译者有如叛徒[J].译林杂志，2007（2）.

[6] 孙苗飞.中国古典四大名著书名英译比较[J].上海金融学院学报，2007（4）.

[7] 侯国金.语法化和语用化的认知：语用和语用：翻译考察[J].重庆大学学报：社会科学版，2007（5）.

[8] 崔永禄.试论中国经典文献外译的几个原则性问题[J].外语与外语教学，2007（10）.

[9] 蔡小容.水边[J].文学自由谈，2008（1）.

[10] 黄静.英汉语言差异在翻译中对意义传译的影响[J].安徽农业大学学报：社会科学版，2008（1）.

[11] 常晖，胡渝镛.谈谈文化翻译中的有效策略[J].中美英语教学（Sino-US English Teaching），2008（3）.

[12] 刘占勋，张同胜.《水浒传》文学意义的海外阐释[J].哈尔滨工业大学学报：

社会科学版,2008（3）.

［13］丁兰,何莉.浅谈《水浒传》译本：All Men Are Brothers[J].南北桥,2008
（3）.

［14］钟文秀.跨文化翻译中的异化与归化[J].才智,2008（4）.

［15］温秀颖,孙建成.《水浒传》英译七十年[C]//第18届世界翻译大会论文集.
北京：外文出版社,2008.

［16］吴越.品水浒[M].上海：东方出版社,2008.

［17］王姣.从"视界融合"谈翻译：《水浒传》两译本评析[J].安徽文学,2009
（1）.

［18］杨春霞.异化与归化：异语文化介绍中的"珠联璧合"[J].时代文学（下
半月）,2009（2）.

［19］赵亮　栾意敏.目的决定策略：目的论视角下《水浒传》两个英译本的文
化阐释[J].华北煤炭医学院学报,2009（3）.

［20］魏莉.《水浒传》三个英译本的比较研究：兼谈文学翻译中译者的"创造性
叛逆"[J].内蒙古农业大学学报（社会科学版）,2009（3）.

［21］钟明国.赛珍珠《水浒传》译本评析[J].外语与外语教学,2009（4）.

［22］孙建成,温秀颖,王俊义.从《水浒传》英译活动看中西文化交流[J].外
语与外语教学,2009（5）.

［23］朱清华.翻译中的语境：《水浒传》三种英译本比较分析[D].上海：上海
大学,2004.

［24］袁滔.《水浒传》英译本文体学研究[D].成都：四川大学,2006.

［25］张同胜.《水浒传》诠释史论[D].济南：山东大学,2007.

［26］赖娟华.从后殖民主义视角分析翻译翻译现象：看赛译《水浒传》[D].武
汉：华中师范大学,2009.

［27］孙建成.《水浒传》英译的语言与文化[M].上海：复旦大学出版社,2008.

［28］春秋.本雅明的巴别塔碎片[EB/OL].http://www.translators.com.cn/
Archives/News1299.html.

［29］亦歌."透瓶香"和"进门倒"——谈赛珍珠和沙博理的《水浒》[EB/OL].
http://club.163.com/view Elite.m?catalogId= 408557&eliteId= 408557_100
eaad6b0 5000a.

［30］朱豪然.四大名著在美学术研究专业电视改编荒唐[EB/OL].http://www.
shoudubook.com/Article/Article-10901.html.

［31］红枫侠客. 浅析逆向翻译的应用［EB/OL］. http://www. Maplesky. net/bbs/
thread−33431−2−5. html.

［32］廖康. 少不读《水浒》［EB/OL］. http://www. yidian. org/ articlelist. php?tid=
12591 &starttime=0&endtime=0.

［33］虚拟世界. 汉语中脏话的翻译方法初探［EB/OL］. http://mo 63160363.
bokee. com/viewdiary. 185447337. html#.

［34］女人话中话. 啼笑皆非的四大名著英译名［EB/OL］. http://www. mmmca.
com/ group homepage. php?groupid=197.

［35］韩青玉. 赛珍珠翻译《水浒传》的搞笑错误［EB/OL］. http://www. nnrb.
com. cn/ zk/ 200903/24/zk14. htm.

［36］古龙. 语际翻译与文化翻译［EB/OL］. http://fanyixueyuan. scientrans. com/
wen xuefanyi/ fanyixueyuan_268. html.

附录2.3 对赛译持中立态度的重要期刊论文、硕士论文及报刊文章分别为：

［1］王桂莲. 从符号学看文学翻译中的创造性叛逆［J］. 中美外语（US-China
Foreign Language），2004（3）.

［2］王运鸿. 语篇功能对信息重构的启示：《水浒传》三译本的异同［J］. 内蒙古
农业大学学报：社会科学版，2005（2）.

［3］王克友，任东升. 叙述方式的转换与小说翻译效果：以《水浒传》第47回
三个译文为例［J］. 外语教学，2005，26（4）：78-80.

［4］刘雪芹. 翻译批评要有多维意识［J］. 广西民族学院学报：哲学社会科学版，
2005，27（4）：130-133.

［5］李晶. 翻译与意识形态：《水浒传》英译本不同书名成因探悉［J］. 外语与
外语教学，2006（1）.

［6］魏琳.《水浒传》英译本的比较［J］. 牡丹江师范学院学报：哲学社会科学版，
2007（2）.

［7］许燕. 二十年来的《水浒传》英译研究［J］. 山东外语教学，2008（2）.

［8］孙爱民. 汉语成语直译探究［J］. 南京林业大学学报：人文社会科学版，
2008（4）.

［9］蔡亮. 文化语境下语词转换的情感与意象选择［J］. 西北农林科技大学学报：
社会科学版，2009（2）.

［10］赵武平.《水浒》的改头换面［N］. 中华读书报，2009（8）.

［11］朱明胜. 多元系统翻译理论视角下的赛珍珠英译《水浒传》［J］. 宿州学院

学报，2009，24（6）：41-45.

［12］高洁．议赛、沙《水浒传》英译本中文化负载语的翻译［J］．语文学刊，2009（10）：124-126.

［13］陈新月．文学作品的可译限度：论《水浒传》的再创造性翻译［D］．广州：广东外语外贸大学，2004.

［14］王新芳．20世纪《水浒传》传播研究［D］．济南：山东大学，2004.

［15］魏莉．文学翻译中的创造性叛逆［D］．呼和浩特：内蒙古大学，2004.

［16］黄娟．A Study on the Translation of Culturally-loaded Expressions in Literary Translation：A Contrastive Study of Two Translations of Shui Hu Zhuan［D］．北京：北京语言大学，2004.

［17］于红．《水浒传》英译本中文化词语的翻译［D］．呼和浩特：内蒙古大学，2006.

［18］王爱玲．从关联理论看《水浒传》称谓语的翻译［D］．北京：首都师范大学，2006.

［19］汪洋．从文化保值角度看绰号的翻译［D］．秦皇岛：燕山大学，2006.

［20］彭在珍．从《水浒传》的绰号翻译论文学翻译中译者的主体性［D］．苏州：苏州大学，2006.

［21］叶净．论文学作品中绰号的英译：以《水浒传》中绰号为例［D］．成都：四川大学，2007.

［22］马全海．跨越文学翻译中的文化鸿沟：评析《水浒传》英译本的绰号翻译［D］．上海：上海外国语大学，2007.

［23］吴娟．《水浒传》英译本中语义空白现象分析［D］．长沙：长沙理工大学，2008.

［24］李丽．翻译杂和文本研究［D］．长沙：长沙理工大学，2008.

［25］丁兰．从关联理论角度探讨中国古典小说《水浒传》会话的翻译［D］．长沙：中南大学，2008.

［26］韩媛．汉语模糊美感在《水浒传》翻译中的再现与遗憾：《水浒传》两个英译本的对比研究［D］．长沙：中南大学，2009.

［27］姜慧霞．从社会符号学角度看《水浒传》英译本中文化流失与补偿［D］．呼和浩特：内蒙古大学，2009.

［28］王炫霖．尤金奈达的翻译标准及其对《水浒传》英译本解读的应用［D］．重庆：西南石油大学，2009.

附录3 （2003以降）专门探究赛译研究的重要资料目录

附录3.1 对赛译持肯定态度的重要评价共26篇（含期刊论文、论文集论文、博硕士论文及网络文章），分别为：

［1］马红军. 为赛珍珠的"误译"正名［J］. 四川外语学院学报，2003，19（3）：122-126.

［2］陈智淦. 从《水浒传》的"吃"字翻译谈起［J］. 龙岩师专学报，2004，（2）.

［3］李林波. 差异，对翻译意味着什么？［J］. 解放军外国语学院学报，2004，27（6）：64-68.

［4］李林波. 对赛珍珠《水浒传》译本文化意义的再思［J］. 四川外语学院学报，2004，（6）.

［5］刘静. 女性主义框架下的水浒传翻译研究［C］//中国英汉语比较研究会第七次全国学术研讨会，2006.

［6］朱文武，娄凌云. 语用等效与文化信息传递的矛盾：对赛珍珠《水浒传》英译本评价的思考［J］. 金华职业技术学院学报，2007，7（1）：33-36.

［7］唐艳芳. 时代背景与译者主体的互动：论赛珍珠英译《水浒传》选材的主体性［J］. 浙江师范大学学报（社会科学版），2007（5）.

［8］顾钧. 论赛珍珠的英译《水浒传》［C］//任继愈. 国际汉学（第十五辑）. 郑州：大象出版社，2007.

［9］钟再强. 试析赛珍珠英译《水浒传》研究史上的几次重要评价［J］. 外语与外语教学，2008（12）：49-51.

［10］唐艳芳. 关于近年赛译《水浒传》研究的反思［J］. 外语研究，2009（2）.

［11］许燕. 赛珍珠英译《水浒传》的陌生化取向：试析赛译本成功的原因［J］. 华东理工大学学报（社会科学版），2009（2）：106-110.

［12］张志强，李世英. 赛珍珠著译中的"杂合"现象探析［J］. 江苏大学学报：社会科学版，2009，11（4）：46-49.

［13］徐剑平，梁金花. 文学翻译中审美的"陌生化"取向：以赛珍珠英译《水浒传》为例［J］. 江苏大学学报：社会科学版，2009，11（4）：50-53.

［14］徐剑平，梁金花. 从接受理论视角看赛珍珠的《水浒传》翻译［J］. 时代文学（双月上半月），2009（5）：170-172.

［15］朱明胜. 沉浮于变换语境中的赛珍珠英译《水浒传》［J］. 文教资料，2009，

（10）.

[16] 王妍. 从女性主义角度谈《水浒传》的翻译 [J]. 黑龙江史志, 2009, (14).

[17] 张齐颜. 赛译《水浒传》中中国英语及其文化用意 [D]. 深圳：深圳大学, 2004.

[18] 刘静. 女性主义在文学翻译中的创造性叛逆 [D]. 天津：天津师范大学, 2005.

[19] 马轶. 赛珍珠英译《水浒传》的文化阐释研究 [D]. 上海：华东师范大学, 2006.

[20] 庄华萍. 赛珍珠的《水浒传》翻译及其对东方主义的叛逆 [D]. 杭州：浙江大学, 2006.

[21] 朱文武. 一座沟通中西方文明的人桥：赛珍珠英译《水浒传》的意识形态与诗学解读 [D]. 金华：浙江师范大学, 2007.

[22] 杨阳. 女性主义翻译理论视角下的译者主体性：《水浒传》英译个案研究 [D]. 长沙：中南大学, 2007.

[23] 刘翠娟. 赛珍珠：从女性主义到女性主义翻译的实践者 [D]. 呼和浩特：内蒙古大学, 2009.

[24] 唐艳芳. 赛珍珠《水浒传》翻译研究：后殖民理论的视角 [D]. 上海：华东师范大学, 2009.

[25] 董琇. 译者风格形成的立体多元辩证观：赛珍珠翻译风格探源 [D]. 上海：上海外国语大学, 2009.

[26] 周彦. 赛珍珠英译《水浒传》回目人物名称剖 [EB/OL]. http://www.wwjtraining.com/Article/ShowArticle.asp?ArticleID=200&Page=6

附录3.2　对赛译持否定态度的评价共4篇（含期刊论文及硕士论文），分别为：

[1] 胡天赋. 从人物的再现看赛译《水浒传》的后殖民主义色彩 [J]. 河南大学学报（社会科学版）, 2006, 46 (5): 79-83.

[2] 丁兰, 何莉. 浅谈《水浒传》译本：All Men Are Brothers [J]. 南北桥, 2008 (3).

[3] 钟明国. 赛珍珠《水浒传》译本评析 [J]. 外语与外语教学, 2009, (4).

[4] 赖娟华. 从后殖民主义视角分析翻译翻译现象：看赛译《水浒传》[D]. 武汉：华中师范大学, 2009.

附录3.3　对赛译持中立态度的重要评价共3篇（含期刊论文及硕士论文），分别为：

[1] 朱明胜. 多元系统翻译理论视角下的赛珍珠英译《水浒传》[J]. 宿州学院学报，2009，24（6）：41-45.

[2] 李丽. 翻译杂和文本研究 [D]. 长沙：长沙理工大学，2008.

[3] 丁兰. 从关联理论角度探讨中国古典小说《水浒传》会话的翻译 [D]. 长沙：中南大学，2008.

　　　　特此声明：笔者的主要统计工作在攻读博士研究生期间完成，如有挂一漏万等不当之处敬请谅解，后因身体不便这项工作没有最终完成。希望后续赛译研究者把以上分类当作参考，进行深研，实为笔者期。

附录4：赛译的封页（以此可见赛珍珠在翻译书名时的用心），具体见下页：

ALL MEN
ARE BROTHERS

[SHUI HU CHUAN]

TRANSLATED FROM THE CHINESE BY

Pearl S. Buck

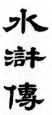

THE JOHN DAY COMPANY

NEW YORK

作者瑾识

　　本研究是笔者的博士论文不断修改而来的。笔者于2007年9月初到南京师范大学外国语言文化学院攻读博士学位，师从赛珍珠研究名家姚君伟教授。客观而言，在当时研究期间，笔者虽用力可谓至深至勤，奈何早先研究功底薄弱，加之期间历经父亲去世、儿子出生、母亲改嫁等诸多事宜，虽三年期满及时完成博士论文撰写和通过博士论文答辩，但笔者认为，当时的博士论文还有很大程度的完善余地。这大概是笔者博士毕业十余年，博士论文还没有付梓出版的首要原因。

　　另一个原因在于，笔者在博士刚毕业之后，先忙于联系博士后招生学校，而后又忙于攻读博士后，无暇顾及进一步修改及完善早先的博士论文工作。2011年9月初至2015年12月初，笔者在苏州大学外国语学院攻读博士后，期间，主要研究方向转到了后殖民生态英语文学批评，已经彻底脱离了赛珍珠研究视域，远离了赛珍珠英译《水浒传》研究序列，"渐行渐远"是一种准确的描述。2014年9月至2015年3月，笔者前往美国杰克逊州立大学访学，主要从事莎士比亚戏剧和诗歌创作研究。在此期间，笔者利用业余时间，奋笔疾书，完成了苏州大学外国语学院博士后出站报告。但这段时间，笔者经历了人生的另一个不幸。母亲2014年12月在国内去世，笔者竟无法回国参加葬礼。呜呼！至今思之，深有一种欲哭无泪之感。

　　笔者未及时修改和出版本博士论文的第三个原因在于，归国后不久，笔者由于急性脑梗，倒在了篮球场上。历经种种治疗和转战南京、上海、北京等地进行康复训练，笔者终于又能正常行走和活动，又能开口说话，然后到苏州大学外国语学院参加博士后出站答辩且顺利通过，最后又能返回到课堂讲课，实属万幸。期间历经种种，至今思之，竟有一种"一言难尽"之感。

　　回首往事，尤其终于有时间好好润色一番自己当初草草完成的博士论文，不禁唏嘘不已。

夜正长，花正香，路更长。正可谓"路漫漫其修远兮，吾将上下而求索！"

衷心感谢南通商贸学院的高文宇博士，他在我不便的情况下将文中的引证注释从头至尾不厌其烦地一一进行了校对；也要感谢笔者爱人、南通大学外国语学院宋静副教授，她耐心地将书稿文字进行了3次核对。

囿于水平，文中待论证和改进之处一定尚多，恳请方家批评斧正和见谅！

钟再强

2022年10月16日晚于南通学田苑103室